Jahrbuch

Lesben – Schwule – Psychologie

herausgegeben von

Melanie Caroline Steffens & Michaela Ise

im Auftrag des
Verbands lesbischer Psychologinnen und schwuler Psychologen
in Deutschland e.V. (VLSP)

Bibliografische Information Der Deutschen Bibliothek
Die Deutsche Bibliothek verzeichnet diese Publikation in der Deutschen Nationalbibliografie; detaillierte bibliografische Daten sind im Internet über <http://dnb.ddb.de> abrufbar.

htttp://www.pabst-publishers.de

Druck: Digital Druck AG, D-96158 Frensdorf

ISBN 3-89967-079-5

Inhalt

TEIL I: SCHWERPUNKTTHEMA IDENTITÄT, PARTNERSCHAFT UND FAMILIE

Steffens, M. C. (2003). Identität, Partnerschaft und Familie. In M. C. Steffens & M. Ise (Hrsg.), *Jahrbuch Lesben – Schwule – Psychologie*. Lengerich: Pabst.

TEIL I

SCHWERPUNKTTHEMA

IDENTITÄT, PARTNERSCHAFT UND FAMILIE

Melanie Caroline Steffens

Von Anfang an hat der VLSP (Verband lesbischer Psychologinnen und schwuler Psychologen in Deutschland e.V.) zum einen Kongresse organisiert, die fachlich wie sozial herausragende Ereignisse waren, die lesbischen Psychologinnen, schwulen Psychologen und anderen Interessierten maßgeschneiderte Fortbildungen lieferten und gleichzeitig die wichtige Möglichkeit der Vernetzung und des Austauschs schufen. Zum anderen hat der Verband auch in beispielhafter Weise dafür Sorge getragen, dass die Inhalte dieser Kongresse regelmäßig und ausführlich auf hohem Niveau dokumentiert wurden. Damit hat er das Bild der lesbisch-schwulen Psychologie in Deutschland im ausklingenden 20. Jahrhundert geprägt.

Der vorliegende Band knüpft an diese Tradition an, indem die Plenarvorträge und Workshops des VLSP-Kongresses 2001 den zweiten Teil des Buches bilden. Das innovative am vorliegenden Werk ist, dass diese Kongressdokumentation unterfüttert ist mit aktuellen Beiträgen aus der lesbisch-schwulen psychologischen Forschung in Deutschland. Die Beiträge haben wir aus Vorschlägen ausgewählt, die auf unsere Aufrufe in der Verbandszeitschrift sowie in verschiedenen E-Mail-Foren gefolgt sind. Das Ergebnis zeigt, dass derzeit im Bereich der lesbisch-schwulen Psychologie produktiv und auf hohem Niveau geforscht wird. Dabei überwiegen (noch) die Arbeiten von Praktiker/innen und Diplomand/innen über die etablierter Wissenschaftler/innen.

Die angenommenen Beiträge ließen sich unter das Schwerpunktthema „Identität, Partnerschaft und Familie" subsumieren. Zunächst räumt Thomas Grossmann überzeugend das lange durch „wissenschaftliche" Forschung gestützte Vorurteil aus, alle schwulen Männer seien als

Kinder sanfte, mädchenhafte Jungen gewesen. Dieses Vorurteil ist ein eklatantes Beispiel für durchaus allgemeine menschliche Wahrnehmungsverzerrung: Immer wieder fallen schwule Männer als relativ feminin auf, immer wieder erzählen sie davon, wie verhasst ihnen die Leichtathletik – ganz zu schweigen vom Fußball! – war, und wir sehen uns darin bestätigt, dass schwule Männer als Kinder „Sissies“ waren. Die Schwulen, die eine „jungentypische“ Kindheit hatten, fallen unter den später heterosexuellen Jungen nicht weiter auf und werden vergessen. Interessant ist, dass diese unterschiedlichen Kindheitserfahrungen auch mit Unterschieden im Coming-out und Erwachsenenleben einher gehen.

Nach den Männern die Frauen: Ulrike Hänsch hat die Konstruktion lesbischer Identitäten aus soziologischer Perspektive untersucht und warnt vor dem scheinbaren „Anything Goes“ der Moderne (das auch in den Kongressbeiträgen wiederholt zitiert wird): Auch heute ist eine lesbische Identität keine Selbstverständlichkeit, sondern eine *Errungenschaft*, wie Ausschnitte aus ihren biographischen Interviews zeigen, die betroffen machen, aber auch zum Schmunzeln anregen.

Nach dem Blick auf schwule und lesbische Identitäten steht die Partnerschaftsbildung im Fokus der Aufmerksamkeit. Juliane Hartmann prüft evolutionspsychologische Hypothesen anhand der Analyse von Frau-sucht-Frau-Kontaktanzeigen. Nach der – zunächst recht abstrus anmutenden – Annahme der Evolutionspsychologie rühren psychologische Geschlechtsunterschiede daher, dass unterschiedliches Verhalten zu evolutionären Vorteilen für Frauen versus Männer geführt hat. Zahlreiche Untersuchungen haben Belege für diese Annahme gefunden. Juliane Hartmann hat getestet, ob Lesben und heterosexuelle Frauen ähnliche Auswahlkriterien bei der Partnerwahl äußern, die sich gleichzeitig von denen der Schwulen und heterosexuellen Männer unterscheiden.

Haben sich Partner/innen erst einmal zusammengefunden, so treten bisweilen – früher oder später – Konflikte zwischen ihnen auf. Während über die Randbedingungen der Partnerschaftszufriedenheit bei Heterosexuellen vieles bekannt ist und für diese Personengruppe Instrumente für die Diagnose der Partnerschaftsqualität vorliegen, ist das Wissen über lesbische und schwule Paare dürftig. Hier setzt Safet Seferovi¢ an, indem er homo- und heterosexuelle Partnerschaften vergleicht. Seine Ergebnisse haben direkte Relevanz für die Beratung schwuler und lesbischer Paare.

Auch Michael Mayerle setzt bei der Beratung von Schwulen und Lesben an, diskutiert verschiedene Modelle und stellt ausführlich ein entsprechendes Modellprojekt aus Nordrhein-Westfalen vor. Deutlich wird, dass neben spezifischen Einrichtungen für die Lesben- und Schwulenberatung in Metropolen qualifizierte Fachkräfte auch in allgemeinen Beratungsstellen tätig sein müssen. Mayerle stellt Standards vor, die die Beratung im einen wie im anderen Falle erfüllen sollte.

Während vor einigen Jahren die lesbische Mutter noch als Oxymoron erschien – wie der schwarze Schimmel –, so ist heutzutage der Wunsch nach Familiengründung nicht mehr auf heterosexuelle Partnerschaften begrenzt: Immer mehr Lesben und auch Schwule entscheiden sich für ein Leben mit Kindern, andere werden als mit Kindern lebende Lesben und Schwule sichtbarer. Die Präsenz solcher Regenbogenfamilien in den Medien darf nicht darüber hinweg täuschen, dass es sich hier um Pionier/innen handelt, die oft ohne Vorwissen, ohne entsprechende Vorbilder und ohne Netzwerk von Freund/innen in ähnlichen Familien ihren Weg finden müssen. Karoline Jacobs erörtert die auftretenden Schwierigkeiten aus der Sicht der sozialen Mütter und stellt eine Reihe entsprechender Thesen auf. Ina Philipp hat eine Stichprobe von Kindern und Müttern ausführlich zu ihrem Leben in einer Regenbogenfamilie befragt und dabei den Schwerpunkt auf das soziale Umfeld gelegt. Erin Marie Thompson und ich haben uns bemüht, einen internationalen Überblick über die wissenschaftliche Literatur zu Regenbogenfamilien zu geben und mussten dabei leider feststellen, dass kaum Arbeiten außerhalb des angloamerikanischen Raumes zu finden waren. So ist immerhin ein umfassender deutschsprachiger Überblick über die entsprechende Forschung entstanden.

Insgesamt bieten die Beiträge einen vielseitigen und spannenden Einblick in Aspekte lesbischen und schwulen Lebens. Die große Resonanz auf den Aufruf, Beiträge einzureichen, und die Qualität des vorliegenden Bandes lassen mich hoffen, dass es sich hierbei nicht um ein einmaliges Projekt handelt, sondern um das erste einer Reihe von Jahrbüchern, die neben dem VLSP-Kongress die neueste lesbisch-schwule psychologische Forschung im deutschsprachigen Raum dokumentieren.

Grossmann, Th. (2003). Prähomosexuelle Kindheiten. Eine empirische Untersuchung über Geschlechtsrollenkonformität und -nonkonformität bei schwulen Männern. In M. C. Steffens & M. Ise (Hrsg.), *Jahrbuch Lesben – Schwule – Psychologie*. Lengerich: Pabst.

Prähomosexuelle Kindheiten

Eine empirische Untersuchung über Geschlechtsrollenkonformität und -nonkonformität bei schwulen Männern

Thomas Grossmann

Im ersten Teil der Studie wurde untersucht, wie 151 homosexuelle Männer zwischen 20 und 40 Jahren ihr Geschlechtsrollenverhalten in der Kindheit beschreiben. Dazu wurden Skalen/Items verwendet, die sich als trennscharf für die Unterscheidung zwischen Jungen und Mädchen bzw. homo- und heterosexuellen Männern erwiesen haben. Clusteranalytisch ergaben sich fünf Typen „prähomosexueller Kindheiten", drei eher jungentypische und zwei eher jungenuntypische. Die im Hinblick auf das Geschlechtsrollenverhalten extremen Typen bilden die „weichen Jungen", die dem auch in der wissenschaftlichen Literatur oft kolportierten Bild des „mädchenhaften" Jungen entsprechen und die etwa ein Drittel der Stichprobe umfassen, sowie die „harten Jungen", die dem traditionellen Geschlechtsrollenbild entsprechen. Im zweiten Teil werden die Ergebnisse von 22 qualitativen Interviews mit 13 ehemals „weichen" und 9 ehemals „harten" Jungen dargestellt, und bis in das Erwachsenenalter hinein reichende Unterschiede zwischen beiden Gruppen werden beschrieben. So identifizieren sich „weiche" Jungen früher als „homosexuell", sind früher gleichgeschlechtlich aktiv und erleben weniger Konflikte in der Coming-out-Phase. „Harten" Jungen fällt es schwerer, sich aus der heterosexuellen Peergroup *zu lösen und sich konfliktfrei als „homosexuell" zu definieren.*

Das Geschlecht und ein ihm zugeordnetes Verhalten sind grundlegende Kategorien des westlichen Denkens auch noch im 21. Jahrhundert. Von der Geburt bis zum Tod begleitet die Frage, ob jemand Frau oder Mann, Junge oder Mädchen ist, jeden Menschen im Privatleben ebenso wie im öffentlichen. Ohne Geschlechtsunterscheidung gäbe es nicht so etwas wie Homo- oder Heterosexualität; diese beiden Kategorien begründen sich erst durch die Tatsache, dass die sexuell oder partnerschaftlich miteinander interagierenden Personen dasselbe oder unterschiedliches Geschlecht haben. Zumindest in der gegenwärtigen historischen Situation werden über somatische Unterschiede hinaus mit dem Geschlecht eine Vielzahl von charakterlichen Eigenschaften verknüpft, welche Männern und Frauen entweder ausschließlich oder überwiegend zugeschrieben werden. Homosexualität wird, seit sich Wissenschaftler/innen mit ihr beschäftigten, vor dem Hintergrund der Norm „Heterosexualität" stets mit einem Abweichen von der jeweiligen Geschlechtsrolle in Verbindung gebracht (vgl. u.a. Simon und Gagnon 1970) – auch von schwulen Männern selbst.

Eine derart enge Verflechtung von sexueller Orientierung und Geschlechtsrollenverhalten wird insbesondere für die Kindheit schwuler Männer postuliert. Wie eng ist die Verflechtung wirklich? Ist das prähomosexuelle Kind tatsächlich vor allem durch feminine Eigenschaften und Interessen oder doch wenigstens durch „Unmännlichkeit" (Friedman 1993) charakterisiert? Gibt es eine Entwicklung zum schwulen Mann ohne die zum integralen Bestandteil erklärte „Weiblichkeit"? Und welche Einflüsse auf das Coming-out hat dies?

In der vorliegenden Studie wurden Männer befragt, die sich selbst als schwul bezeichnen. Bei ihnen wurden psychosoziale und psychosexuelle Erfahrungen in Kindheit (die Zeit bis zum dem Einsetzen des pubertären Reifungsprozesses) und Jugend sowie die mit den Erfahrungen verbundenen Empfindungen erhoben. Es wurde versucht, die Auswirkungen des Faktors „Geschlechtsrollenverhalten in der Kindheit" auf die weitere Entwicklung zum homosexuellen Erwachsenen zu beschreiben und damit einen ersten Schritt zur Trennung von homosexueller Orientierung und Zuordnung geschlechtstypischer bzw. -untypischer Verhaltensweisen zu erproben.[1]

---

[1] Die Studie wurde von der Psychologischen Fakultät der Universität Hamburg als Dissertation angenommen und im Internet veröffentlicht. Zu großem Dank für die vorwärtstreibende, jederzeit unterstützende Betreuung bin ich Prof. Gunter Schmidt von der Abteilung für Sexualwissenschaft der Universitätsklinik Eppendorf sowie Prof. Harald Witt vom Arbeitsbereich Arbeit, Betrieb, Umwelt des Psychologischen Instituts I der Universität Hamburg verpflichtet. Danken möchte ich auch Dr. Michael Bochow, Prof. Dr. Martin Dannecker und Prof. Dr. Rüdiger Lautmann, die mit kritischem Rat und freundschaftlicher Unterstützung dazu beigetragen haben, daß diese Arbeit fertiggestellt wurde. Vor allem möchte ich aber jenen Männern danken, die mir ihr Vertrauen schenkten und im Verlauf der intensiven Interviews ihre Erinnerungen und Gefühle so reichhaltig mit mir teilten. Ich hoffe, Sie können sich im Ergebnis der Studie wiederfinden.

Forschungsstand zur psychosozialen und sexuellen Entwicklung in Kindheit und Jugend schwuler Männer

Diese Arbeit untersucht erinnerte Erfahrungen, Erlebnisse, Verhaltensweisen, Gefühle aus der Kindheit und Jugend heute homosexuell lebender Männer in der Bundesrepublik. Den Hintergrund bilden vorliegende wissenschaftliche Daten und Aussagen über die psychosoziale und sexuelle Entwicklung zum schwulen Mann.

Die Wissenschaft entdeckt den „weibischen" Homosexuellen in der zweiten Hälfte des 19. Jahrhunderts. Parallel hierzu erscheinen erste Publikationen von „Betroffenen" (vgl. Lautmann 1993). Homosexualität entwickelt sich zum beliebtesten Thema der neu entstandenen Sexualwissenschaft, allein in den zehn Jahren zwischen 1890 und 1900 erscheinen etwa 1000 deutschsprachige Arbeiten, die diesen Gegenstand behandeln.

Vom Gerichtsmediziner Johann Ludwig Casper wird Homosexualität 1852 erstmals als Folge einer konstitutionellen Veranlagung betrachtet, welche bei den von ihm begutachteten Personen mit einem auffällig „weibischen Äußeren" einhergehe. Wenig später veröffentlicht Karl Heinrich Ulrichs (1864–1879) – zunächst unter Pseudonym – mehrere Schriften über Homosexualität, in denen er den Begriff „Drittes Geschlecht" für Homosexuelle übernimmt und erklärt, bei männlichen Homosexuellen finde sich ein „weiblicher Geschlechtstrieb", er sei „nicht Mann, sondern ein Wesen weiblicher Art" (Ulrichs 1864/1994, S. 4). Er spricht von zwei „Menschenclassen": jene „Classe", die das eigene, und jene, die das andere Geschlecht liebt. Sowohl Casper als auch Ulrichs stehen Pate, als der Psychiater Westphal (1869) die Verbindung von Geschlecht und Homosexualität in der psychiatrischen Literatur etabliert und damit die Homosexualität endgültig dem Zuständigkeitsbereich von Kirche und Justiz entzieht. Sie wird in eine Krankheit umcodiert.

Krafft-Ebing (1886) und Hirschfeld (vor allem 1903) vertiefen diesen Standpunkt mit umfangreichen Beschreibungen homosexueller Lebensweisen. In den Einzelfalldarstellungen offenbaren sich „typische" Verhaltensweisen und Charakterzüge homosexueller Erwachsener sowie prähomosexueller Kinder und Jugendlicher, welche bis heute weithin anerkannt sind: „Jeder Homosexuelle erinnert sich, dass er anders geartet war, als die gewöhnlichen Knaben. Sehr oft war ihm die Tatsache, wenn auch nicht die Ursache, schon während der Schulzeit klar. Weniger von ihm selbst, umsomehr aber von den Angehörigen und Fernstehenden wird in dieser Eigenart das Mädchenhafte erkannt" (Hirschfeld 1903, S. 48). Ihm seien „wilde Knabenspiele zuwider", er würde den Ball „wie ein Mädchen" werfen und die Gesellschaft der Mädchen suchen. In einem Beispiel bevorzugt das Kind „zu nähen, zu stricken, beim Kochen und Backen zu helfen" (S. 49). Unsicherheit, Verträumtheit, rege Phantasie und eine Vorliebe für schöngeistige Fächer bei geringer Befähigung für Mathematik würden das Kind zudem auszeichnen.

Waren dies im auslaufenden 19. Jahrhundert noch Zusammenstellungen von Einzelschicksalen, deren Repräsentativität zu Recht angezweifelt werden konnte, bemühen sich nach dem Zweiten Weltkrieg viele Forscher(gruppen), das Bild mit harten Daten über Geschlechtsrollenverhalten und Geschlechtsidentität in der Kindheit homosexueller Männer zu ergänzen (u.a. Freund 1965; Bell et al. 1981, Green 1987).

1977 geht Whitam so weit, sechs „childhood indicators of adult homosexuality" für männliche Kinder zu formulieren:

- Interesse für Puppen
- *Cross-dressing* (Tragen von Kleidung des anderen Geschlechts)
- Bevorzugung von weiblichen Spielgefährten
- Bevorzugung der Gesellschaft von älteren Frauen gegenüber der von älteren Männern
- von anderen Jungen als „sissy" (= femininer Junge) bezeichnet werden
- sexuelles Interesse eher an Jungen als an Mädchen im kindlichen sexuellen Spiel

Zwar finden sich in mehreren Studien (u.a. Bell et al. 1981; Savin-Williams 1998) zwischen 10% und 30% homosexueller Männer, deren Geschlechtsrollenverhalten in der Kindheit nicht vom „jungentypischen" abweicht („masculine in appearence, behavior and interests", Savin-Williams 1998, S. 41), ihnen wird aber nur wenig Aufmerksamkeit gewidmet.

Auf diese Weise empirisch untermauert, erhält das unmännliche Geschlechtsrollenverhalten in der Kindheit den Rang eines Prädikators der späteren Homosexualität (Dannecker 1996). Blanchard (1997) bezeichnete die Korrelation zwischen „childhood cross-gender behavior and adult homosexuality" gar als „strongest developmental continuities to have emerged from prospective and retrospective study in the past 40 years in any area of human behavior research" (S. 27), eine Ansicht, die auch Bailey und Zucker (1995) in ihrem Überblick über eine Vielzahl pro- und retrospektiver Studien zum kindlichen Geschlechtsrollenverhalten von Homosexuellen bestätigt finden.

Deutliche Unterschiede zwischen späteren homosexuellen und präheterosexuellen Jungen vermeinen die Forscher auch bei den sozialen Beziehungen zu finden. Freud (1905) vermutet starke Bindungen an die Mutter, Bieber et al. (1962) einen schwachen oder abwesenden Vater beim prähomosexuellen Knaben. Bell et al. (1981) schreiben ihm gestörte Beziehungen zu den Geschwistern und zu männlichen *Peers* bei gleichzeitig engerem Kontakt zu weiblichen *Peers* zu.

In der Sexualität wird ein frühes Interesse am männlichen Körper bzw. an männlichen Personen sowohl in quantitativen (Bell et al. 1981; Dannecker und Reiche 1974) als auch in qualitativen Studien (Isay 1990; Savin-Williams 1998) festgestellt. Über 80% der Jugendlichen bei Savin-Williams berichten von „same-sex attractions prior to the physical manifestations of puberty"

(S. 21). Er meint, eine „captivation with masculinity" (S. 23), ein „overwhelming desire to be in the company of males" feststellen zu können, das teilweise sexuell war.

Das „jungenuntypische" Rollenverhalten setzt sich auch in der Jugend fort (Pilkington und D'Augelli 1995; Savin-Williams 1994), ebenso die Defizite in den sozialen Kontakten (Bell et al. 1981). Ein Gefühl des Andersseins, Einzelgängertum, soziales Ausgeschlossensein – all dies kennzeichnet nach den empirischen Ergebnissen die Lebenswelt schwuler Jugendlicher. Dannecker und Reiche (1974) beschreiben die soziale Isolation homosexueller Jugendlicher in der Zeit zwischen der Bewusstwerdung gleichgeschlechtlicher Regungen und dem „Hineingehen in die Isolation" der homosexuellen Subkultur. Sie betonen „ein nahezu absolutes Auf-sich-selbst-Beschränktsein" (S. 63). Friedman (1993) spricht von einer „chronischen und fortgesetzten sozialen Stresssituation" (S. 227).

Während Kindheit und frühe Jugend schwuler Männer insgesamt wenig erforscht ist, existieren für die Zeit im und nach dem Coming-out eine Vielzahl empirischer Arbeiten. Für den deutschen Sprachraum sind hier vor allem Dannecker und Reiche mit ihrer wegweisenden Studie „Der gewöhnliche Homosexuelle" (1974) zu nennen, deren Daten Dannecker (1990) und Bochow (1997) später ergänzt haben. In den USA wird im Anschluss an die Studie von Bell et al. (1981) in einer Vielzahl empirischer Arbeiten versucht, typische Abläufe eines homosexuellen Coming-out bei männlichen Jugendlichen zu beschreiben (zusammenfassend Herdt 1989). „First same-sex attractions" werden nach neueren Untersuchungen im Alter zwischen 10 und 12 Jahren erlebt, also zeitnah an der Pubertät, erste homosexuelle Erfahrungen werden im Alter von 13 bis 15 Jahren gemacht (Übersicht bei Savin-Williams 1998). Die Selbstidentifikation als homosexuell erfolgt nach Studien aus den 70er Jahren durchschnittlich mit 19 bis 21 Jahren, aktuellen Studien zufolge einige Jahre früher. Auch zum Coming-out gegenüber Dritten komme es heute früher.

Fragestellung und Methodik

Ziel der Studie war es, die psychosexuelle Entwicklung und die soziale Einbindung im Verlauf von Kindheit und Jugend homosexueller Männer bis zu ihrem Coming-out zu beschreiben, wobei der Faktor Geschlechtsrollenkonformität kontrolliert werden sollte.

Die drei zentralen Fragestellungen hierbei waren:

1. Existieren wesentliche Unterschiede im Geschlechtsrollenverhalten prähomosexueller Jungen in der Kindheit?
2. Welche Auswirkung hat eine mögliche Geschlechtsrollen-(Non-)Konformität in der Kindheit auf die soziale Einbindung in Familie und soziales Umfeld während Kindheit und Jugend?

3. Welche Auswirkung hat eine mögliche Geschlechtsrollen-(Non-)Konformität in der Kindheit auf die psychosexuelle Entwicklung zum erwachsenen Homosexuellen? Wirkt sie sich aus auf die Wahrnehmung gleichgeschlechtlicher Empfindungen, auf homo- und heterosexuelle Kontakte und auf das Coming-out?

Zur Beantwortung dieser Fragen wurde ein Studiendesign entworfen, welches sich zunächst auf ein quantitatives Instrument (Fragebogen) gründete, mit dem erste Ergebnisse, aber zugleich auch Interviewpartner für den zweiten Teil der Erhebung hervorgebracht werden sollten. Im nächsten Abschnitt wurde ein Teil der Gesamtstichprobe mit einem qualitativen Instrument (leitfadenbasiertes Tiefeninterview) eingehend befragt.

Die Auswahlerhebung

Um Extremgruppen nach dem Merkmal „Geschlechtsrollenkonformität in der Kindheit" bilden zu können, wurde 1996 zunächst eine Fragebogenerhebung an 151 homosexuellen Männern im Alter zwischen 20 und 40 Jahren durchgeführt. Diese Studie sollte zugleich Unterschiede im Geschlechtsrollenverhalten prähomosexueller Jungen beschreiben und eine Typologie dieses Verhaltens ermöglichen. Als Berichtszeitraum wurde auf dem Fragebogen ein Alter zwischen 6 und 12 Jahren angegeben

Der Fragebogen umfasst 21 Items bzw. Skalen. Er basiert auf den vorhandenen Skalen zur Messung des Geschlechtsrollenverhaltens (u.a. Blanchard et al. 1983; Boldizar 1991; Phillips und Over 1992), die in der bisherigen Forschung entweder prähomosexuelle und präheterosexuelle Jungen oder Jungen und Mädchen signifikant trennten. Hinzu kamen demografische und Fragen zum Coming-out. Die Altersbegrenzung (20 bis 40 Jahre) erfolgte, um die gesellschaftlichen Rahmenbedingungen in Bezug auf Geschlechtsrollenverhalten vergleichbar zu halten.

Von 280 verteilten Fragebögen konnten 151 in die statistische Auswertung und das Auswahlverfahren für die Interviewstudie einbezogen werden. Die Antwortmuster der 151 Männer auf die Fragen zum eigenen Geschlechtsrollenverhalten in der Kindheit wurden bei einer iterativ-partitionierenden Clusteranalyse eingesetzt (vgl. Moosbrugger und Frank 1992). So konnten insgesamt fünf Cluster gebildet werden, die sich in Bezug auf dieses Verhalten deutlich unterschieden.

Die Interviewstudie

Zwei Cluster wurden für eine ausführliche Analyse ausgewählt: die einen hatten nach ihren Angaben im Fragebogen in der Kindheit ein eher „jungen-typisches" Verhalten präsentiert, die anderen eher ein „jungen-untypisches" Verhalten. Dies geschah in der Erwartung, an den extremen

Ausprägungen lasse sich eine Gruppe besser studieren als an einem repräsentativen Querschnitt (Kleining 1994). Neun der „jungentypischen" Jungen (s.u.) und dreizehn der „jungenuntypischen" Jungen wurden interviewt.

Die leitfadenbasierten Tiefeninterviews dauerten zwischen 90 und 240 Minuten, wurden auf Band aufgezeichnet und fanden größtenteils in der Wohnung der Männer statt. Die thematische Struktur des Leitfadens war dreigeteilt: Kindheit, Adoleszenz inklusive Pubertät, Gegenwart. Für jeden der drei Zeiträume wurden das Geschlechtsrollenverhalten, die soziale Einbindung in Familie und *Peers*, Lebens- und Selbstwertgefühl und sexuelle Empfindungen und Erfahrungen inklusive Partnerschaften erhoben. Der Schwerpunkt des Interviews lag auf der Zeit vor dem Erwachsenwerden. Das Interview entsprach dem von Hoffmann-Riem (1984) beschriebenen „situationsflexiblen Interview", bei dem standardisierte Fragen als Erzählanstöße fungieren. Zusätzlich zum Interview füllten die Befragten einen Begleit-Fragebogen aus, der neben demografischen Daten ausführlicher ihre Partnerschaftserfahrungen abfragte.

Die Interviews wurden verschriftlicht und anschließend mittels einer zusammenfassenden und strukturierenden Inhaltsanalyse (Mayring 1983) ausgewertet. Mit dieser Arbeit wurde erstmalig die psychosexuelle Entwicklung jenes Teils homosexueller Männer untersucht, die vom vorherrschenden Bild des prähomosexuellen Kindes abweichen und in ihrem Verhalten dem durchschnittlichen präheterosexuellen Jungen gleichen. Damit sollte zugleich überprüft werden, welcher Anteil der Diskriminierung und Ausgrenzung homosexueller Jugendlicher keineswegs mit der Homosexualität, sondern mit dem Abweichen im Geschlechtsrollenverhalten verbunden ist.

„Richtiger Junge" oder nicht: Ergebnisse der Fragebogenerhebung

Das Medianalter der 151 Männer in der Auswahlstudie beträgt 30 Jahre. Zum Zeitpunkt der Umfrage (Sommer 1996) lebte der größte Teil der Befragten (117 Personen = 77,5%) im Großraum Hamburg, wo die meisten Fragebögen verteilt worden waren. Mit Hilfe der Clusteranalyse wurde die Stichprobe über die Merkmale des Geschlechtsrollenverhaltens in fünf Cluster unterteilt, die zwischen 15 und 52 Männer umfassten. Die Stichprobe lässt sich grob zweiteilen: in die Cluster A, C und D auf der einen, die alle ein mehr oder weniger für Jungen „typisches" Verhalten beschreiben, und die beiden Cluster B und E auf der anderen Seite, welche eher ein für einen Jungen „untypisches" Verhalten beschreiben. Diese zwei Obergruppen waren etwa gleich groß (76 vs. 75 Männer). In der Ausdifferenzierung der jeweiliges in einem Cluster vorherrschenden Antwortmuster wird die Vielfalt kindlichen (Geschlechts-)Rollenverhaltens bereits sichtbar und die erste Forschungsfrage nach der Existenz von Unterschieden eindeutig beantwortet. Die Cluster lassen sich wie folgt beschreiben.

Die *„weichen Jungen“* (Cluster B, 34% der Stichprobe)

Die Männer dieses Clusters entsprechen am ehesten dem Bild vom „mädchenhaften” prähomosexuellen Jungen. Sie beschreiben sich in ihrer Kindheit als „sensibel” und „schüchtern”, „leicht verletzlich”, „empfindlich”, „ängstlich” und charakterisieren sich hauptsächlich als „sanfter”, in einigen Fällen auch als „femininer” Junge. Diese Jungen hatten überwiegend gar keinen oder nur wenig Spaß am Sport, nur ein Drittel betrieb eine Sportart im Verein, und zwar fast ausschließlich Individualsportarten. Den Teamsport mieden sie, die meisten wurden beim Sport von den anderen Jungen lächerlich gemacht bzw. als „Weichei” angesehen.

Typische Jungenspiele mochten sie kaum oder gar nicht: Fußball gab keiner als Lieblingsspiel an, Raufen nur 4%. Ihre Lieblingsspiele waren geschlechtsneutrale wie Malen oder Basteln, Musikhören bzw. -machen, Sammeln oder Lesen. Gern spielten sie auch Gummitwist oder machten Handarbeiten, ein Drittel erinnert sich daran, mit Puppen gespielt oder sich manchmal als Mädchen verkleidet zu haben. Praktisch alle gaben an, „etwas” oder „sehr viel” Spaß an typischen Mädchenspielen gehabt zu haben. Ihre Spielgefährt/innen waren eher Mädchen, kaum jemand spielte überwiegend mit Jungen. Bei Konflikten liefen sie entweder weg oder ließen Schläge wehrlos über sich ergehen. Drei Viertel empfanden sich bereits in der Kindheit als „anders”, fast alle waren „sehr” oder „etwas” Einzelgänger.

Die *„unsportlichen Außenseiter“* (Cluster E, 16% der Stichprobe)

Mit den „weichen Jungen” teilt diese Gruppe die Abneigung gegen Jungenspiele, ohne jedoch deren Spaß an Mädchenspielen zu haben. Interesse am Sport hatten sie offenbar gar nicht, sportlich aktiv waren die meisten erst recht nicht. Ihre Spielgefährt/innen waren – wenn sie überhaupt welche hatten – eher Jungen, bei einigen auch beide Geschlechter, aber nie hauptsächlich Mädchen. 92% von ihnen bezeichnen sich als Einzelgänger in der Kindheit.

Ihr Konfliktverhalten ist extrem ausweichend, bei ihnen ist „Weglaufen” mit 60% die häufigste Nennung, sie zeigen sich damit noch um einiges vermeidender als die „weichen Jungen”. Zwar werden auch in dieser Gruppe Eigenschaften wie „sensibel”, „leicht verletzlich” und „schwächlich” häufig genannt; als „ängstlich”, „sanft” oder „weich” bezeichnen sie sich seltener als die „weichen Jungen”. Dies und ihr Desinteresse an Mädchenspielen und Kontakten zu Mädchen lässt sie weniger „jungenuntypisch” erscheinen als die „weichen Jungen”.

Die *„wilden Einzelkämpfer“* (Cluster D, 10% der Stichprobe)

Diese Männer bezeichnen sich zum großen Teil als ehemals „wilde” Jungen. Deutlich häufiger als irgendeine der anderen Gruppen geben sie an, „aggressiv” oder „grob” gewesen zu sein, aber auch „selbstbewusst”, „mutig” und „draufgängerisch”. An Jungenspielen hatten sie viel, an Mädchenspielen wenig Spaß. Allerdings waren es weniger die in Gruppen zu spielenden Jungenspiele wie Fußball, die es ihnen angetan hatten, sondern Individualsportarten wie Ringen und Bogenschießen. Lust am „Raufen/Balgen" hatten sie mehr als andere Gruppen. Ihr Konfliktverhalten war offener. „Ich schlug ohne Diskussion zurück" oder „Ich habe gedroht zurückzuschlagen, wenn er nicht aufhört", sagen sie häufiger als Männer der anderen Cluster. „Weglaufen" kam für keinen von ihnen in Frage. Spielgefährten dieser Jungen waren oft nur Jungen, fast die Hälfte allerdings spielte mit Jungen und Mädchen gleichermaßen oft.

In dieser Gruppe finden sich einige Jungen, welche, wären sie weiblichen Geschlechts gewesen, wahrscheinlich als „wilde Mädchen" bezeichnet worden wären. Sie repräsentieren eine Mischung aus starken maskulinen und femininen Anteilen. Mehr als die Hälfte empfand sich bereits in der Kindheit als „anders". Sie bezeichnen sich häufig als Einzelgänger, obwohl der Begriff „Einzelkämpfer" vielleicht besser trifft, das Einfügen in eine Gruppe scheint nicht ihr Wunsch oder ihre Stärke gewesen zu sein. Die Eigenwahrnehmung, „anders" zu sein, mag zur Selbstbeschreibung „Einzelgänger" beitragen. Denn die meisten verbrachten durchaus viel Zeit mit anderen Kindern.

Die „*harten Jungen*" (Cluster A, 11% der Stichprobe)

Diese Männer waren in ihrer Kindheit sehr sportlich, sie spielten fast alle Fußball und andere Ballspiele, teilweise schon früh in einem Verein. Vorherrschend war das Spiel in der Gruppe, dem Team bzw. der Mannschaft. Ihr Interesse galt den typischen Jungenspielen, alle hatten viel Spaß daran, während nur ein kleiner Teil an typischen Mädchenspielen Gefallen fand. Ihre Spielgefährten waren überwiegend Jungen, ein kleinerer Teil gab an, etwa gleichviel mit Mädchen und Jungen gespielt zu haben. Als Eigenschaften wurden am häufigsten „kämpferisch" und „mutig", „draufgängerisch" und „kräftig", etwas seltener aber auch „sensibel" und „empfindlich" genannt. Ihr Konfliktverhalten kann beschrieben werden als standhaft bis ausweichend, sie wussten sich zu wehren, wenn der Konflikt unvermeidlich war, hielten sich aber aus unnötigen körperlichen Auseinandersetzungen heraus. Sie bezeichnen sich selbst fast alle als „normaler Junge", erlebten sich also als typisch für einen Jungen ihres Alters. Nur einer kannte aus der Zeit vor der Pubertät ein Gefühl des „Andersseins". Kaum einer konnte sich daran erinnern, bei Sport oder Spiel von Dritten jemals lächerlich gemacht oder als „Weichei" bezeichnet worden zu sein. Als Einzelgänger bezeichnete sich kaum jemand.

Die „*sensiblen Sportler*" (Cluster C, 24% der Stichprobe)

Die Männer dieser Gruppe charakterisieren sich in der Kindheit zwar auch zu einem hohen Prozentsatz als „sensibel" und „schüchtern", aber auch als „sportlich". Insgesamt sieht sich die Mehrheit zu gleichen Teilen als „normaler" und als „sanfter" Junge. Sie stellen sich als sanfter und ängstlicher dar als die „harten Jungen", aber deutlich als sportlicher und selbstbewusster als die

„weichen Jungen". Sie hatten viel oder doch zumindest etwas Spaß an typischen Jungenspielen, jedoch weniger am Fußball oder Raufen, sondern eher an anderen Ballspielen wie Völkerball oder Handball, an Autos oder Indianerspielen. Sehr beliebt waren auch die geschlechtsneutralen Spiele wie Lesen, Malen oder Basteln. Eher als die „harten" Jungen konnten sich diese Jungen auch für „Mädchen-Sachen" begeistern: Gummitwist, Blumen großziehen, Mädchenbücher lesen. Ihre Spielgefährten waren meist Jungen und Mädchen gleichermaßen, bei einem Drittel aber eher Jungen. Ihr Konfliktverhalten ähnelt jenem der „harten" Jungen, eine Mischung aus Standhaftigkeit und Heraushalten. Dasselbe gilt für ihre Einbindung in die *Peer*gruppe, die meisten waren keine Einzelgänger. An Gefühle des Andersseins erinnern sich jedoch deutlich mehr als bei den „harten Jungen", es ist fast die Hälfte dieser Gruppe.

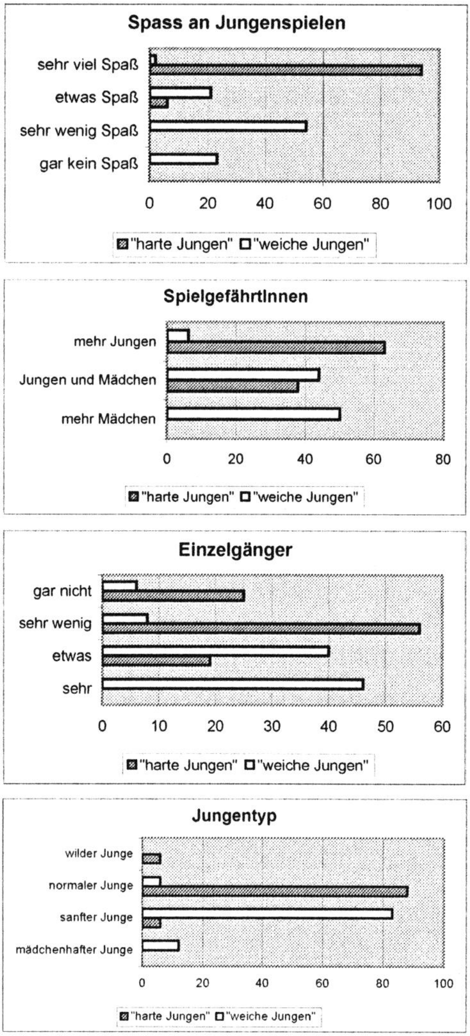

Abbildung 1. Quantitative Unterschiede zwischen den „harten Jungen" und den „weichen" Jungen.

Einige bemerkenswerte quantitative Unterschiede zwischen den „harten Jungen" und den „weichen Jungen" sollen hervorgehoben und grafisch präsentiert werden, da sie einen guten Eindruck von der differierenden sozialen Einbindung und Effekten auf den Verlauf des Coming-out vermitteln (Abb. 1). *Spaß an Jungenspielen:* 94% der „harten Jungen" erinnerten „sehr viel" Spaß an typischen Jungenspielen, während 77% der „weichen Jungen" hier „gar nicht" oder „sehr wenig" ankreuzten. *Spielgefährt/innen:* Bei den „harten Jungen" waren dies bei 63% ausschließlich Jungen, beim Rest sowohl Jungen als auch Mädchen. Bei den „weichen Jungen" überwogen Mädchen (50%) bzw. Mädchen und Jungen (44%). *Soziale Einbindung:* Einzelgänger gab es bei den „harten Jungen" kaum. 25% kreuzten „gar nicht", 56% „sehr wenig" an. Umgekehrt bei den „weichen Jungen": 46% bezeichneten sich „sehr", weitere 40% „etwas" als Einzelgänger. *Jungentyp/Selbstbezeichnung:* Fast alle Männer des Clusters „harte Jungen" sahen sich im Nachhinein als „normaler Junge" an (88%), fast ebenso hoch ist der Prozensatz im Cluster „weiche Jungen", der sich als damals „sanfter Junge" bezeichnete (83%).

Tabelle 1: Alter beim Coming-out sich selbst gegenüber.

	„harte Jungen"	„weiche Jungen"
bis zum Alter von 12 Jahren	6%	10%
bis zum Alter von 14 Jahren	12%	23%
bis zum Alter von 16 Jahren	24%	35%
bis zum Alter von 18 Jahren	30%	54%
bis zum Alter von 21 Jahren	44%	79%

Die kumulativen Zahlen zum Alter, in dem sich die Männer ihrer Homosexualität bewusst wurden und sie akzeptierten (Tabelle 1), belegen bereits einen erheblichen quantitativen Unterschied, was das Coming-out betrifft. Die Hintergründe dieser Unterschiede sollte die Interviewstudie aufhellen, deren Ergebnisse im Folgenden dargestellt werden.

Das Aufwachsen zum schwulen Mann: Ergebnisse der Interviewstudie

Um die Entwicklung homosexueller Männer, die „jungentypische" bzw. „jungenuntypische" Kinder waren, zu vergleichen, wurden 9 Männer des Clusters „harte Jungen" und 13 des Clusters „weiche Jungen" eingehend interviewt. Der „weiche Junge" repräsentiert in geradezu perfekter Weise das bisherige Muster vom prähomosexuellen Kind, wie es im wissenschaftlichen Diskurs präsentiert wird, der „harte Junge" das des „typischen" präheterosexuellen Jungen. Alle 22 interviewten Männer bezeichneten sich als schwul.

Im Folgenden werden die Männer beider Gruppen entlang der zeitlichen Struktur Kindheit – Jugend – Erwachsenenalter beschrieben, und zwar jeweils unter den Themen „Geschlechtsrolle und Geschlechtsidentität", „soziale Beziehungen" und „Erotik/Sexualität".

Geschlechtsrolle und Geschlechtsidentität in der Kindheit

Da das Rollenverhalten in der Kindheit konstituierend für die Cluster war, ist es nicht weiter verwunderlich, wenn sich in den Interviews die Unterschiede der beiden Gruppen im Geschlechtsrollenverhalten bestätigten. Deshalb sollen hier lediglich zwei neue Merkmale erwähnt werden, die erst im Interview auftauchten. Zum einen unterscheiden sich die „harten Jungen" in der Spieldynamik und den zum Spiel gewählten Orten deutlich von den „weichen Jungen". „Draußen" sein, draußen spielen – der Aktionsradius der „harten Jungen" war sehr weit gesteckt, jener der „weichen Jungen" hingegen eher eng, meist auf die elterliche Wohnung oder den Garten begrenzt. Und während bei den einen lebhaftes Ausagieren, Erkunden, Herumtoben und spielerisches Raufen vorherrschten, bevorzugten die „weichen Jungen" das ruhigere, friedfertige Spiel, sitzende Tätigkeit und behutsames Beobachten. Zum anderen ist das Konfliktverhalten unterschiedlich. Zwar konnte sich keiner der Männer für ernsthafte Schlägereien begeistern; doch für die „harten Jungen" war es klar, dass sie sich nicht raushalten durften. Sie hielten stand und nahmen den Kampf als notwendiges Übel in Kauf. Die „weichen Jungen" hielten sich grundsätzlich heraus – und fühlten sich schwach deswegen. Wenn sich hingegen einer der „harten Jungen" aus (unnützen) Kämpfen heraushielt, erlebte er dies nicht als Zeichen von Schwäche.

Die Geschlechtsidentität in der Kindheit war fast ohne Ausnahme eindeutig: in beiden Clustern gab es eine klare Identität als Junge. Bemerkenswert ist, dass es kaum gelungen ist, „effeminierte" prähomosexuelle Männer im Friedman'schen Sinne unter den Interviewten zu finden. Lediglich einer der Männer aus dem Cluster „weiche Jungen" berichtete aus der Kindheit den dauerhaften Wunsch, ein Mädchen zu sein.

Die Unterschiede zwischen den beiden Clustern lagen auf einer anderen Ebene. Die Geschlechtsidentität der „weichen Jungen" war von Zweifeln belastet und selten ungebrochen. Betont wird die Last, die mit der männlichen Rolle zu tragen ist: „Ich wollte ein Junge sein, aber ich wollte nicht unbedingt das sein, wie Jungen allgemein sind." Einige Männer vermuteten weibliche Anteile bei sich. In Verbindung mit den „untypischen" Interessen entstand so bei den meisten ein Gefühl von Anderssein. Die „harten Jungen" hingegen genossen die Vorzüge, die das Junge-Sein für sie hatte. Sie akzeptierten – und erfüllten – die Erwartungen, die an sie als Jungen gestellt wurden, und grenzten sich von Mädchen ab. Ihre Identität als Junge war selbstverständlich: „Mir wäre nichts anderes in den Kopf gekommen." Die Angaben der Männer aus dem Cluster „harte Jungen" entsprechen in allen vergleichbaren Items jenen der heterosexuellen Männer, die in der Studie von Bell et al. (1981) befragt wurden. In einzelnen Fragen übertreffen sie diese eher noch im Ausmaß dessen, was als typisch für einen Jungen in den westlich orientierten Gesellschaften angesehen wird. So ist es kein Wunder, wenn diese Männer sich als „normale" Jungen erlebten. Auffällig häufig erwähnen Männer dieses Clusters in den Interviews, alles sei „ganz normal" gewesen – möglicherweise ein Hinweis darauf, wie wichtig ihnen in der Kindheit „Normalsein" war.

Soziale Beziehungen in der Kindheit

Die „harten Jungen" berichten über ein sehr unspektakuläres Verhältnis zur Mutter mit einem in der Regel allmählich und ohne heftige Probleme verlaufenen Ablösungsprozess. Sie brauchten die Mutter, die sie als „gute Mutter" in Erinnerung behalten, im Hintergrund, jedoch kaum als ständiges Gegenüber.

Der Vater, wenig anwesend und in seiner Bereitschaft, sich auf den Sohn einzulassen, zurückhaltend, wird im Vergleich zur Mutter als weniger nah erlebt. Und doch gab es Gemeinsamkeiten mit ihm – der Besuch auf dem Fußballplatz, Spiele im Urlaub –, die positiv vermerkt werden. Vom Vater kam durchaus Anerkennung und Zuwendung. Insgesamt wird die Beziehung zu ihm, mangels allzu großer Erwartungen, als positiv eingeschätzt. Zum Bruder bestand teilweise ein enges, gutes, manchmal aber auch ein konkurrenzhaftes Verhältnis; ältere Brüder waren häufig Vorbilder. Kontakt mit anderen Jungen war diesen Interviewpartnern wichtig und fiel ihnen leicht, da sie ähnliche Interessen hatten. Sie waren häufig in Jungengruppen und gut integriert. Mit Mädchen gaben sie sich im Lauf der Jahre immer seltener ab. Ihr Grundgefühl aus der Kindheit war das einer glücklichen, unbeschwerten Zeit, wobei sie unangenehme Erfahrungen eher beiseite schieben, als sie hervorzuheben.

Die „weichen Jungen" betonen meist die größere Nähe zur Mutter als zum Vater. Bei ihr suchten sie Schutz, Geborgenheit und Anerkennung und fanden sie meist auch. Die hohen Erwartungen wurden aber nicht immer erfüllt, und so beschreiben manche Männer aus dieser Gruppe ihre Mutter kritisch und recht negativ mit hoher emotionaler Beteiligung. Gegenüber dem Vater bestand zwar eine – manchmal sichtlich libidinös besetzte – Sehnsucht, die jedoch nach ihren Abgaben nur selten mit der gewünschten Zuwendung und Aufmerksamkeit erwidert wurde. Da für den Vater Leistung und die Erfüllung rollenspezifischer Anforderungen bedeutsamer waren als für die Mutter, fehlte es auch an Anerkennung, wenn die „weichen Jungen" in typischen Jungeninteressen „versagten". Ältere Schwestern wurden gern als Vorbild angenommen; eine enge Beziehung zu ihnen war üblich, zu älteren Brüdern seltener. Der Kontakt mit anderen Jungen wurde von den „weichen Jungen" seltener gesucht, statt dessen bestand häufig ein guter Kontakt zu Mädchen oder sie zogen sich von anderen Kindern ganz zurück. Der größte Teil dieser Gruppe erinnert die Kindheit nicht sehr positiv; Angst, Ohnmachts- und Unterlegenheitsgefühle bestimmen die Erinnerung.

Erotik und Sexualität vor der Pubertät

Angesichts einer Reihe von Arbeiten, welche sehr ausführlich präpubertäre erotische und sexuelle Empfindungen bzw. Handlungen referieren (zuletzt Savin-Williams 1998), ist das, was die 22 Männer aus beiden Clustern als Erinnerung von dieser frühen Zeit beschreiben, enttäuschend gering. Die „harten Jungen" erinnern oft Bewunderung und Faszination für andere Jungen. Dem könnte ein erotisches Interesse zugrunde gelegen haben, und im Einzelfall wird dies auch so gedeutet: „Das war etwa mit neun oder zehn. Da gab's einen Praktikanten im Ferienlager, den fand ich schon ganz toll und erotisch. ... Also, das war sicherlich so 'ne Mischung aus Bewunderung und Erotik, die ich für ihn empfunden habe." Vielfach fällt es den Männern jedoch schwer, derartige Empfindungen zeitlich (präpubertär oder pubertär) einzuordnen, vorherrschend sind Aussagen, man könne sich nicht an vorpubertäre homosexuelle Phantasien bzw. Wünsche erinnern.

Dies korrespondiert mit den Ergebnissen der Befragung junger schwuler Erwachsener durch Savin-Williams (1998). Dort bezeichneten jene Jugendlichen, die er als „masculine in appearance, behavior, and interests" charakterisierte, „their life before puberty as 'sexless'", „they had few memories of *sexual* attractions to girls, boys, or anything else" (S. 41). Nur einer der „harten Jungen" beschreibt eine frühpubertäre sexuelle Konfrontation durch einen Freund, der ihn aufforderte, seinen Penis anzufassen. Aus Angst tat er es nicht, erinnert aber gut, sich später über seine Scheu geärgert zu haben, da er den Freund sehr begehrenswert fand.

Bei den „weichen Jungen" findet man hingegen Erinnerungen an erotisch gefärbte Phantasien oder auch konkrete sexuelle Wünsche häufig. Einzelne erinnerten sich sehr gut an ihre Faszination für nackte männliche Körper („Ich fand die einfach schön, einfach schön") oder für den Vater („... wie mein Vater so mit freiem Oberkörper auf der Terrasse oder am Strand lag. Mittelgroß, schlank, blond, blauäugig, ... eher kräftiger Oberkörper") oder an den Wunsch nach Berührung („... wollte immer gern anderen Jungen an den Schwanz fassen. ... Ich fand es auch total aufregend, ich wollte das unbedingt"). Gemeinsam ist den meisten „weichen Jungen" die Faszination für sehr „männliche", muskulöse Männer. In zwei Fällen wird allerdings auch explizit hetero-erotisches Interesse geäußert.

Geschlechtsrolle, Lebensgefühl und soziale Kontakte in Jugend und Adoleszenz

Die starken Unterschiede zwischen beiden Clustern während der Kindheit verringern sich in der Jugend nur wenig. Die „harten Jungen" gingen weiter den geschlechtskonformen Weg und verstärkten ihr sportliches Engagement, indem sie fast alle in Sportvereine eintraten. Interesse an „weiblichen" Tätigkeiten gab es kaum noch, auch der freundschaftliche Kontakt zu Mädchen wurde zunächst deutlich geringer. Sie stärkten und entwickelten ihre männliche Identität, nabelten sich von ihren Eltern mehr und mehr ab – insbesondere vom Vater – und waren gut bei den *Peers* integriert. Bei einigen tauchte nun dennoch ein Gefühl von Anderssein auf, in der Regel verbunden mit der Wahrnehmung, dass ihre sexuellen Phantasien und Wünsche sich von dem unterschieden, was die Freunde interessierte. Bei diesen Jugendlichen finden wir einen gewissen Rückzug von anderen männlichen Jugendlichen, und stets wird ein Zusammenhang mit dem zunehmend bewusster werdenden Schwulsein von den Interviewpartnern hergestellt. Sie zogen sich ein Stück weit zurück – ohne jedoch dadurch zum Außenseiter zu werden.

Im Freizeitverhalten der „weichen Jungen" ist die Kontinuität ebenfalls stark, es war überwiegend geschlechtsrollenneutral und selten sportlich. Ihr Interesse an Tätigkeiten, welche weiblichem Rollenverhalten zugeschrieben werden, nahm jedoch nach der Pubertät ab. Auch als Jugendliche hatten „weiche Jungen" noch Probleme damit, sich uneingeschränkt als „männlich" zu sehen, da ihnen dieses Label von der Umwelt wiederholt verweigert wurde. Eine größere Aufgeschlossenheit unter Jugendlichen und eine Neudefinition von Mannsein erleichterte aber mit der Zeit eine größere Kongruenz mit der eigenen Geschlechtsidentität. Einzelne „weiche Jungen" entwickelten aber auch nach der Pubertät „männliche" Interessen wie Werken, Kampfsport etc. Als „anders" erlebten sie sich dennoch fast alle, verstärkt durch das massivere Auftauchen homosexueller Sehnsüchte.

Die Abnabelung von den Eltern – insbesondere von der Mutter – fiel mehreren „weichen Jungen" schwer. Zwar berichtet keiner mehr von erotischen oder Nähe-Wünschen gegenüber dem Vater aus dieser Zeit, aber der Kontakt zu ihm scheint in der Adoleszenz eher noch distanzierter gewesen zu sein als vorher. Einige Männer dieser Gruppe schildern, dass die Mutter eine Ablösung zu verhindern suchte. Sie konnten sich nur mit erheblicher Anstrengung trennen, und etliche hatten die Ablösung von der Mutter bis zur Befragung noch nicht erreicht.

In der Adoleszenz der „weichen Jungen" war ein starker Rückzug in die Einsamkeit – auch von den Mädchen – häufig. Nur der Kontakt zu einem oder wenigen Freunden bewahrte einen großen Teil von ihnen vor einer starken Isolation. Ihnen kam dabei der Wandel zu Hilfe, den Freundschaften bei Jugendlichen gegenüber jenen bei Kindern haben. Kindern geht es darum, gut miteinander spielen zu können. Bei Jugendlichen wird der Freund zum Gesprächspartner, mit dem man etwas zusammen unternehmen kann (vgl. Fatke und Valtin 1988). In dieser Zeit wird sogar Anderssein eine erwünschte Qualität, was für Außenseiter nützlich sein kann.

Dennoch ist die Bilanz der früheren „weichen Jungen" hinsichtlich des Lebens- und Selbstwertgefühls in der Adoleszenz durchweg negativ, noch negativer als in der Kindheit. Einzelne können von Lichtblicken berichten, die mit engen Freundschaften, einer guten Familienatmosphäre oder einem Wechsel im sozialen Umfeld zu tun hatten. Bei den „harten Jungen" hielt sich das positive Grundgefühl aus der Kindheit auch in der Jugend, auch dort, wo auftauchende homosexuelle Empfindungen das Konzept einer heterosexuellen Entwicklung störten. Nur wenn einschneidende Veränderungen wie der Verlust des besten Freundes, die Trennung der Eltern oder der Tod eines Elternteils eintreten, kommt es zu Belastungen und sogar zu depressiven Stimmungen.

Sexuelle Erfahrungen in der Jugend

Ganz unabhängig davon, ob es sich um „harte" oder „weiche Jungen" handelte: Jugendliche, die in einem sexualfreundlichen familiären Klima aufwuchsen, hatten ihr Coming-out zu einem früheren Zeitpunkt als jene, bei denen Sexualität zu Hause tabuiert und die Aufklärung gering war. Auch ist ein Trend erkennbar, dass die Jüngeren unter den Interviewpartnern ihr Coming-out früher hatten. Damit endet die Gemeinsamkeit aber bereits, und erhebliche Unterschiede im sexuellen Handeln, in der Partnerwahl und der gesamten weiteren Entwicklung zum homosexuellen Mann werden zwischen den Clustern offensichtlich.

Ein besonders hervorstechender Unterschied sind heterosexuelle Kontakte in der Adoleszenz. Heterosexuelle Erfahrungen und Beziehungen in der Adoleszenz bilden – neben dem „jungentypischen" Interesse für Sport und Fußball – das deutlichste Unterscheidungsmerkmal zwischen den „harten" und den „weichen Jungen". In beiden Bereichen folgen die „harten Jungen" der heterosexuellen Norm, während die „weichen Jungen" in eben diesen Bereichen dem „typischen" prähomosexuellen Bild entsprechen. Fast alle „harten Jungen" hatten dauerhafte Partnerschaften mit Frauen oder wenigstens einzelne „Affären" nach der Pubertät. Mit einer Ausnahme durchliefen sie nach außen hin zunächst eine für heterosexuelle Jungen übliche Annäherung an das weibliche Geschlecht, teils aus echtem erotischen Interesse, teils auf Druck der *Peers* hin. Das mag mit dem – relativ – späten Wahrnehmen homosexuellen Begehrens zusammenhängen.

Diese Wahrnehmung eines sexuellen Interesses an Jungen oder Männern führte nicht notwendig zum Bewusstsein, die eigene Sehnsucht sei homosexuell. Das gesellschaftliche Bild des schwulen Mannes scheint den „harten Jungen" diese Identifikation erschwert zu haben. Kam es in der Pubertät oder kurz danach zu gleichgeschlechtlichen sexuellen Handlungen, wurden sie von „harten Jungen" als normales lustvolles Spiel unter Heterosexuellen angesehen und meist unbeschwert erlebt und genossen. Weder die Handlungen noch die Sehnsüchte wurden als „schwul" klassifiziert.

Die „weichen Jungen" entwickelten sich fast immer ohne einen heterosexuellen „Umweg" weitaus direkter zum schwulen Jugendlichen bzw. Erwachsenen. Lediglich zwei dieser Männer versuchten sich in heterosexuellen Partnerschaften – zudem ohne Sexualität. Die „weichen Jungen" verspürten die homosexuellen Sehnsüchte nicht nur früher, sondern identifizierten diese Empfindungen auch frühzeitig als das, was sie waren: Ausdruck ihrer sexuellen Orientierung. Es war ihnen nicht möglich, die von einigen „harten Jungen" erlebten sexuellen Spiele unter Pubertierenden als „harmlos" zu definieren. Im Gegensatz zu den „harten Jungen" mieden sie daher sexuelle Kontakte zu Jungen: „Es war undenkbar, zumindest für mich, irgendwie mit andern Jungs was zu machen, a) weil ich eben so'n distanziertes Verhältnis zu den Jungs hatte und b) weil all das, was für die vielleicht Spiel gewesen wäre, für mich ja absoluter Ernst war." Auch ihr erstes explizit als „homosexuell" empfundenes sexuelles Erlebnis lag in der Regel früher als bei den „harten Jungen", die diese Bedeutungszuschreibung erst im dritten Lebensjahrzehnt wagten.

Im Umgang mit homosexuellen Gefühlen und Sehnsüchten ist der Unterschied zwischen den Clustern sehr deutlich. Während die „weichen Jungen" erotische Erlebnisse und ein sexuelles Interesse an Männern (oder Jungen) bereits vor der Pubertät beschreiben, erinnert nur ein einzelner der früheren „harten Jungen" ein „prickelndes" Gefühl mit einer „erotischen Komponente" bei einem Freund. Während die „weichen Jungen" spätestens in der Pubertät klare sexuelle Präferenzen entwickelten, gelang es manchem „harten Jungen", selbst in potenziell sexuell erregenden Situationen (gemeinsames Duschen) in den anderen Jungen nur den Sportkameraden zu sehen und nicht das Objekt seines Begehrens.

Coming-out als schwuler Jugendlicher/Mann

Diese Tendenz setzt sich beim Coming-out unmissverständlich fort. Die „weichen Jungen" hatten ihr Coming-out im Durchschnitt früher, offener, radikaler und selbstbewusster als die „harten Jungen". Ein schwuler Lebensentwurf in der Jugend, das heißt, sich ein Leben als schwuler Mann mit einem Partner vorstellen zu können, findet sich fast ausschließlich bei den „weichen Jungen", oft verknüpft mit einem Coming-out in Pubertät bzw. Adoleszenz. Heterosexuelle Lebensentwürfe sind bei beiden Gruppen auffindbar, tendenziell häufiger bei jenen, die ihr Coming-out in höherem Alter hatten oder ihre Jugend in den 60er und 70er Jahren erlebten.

Auch die weiteren Schritte des Coming-out dauerten bei den „harten Jungen" länger. Selbst wenn sie ihre homosexuellen Empfindungen vor sich selbst nicht mehr leugnen wollten, zögerten sie doch lange mit einer Kontaktaufnahme zu anderen schwulen Männern und der Subkultur. Die „weichen Jungen" vollzogen diesen Schritt häufig zügig, nachdem sie sich ihre sexuelle Neigung eingestanden hatten. Auch der Schritt nach außen, das offene Umgehen mit dem eigenen Schwulsein fiel den „harten Jungen" bedeutend schwerer als den „weichen". Bei einem Viertel der erst genannten wissen deren Eltern und ihr heimatlicher Freundeskreis bis heute nichts über ihre Homosexualität.

Erwachsenenalter

Da der Schwerpunkt dieser Arbeit auf Kindheit und Jugend liegt, sollen für die Gegenwart bzw. die Zeit seit der Adoleszenz lediglich zwei Themenbereiche angesprochen werden, nämlich die Geschlechtsidentität und die soziale Integration. Viele Entwicklungen, welche sich in der Jugend andeuteten, setzten sich in den folgenden Jahren fort. Die männliche Identifikation der „weichen Jungen" festigt sich zunehmend. Erleichtert wird dies sicherlich durch die zeitgenössische Flexibilisierung der Geschlechtsrollen. Während bei den „harten Jungen" eine Kontinuität ungebrochener Männlichkeit festzustellen ist, betonen die „weichen Jungen" die Diskontinuität. Mannsein hat für sie erst im Laufe des Erwachsenseins eine deutlich positive Bewertung erhalten: „Männlichkeit hat für mich nichts mehr damit zu tun, hart zu sein. Früher hatte es so viele negative Seiten für mich, das Männliche. Weil das immer das war, was ich sein musste und nicht sein konnte und nicht sein wollte, und jetzt sehe ich das ganz anders. Es ist sehr schön, so entspannt zu sein und so, und das ist aber auch männlich! Also, in dem Sinne fühle ich mich sehr männlich. Nicht in dem anderen Sinne, wie die Gesellschaft das definiert." Zwar beschreiben sich die „weichen Jungen" weiterhin etwas femininer, sie können dies jedoch gut in ihr Bild von einem Mann integrieren. Bei einzelnen ehemals „harten Jungen" finden sich umgekehrt heute „feminine" Anteile, auch sie weiten also ihr Verhaltensrepertoire aus.

Ebenfalls für beide Cluster gilt – bei aller Vorsicht wegen der relativ kurzen Behandlung des Themas im Interview – eine gute soziale Integration, wobei die „weichen Jungen" auch heute noch eher Abstand zu heterosexuellen Männern halten und weniger heterosexuelle Männer als Freunde haben. Bei den „harten Jungen" findet sich eine größere Vielfalt, die von stärkerer Integration in die (frühere) heterosexuelle Umwelt bis zum völligen Rückzug in einen schwulen Freundeskreis reicht. Während jedoch die ehemals „weichen Jungen" früh soziale Kontakte im homosexuellen Umfeld haben, tun sich einige der „harten Jungen" damit deutlich schwerer.

In Bezug auf ihre sexuelle Orientierung beschreiben sich alle Interviewten als eindeutig schwul. Sexuelle Beziehungen zu Frauen liegen bei den „harten Jungen" im Durchschnitt 11,4 Jahre zurück. Gegenwärtige sexuelle Kontakte bestehen ausschließlich zu Männern. Das gilt auch für die meisten „weichen Jungen". Drei Männer dieser Gruppe gaben jedoch an, dass sie in den vergangenen Jahren sexuelle Erfahrungen mit Frauen gemacht oder ein (begrenztes) heterosexuelles Begehren bei sich (wieder) entdeckt hätten, weshalb sie sich als „vorwiegend homosexuell" einstuften. Als fester Partner kam jedoch für alle nur ein Mann in Frage.

Im Hinblick auf Partnerschaften werden wieder deutliche Unterschiede zwischen den „weichen" und den „harten Jungen" sichtbar. Die „harten Jungen" nehmen zwar erst spät feste schwule Beziehungen auf, diese sind dann aber dauerhafter und offener gestaltet. Die „weichen Jungen" hingegen beginnen früh mit festen Partnerschaften, diese dauern jedoch selten lange, und auch spätere Partnerschaften sind nur vereinzelt langlebig.

Die „harten Jungen" haben zum Zeitpunkt des Interviews mit einer Ausnahme alle feste Partnerschaften, in zwei der neun Fälle noch mit ihrem ersten Partner, während nur zwei der „weichen Jungen" bisher Beziehungen hatten, die länger als drei Jahre dauerten, ein Drittel von ihnen war zur Zeit der Befragung nicht fest befreundet. Diese Unterschiede sind aufgrund der erhobenen Daten schwer zu interpretieren. Ob sich darin Beziehungsprobleme der „weichen Jungen" widerspiegeln oder ob die „harten Jungen" bloß versuchen, „Normalität" zu leben, und länger an problematischen Beziehungen festhalten, kann aus den vorliegenden Daten nicht beantwortet werden. Weitere Forschungen zu diesem Punkt bieten sich jedoch an.

Abschließende Bewertung

Die erste Forschungsfrage nach möglichen Unterschieden im Geschlechtsrollenverhalten prähomosexueller Jungen konnte bereits mit der Fragebogenerhebung beantwortet werden. Die in dieser Studie festgestellten Unterschiede zwischen den beiden Untergruppen widersprechen der bisher recht einheitlichen Darstellung von „dem" prähomosexuellen Kind („sissy-boy", Green 1987) und Jugendlichen (vgl. u.a. Hirschfeld 1903; Bell et al. 1981; Isay 1990). Was Bailey (1996) noch als Vermutung äußerte – „perhaps there are different developmental routes to male homosexuality" (S. 76) –, kann durch die vorliegenden Daten als bestätigt angesehen werden. In Bezug auf Geschlechtsrollenverhalten und Geschlechtsidentität, aber auch auf soziale Kontakte, das emotionale Grundgefühl in Kindheit und Jugend, Beziehungen zu den Eltern, hetero- und homosexuelle Erfahrungen vor dem Coming-out sowie Erleben und Bewältigung des Coming-out existieren deutliche Unterschiede zwischen mindestens zwei Gruppen schwuler Männer – unabhängig davon, ob Geschlechtsrollen(non)konformität an allen Unterschieden kausal beteiligt ist oder nicht. Offen bleibt, wie umfangreich der Anteil rollenkonformer und -nonkonformer Jungen an der Grundgesamtheit aller schwulen Männer ist. Die quantitative Verteilung war nicht Gegenstand dieser Untersuchung.

Die zweite Forschungsfrage behandelte die Auswirkung des Geschlechtsrollenverhaltens auf die soziale Einbindung in die Familie und das soziale Umfeld während der Kindheit und Jugend. In der Interviewstudie nannten viele Männer ihr konformes bzw. nonkonformes Rollenverhalten als Grund für den guten Kontakt zu Jungen (gemeinsame Interesse, ähnliche Verhaltensweisen) bzw. zu Mädchen (gemeinsame Interessen, Ablehnung bestimmter „männlicher" Verhaltensweisen) bzw. für Rückzug und Alleinspielen. In Bezug auf das Verhältnis zu Geschwistern und Eltern stellten die Befragten auf ähnliche Weise einen Zusammenhang her: der gemeinsame Fußballspielbesuch mit dem Vater als seltene, aber regelmäßige Kontaktmöglichkeit für den rollenkonformen Jungen, der geringe Respekt des großen Bruders für den weichen, schwächlichen Jüngeren, das vertraulich-enge Verhältnis als „Liebling der Mutter" aufgrund des Schutzbedürfnisses eines ängstlichen, rollennonkonformen Jungen.

Soziale Ausgrenzung – insbesondere durch die gleichgeschlechtlichen Peers – und sozialer Rückzug in der Kindheit sowie ein enges emotionales Verhältnis zur Mutter und ein eher negatives zum Vater, verbunden mit einem geringen Selbstwert- und einem negativen Lebensgefühl, ist mit hoher Wahrscheinlichkeit eine Folge nonkonformen Rollenverhaltens und nicht der (späteren) Homosexualität (vgl. Düring 1994). Diese nach Ansicht so vieler Forscher „typischen" Erfahrungen prähomosexueller Kinder sind allerdings nur „typisch" für eine Teilgruppe der Schwulen.

Schliesslich zeigte sich, dass diejenigen Jugendlichen, die sich in der Kindheit geschlechtsrollenkonform verhalten hatten, mehrheitlich länger brauchten, ehe sie sich selbst als schwul identifizierten und sich trauten, dieses offen zu leben. Während sich die „weichen Jungen" bereits früh als „anders" erlebten und den Schritt zu einem schwulen Leben oft schon in der Jugend wagten, mussten die „harten Jungen" als Jugendliche diesen Schritt aus der Normalität heraus bewältigen. Wirkten die wenig rollenkonformen Jungen in Kindheit und früher Adoleszenz als soziale „Verlierer", stehen sie in Bezug auf das Coming-out eher als „Gewinner" da.

Der soziale Druck auf die „harten Jungen", sich heterosexuell zu verhalten und es auch zu sein, ist bei den „harten Jungen" offenbar sehr stark (vgl. auch Savin-Williams 1998; Ross 1989; Troiden 1989). Der enorme Anpassungsdruck innerhalb der männlichen *Peers* und der starke Konformitätswunsch der „harten Jungen" sowie das verbreitete Klischee vom „femininen" Homosexuellen ließen den „harten Jungen" wenig Raum für das Entdecken ihrer sexuellen Orientierung. Ohne brauchbare Vorbilder in Form von „normalen" – sprich: nicht femininen – schwulen Männern, ohne sichtbare Alternative zum gradlinig vorgezeichneten Weg über eine heterosexuelle Pubertät zur Mann-Frau-Beziehung war die Angst sehr stark, alle bisherigen Sicherheiten und den gesamten sozialen Kontext zu verlieren bzw. ihn eintauschen zu müssen gegen eine ungewisse Position als Außenseiter: „Ich glaube, das war eine meiner größten Befürchtungen so, wie reagiert die Umwelt darauf? So dieses Horror-Szenario, du bist dann ganz allein, keiner liebt dich mehr und alles wird ganz schrecklich!" Wenn sexuelle Aufgeschlossenheit und heterosexuelle Anteile vorhanden waren, bot sich den „harten Jungen" eine gute Möglichkeit, zunächst den „normalen" Weg fortzusetzen. Wenn dies nicht gegeben war, wurde zumindest die Alibi-Freundin gesucht – und sei es nur, um den Männern weiter nahe bleiben zu können. Die „weichen Jungen" machen hingegen im Zuge des Coming-out die Erfahrung, dass ihr persönliches Anderssein im kollektiven Anderssein der homosexuellen Community gut aufgehoben ist, dass – wie es ein Mann ausdrückte – „dies meine Welt ist". Den „harten Jungen" geht es genau umgekehrt, um schwul leben zu können, müssen sie scheinbar „ihre Welt" verlassen und sich in eine fremde, unbekannte Welt begeben.

Eine Vielzahl von Fragen muss offen bleiben. Der gewählte methodische Zugang konnte es nicht leisten, die hinter den Verhaltensweisen stehenden Beweggründe und Ursachen intensiver auszuleuchten. Der Gruppenvergleich stand im Vordergrund und behinderte, ebenso wie der lange Zeitraum, der in den Interviews abgedeckt werden musste, eine tiefergehende Analyse der Einzelfälle. Da zudem zunächst alle Interviews durchgeführt wurden, ehe die Auswertung begann, wurde die von Kleining (1994) beschriebene Zirkularität im Verlauf der Erhebung nicht konsequent genug beibehalten. Dieses Vorgehen verhinderte eine Modifikation der Leitfragen im Hinblick auf neu entdeckte Themenbereiche oder -aspekte.

Wünschenswert wäre zudem gewesen, präheterosexuelle „sissy-boys" ausfindig zu machen und zu interviewen. So kann lediglich vermutet werden, dass viele Erfahrungen, welche die „weichen Jungen" mit der Ausgrenzung von den männlichen Peers, mit der Hinwendung zu Mädchen, mit den Anforderungen an männliche Jugendliche machen, auch dann auftreten, wenn der betreffende Junge später heterosexuell lebt.

Keinesfalls kann von den Ergebnissen dieser Studie eine Repräsentativität für andere schwule Männer als die an der Untersuchung beteiligten angenommen werden. Die interviewten Männer stellen in mancher Hinsicht kein repräsentatives Abbild der Gesamtheit schwuler Männer in der Bundesrepublik dar. Wer außerhalb der Großstädte lebt, wer wenig Kontakt zu sozialen Treffpunkten und Gruppen hat, bekam kaum Gelegenheit, zum Befragten oder Interviewten zu werden. Obwohl nicht angestrebt, führte die gewählte Erhebungsmethode zu einem hohen Anteil an Abiturienten und Studenten, was ebenfalls die Übertragbarkeit auf die Gesamtheit bundesdeutscher schwuler Männer beeinträchtigt.

Sehr grundsätzlich ist zudem das Problem der retrospektiven Erhebung aller Daten. Selbst bei einer Begrenzung auf 20- bis 40-Jährige muss mit fehlerhaften Erinnerungen gerechnet werden. Ross (1980) nennt mehrere Faktoren, welche die Retrospektion verfälschen könnten: unvollständige Erinnerungen, Verzerrung der Erinnerung aufgrund von Reflexionen des Geschehenen oder zusätzlicher Information sowie Gefälligkeitsantworten. In Bezug auf homosexuelle Männer belegte er, dass diese in ihrer Erinnerung dem gesellschaftlichen Stereotyp folgen und geschlechtsrollennonkonformes Verhalten in der Kindheit überbewerteten. Die „Stereotypisierung" der eigenen Erinnerung mag zu einem Bias und damit zu einer höheren Quote von „weichen Jungen" in der Stichprobe der Fragebogenerhebung geführt haben.

Dennoch kann davon ausgegangen werden, dass es sich bei den interviewten Männern, die sich in der Kindheit als sportliche, aktive, gut integrierte Jungen, die Fußball spielten, keineswegs um eine zufällige Auswahl einer ansonsten verschwindend geringen Zahl schwuler Männer handelt. Wenn also derartige Jungen sich später ebenso zum schwulen Mann entwickeln können wie der weithin bekannte „sissy-boy", muss dies Konsequenzen haben.

Hilfsangebote dürfen sich nicht nur an einen Teil prähomosexueller Kinder bzw. Jugendlicher richten. Das bedeutet Schutz für nicht rollenkonforme Jungen vor Ausgrenzung und Diskriminierung, aber gleichermaßen Hilfestellung für den scheinbar „normalen" Jungen, der seine sexuellen Empfindungen als nicht übereinstimmend mit dem populären Bild vom Homosexuellen erlebt. Das heißt auch, Homosexuelle in der Öffentlichkeit nicht nur eindimensional darzustellen, sondern in allen vorhandenen Facetten, so dass der rollenkonforme prähomosexuelle Junge Identifikationsobjekte hat. Diese Forderung richtet sich gleichermaßen an die Sozialisationsinstanzen wie an die Medien und nicht zuletzt auch an die Schwulen-Organisationen, die bislang immer noch wesentliche Teile der Hilfsangebote gestalten und anbieten.

Für einen solchen Wechsel in der Konzeption des „schwulen Mannes" müsste jedoch unsere Gesellschaft aufhören, „weibliche" Eigenschaften bei Jungen und Männern zu diskriminieren und damit prinzipiell eine Minderwertigkeit von Frauen auszudrücken. Dies würde auch präheterosexuellen Jungen nützen, die „weibliche" Eigenschaften leichter in ihre Persönlichkeit integrieren könnten, ohne Opfer von Diskriminierung und Ausgrenzung zu werden.

Literatur

Bailey, J.M. (1996). Gender Identity. In Savin-Williams & Cohen (1996), *The lives of lesbians, gays, and bisexuals*. Fort Worth: Harcourt Brace College Publishers, 71-93.

Bailey, J.M. & Zucker, K.J. (1995). *Childhood Sex-Typed Behavior and Sexual Orientation: A Conceptual Analysis and Quantitative Review*. Developmental Psychology, Vol 31(1), 43-55.

Bell, A.P., Weinberg, M.S. & Hammersmith, S.K. (1981). *Der Kinsey Institut Report über sexuelle Orientierung und Partnerwahl*. München: C.Bertelsmann.

Bieber, I., Dain, H.J., Dince, P.R., Drellich, M.G., Grand, H.G., Gundlach, R.H., Kremer, M.W., Rifkin, A.H., Wilburg, C.B. & Bieber, T.B. (1962). *Homosexuality: A psychoanalytical study on male homosexuality*. New York: Vintage Books.

Blanchard,R. (1997). Birth order and sibling sex ratio in homosexual versus heterosexual males and females. *Annual Review of Sex Research, 8*, 27-67.

Blanchard, R., McConkey, J.G., Roper, V. & Steiner, B.W. (1983). Measuring physical aggressiveness in heterosexual, homosexual, and transsexual males. *Archives of Sexual Behavior, 12*, 511-524.

Bochow, M. (1997). *Schwule Männer und AIDS*. AIDS-Forum DAH, Bd.XXXI. Berlin: Deutsche AIDS Hilfe

Boldizar, J.P. (1991). Assessing sex typing and androgyny in children: The Children's Sex Role Inventory. *Developmental Psychology, 27*, 505-515.

Casper, J.L. (1852). Über Nothzucht und Päderastie und deren Ermittelung Seitens des Gerichtsarztes. Nach eigenen Beobachtungen. *Vierteljahrsschr gerichtl öffentl Med*, 1, 21–78.

Dannecker, M. (1990). *Homosexuelle Männer und AIDS – Eine sexualwissenschaftliche Studie zu Sexualverhalten und Lebensstil*. Stuttgart: Kohlhammer.

Dannecker, M. (1996). Probleme der männlichen homosexuellen Entwicklung. In Sigusch, V. (Hrsg.): *Sexuelle Störungen und ihre Behandlung* (77-91). Stuttgart: Thieme u.a.

Dannecker, M. & Reiche, R. (1974). *Der gewöhnliche Homosexuelle*. Frankfurt: Fischer.

Düring, S. (1993). *Wilde und andere Mädchen. Die Pubertät*. Freiburg i.Br.: Kore.

Freud, S. (1977). *Drei Abhandlungen zur Sexualtheorie und verwandte Schriften* (17.Aufl.). Frankfurt: Fischer Tb Verlag.

Freund, K. (1965). *Die Homosexualität beim Mann* (2.Aufl.). Leipzig: S.Hirzel.

Friedman, R.C. (1993). *Männliche Homosexualität*. Berlin: Springer.

Green, R. (1987). *The „Sissy Boy Syndrome" and the Development of Homosexuality*. New Haven: Yale University Press.

Grossmann, T. (2000) *Prä-homosexuelle Kindheiten. Eine empirische Untersuchung über Geschlechtsrollenkonformität und -nonkonformität bei homosexuellen Männern in Kindheit, Jugend und Erwachsenenalter*. Phil. Diss. Universität Hamburg (http://www.sub.unihamburg.de/disse/175/Disse.pdf)

Herdt, G. (1989). Introduction: gay and lesbian youth, emergent identities, and cultural scenes at home and abroad. *Journal of Homosexuality, 17*, 1-41.

Hirschfeld, M. (1903). *Ursachen und Wesen des Uranismus*. Jahrbuch für sexuelle Zwischenstufen, V. Jahrgang. Leipzig: Verlag Max Spohr.

Hoffmann-Riem, C. (1984). *Das adoptierte Kind*. München: Wilhelm Fink.

Isay, R.A. (1990). *Schwul sein – Die Entwicklung des Homosexuellen*. München: Piper.

Kleining, G. (1994). *Qualitativ-heuristische Sozialforschung*. Schriften zur Theorie und Praxis. Hamburg: Fechner.

Krafft-Ebing, R.v. (1984). *Psychopathia Sexualis. Mit besonderer Berücksichtigung der konträren Sexualempfindung* (Nachdruck der 14.vermehrten Auflage). München: Matthes&Seitz.

Lautmann, R. (Hrsg.) (1993). *Homosexualität – Handbuch der Theorie- und Forschungsgeschichte*. Frankfurt: Campus.

Mayring, P. (1983). *Grundlagen und Techniken qualitativer Inhaltsanalyse – Zur Begründung, Entwicklung und Veranschaulichung sozialwissenschaftlicher Interpretationstechnik*. Weinheim: Beltz.

Moosbrugger, H. & Frank, D. (1992). *Clusteranalytische Methoden in der Persönlichkeitsforschung. Eine anwendungsorientierte Einführung in taxonometrische Klassifikationsverfahren*. Bern: Huber.

Phillips, G. & Over, R. (1992). *Adult sexual orientation in relation to memories of childhood gender conforming and gender nonconforming behaviors., 21*, 543-558.

Pilkington, N.W. & D''Augelli, A.R. (1995). Victimization of lesbian, gay, and bisexual youth in community settings. *Journal of Community Psychology, 23*, 34-56.

Ross, M.W. (1980). Retrospective distortion in homosexual research. *Archives of Sexual Behavior, 9*, 523–531

Ross, M.W. (1989). Gay youth in four cultures: A comparative study. Special Issue: Gay and lesbian youth: II. *Journal of Homosexuality, 17*, 299-314.

Savin-Williams, R.C. (1998). *„...and then I became gay". Young men's stories*. New York: Routledge.

Schatzman, L., Strauss, A.L. (1973). *Field research. Strategies for a natural sociology*. New Jersey: Prentice-Hall, Englewood Cliffs.

Simon, W. & Gagnon, J.H. (1970). *Sexuelle Außenseiter. Kollektive Formen sexueller Abweichungen*. Reinbek: Rowohlt Taschenbuch Verlag.

Ulrichs, K.H.(1864) (Pseud. Numa Numantius). *„Vindex." Social-juristische Studien über mannmännliche Geschlechtsliebe. Erste Schrift über mannmännliche Liebe*. In: Ulrichs 1864–1879/1994

Ulrichs, K.H. (1864–1879/1994). *Forschungen über das Räthsel der mannmännlichen Liebe*. Neuausgabe der zwölf Einzelschriften in vier Bänden, hrsg. von H. Kennedy. Berlin: Verlag rosa Winkel.

Westphal, C. (1869). Die conträre Sexualempfindung, Symptom eines neuropathischen (psychopathischen) Zustandes. *Archiv für Psychiatrie und Nervenkrankheiten, II*, 73-108, Berlin, Nachdruck in Hohmann (1977). Der unterdrückte Sexus. Lollar/Lahn: Achenbach.

Whitam, F.L. (1977). Childhood indicators of male homosexuality. *Archives of Sexual Behavior, 6*, 89-96.

Hänsch, U. (2003). Im Spannungsfeld von individuellen Freiheiten und heterosexuellen Normen – theoretische und empirische Befunde. In M. C. Steffens & M. Ise (Hrsg.), *Jahrbuch Lesben – Schwule – Psychologie*. Lengerich: Pabst.

Im Spannungsfeld von individuellen Freiheiten und heterosexuellen Normen – theoretische und empirische Befunde

Ulrike Hänsch

Wenn heute vielfach davon ausgegangen wird, dass die Lebensverläufe der Individuen zunehmend weniger durch Traditionen und soziale Kontrollen geleitet sind als vielmehr durch die Entscheidungen der Individuen selbst, so ist diese Perspektive auf Gesellschaft insbesondere für Lesben und Schwule dann interessant, wenn nach dem Zusammenspiel von Individualisierung und heterosexuellen Normen gefragt wird. Dargestellt werden Ergebnisse einer Studie, die im Kontext von Modernisierungstheorien, Queer Theory *und Biographieforschung Handlungsmöglichkeiten und Sinnkonstruktionen in Lebensgeschichten lesbischer Frauen untersucht. Diese Biografien dokumentieren nicht nur einen „lesbischen Freiheitsgewinn" in der Moderne, sie repräsentieren auch und vor allem unterschiedliche Formen der Aneignung und Verarbeitung einer heteronormativen Ordnung sowie deren kreative und eigensinnige Überschreitung. Sie verdeutlichen darüberhinaus, dass auch eine zunehmende Präsenz von Lesben oder Schwulen in der (medialen) Öffentlichkeit nicht verwechselt werden sollte mit einer bereits verwirklichten Gleichstellung der Lebensformen. Vielmehr entpuppt sich gerade die gesellschaftliche Rede von der Gleichheit oder dem „Anything Goes" als moderne Form der Disziplinierung.*

In Theorien zu Sozialstruktur, zu Handlungsspielräumen und Lebensläufen wird immer wieder eine ähnliche Entwicklung beschrieben: Der Übergang zur Moderne ist gekennzeichnet durch einen zunehmenden Prozess der Herauslösung der Individuen aus traditionellen Bezügen und Einbindungen. Diese Enttraditionalisierungsprozesse werden kontrovers bewertet. Hervorgehoben wird auf der einen Seite, dass die Freisetzung aus alten Traditionen wiederum neue Zwänge und Abhängigkeiten hervorgebracht hat und dass damit erhebliche Risiken und Brüche der individuellen Lebensführungen verbunden sind. Auf der anderen Seite jedoch werden nicht zuletzt von der Frauen- und Geschlechterforschung die Chancen dieser Entwicklung betont, die sich insbesondere für die Lebensgestaltung von Frauen ergeben. Modernisierung bedeutet aus dieser Perspektive die Chance zu mehr Freiheit, die Erweiterung von Lebensmöglichkeiten und vor allem ein Zuwachs an Handlungsspielräumen – auch wenn häufig einschränkend von einer „widersprüchlichen Modernisierung der weiblichen Lebensführung“ (Geissler & Oechsle, 1996) die Rede ist.

Auffällig an diesen Erörterungen ist allerdings – sowohl auf Seiten der Frauen- und Geschlechterforschung als auch in der allgemeinen Soziologie – das Fehlen bestimmter sozialer Gruppen, bestimmter Lebensformen und Lebensentwürfe. So sind Homosexualität, lesbische, schwule, bisexuelle, *transgender* Lebensformen kaum oder gar nicht in empirischen Untersuchungen und theoretischen Konzeptionen gegenwärtiger Sozialwissenschaften repräsentiert. Gemessen an ihrem Vorkommen in sozialwissenschaftlichen Texten scheint Homosexualität und insbesondere weibliche Homosexualität eine immer noch vor allem heimliche Erfahrung zu sein. Das Fehlen homosexueller Erfahrung stellt dabei keine markierte Ausgrenzung dar, ihr Fehlen bleibt im wesentlichen unsichtbar. Auch in Zeiten der Traditionsauflösungen und der Diskursivierungen eines vormals „Natürlichen“ bleibt die normative Heterosexualität ein weitgehend unhinterfragtes Phänomen, das scheinbar immer noch in einem vorkulturellen Raum angesiedelt ist, der sozialwissenschaftlich nicht bearbeitet wird. Entsprechend gehört auch die Frage, wie normative Heterosexualität das soziale Handeln beeinflusst und gesellschaftliche Strukturen mitkonstituiert, nicht zum Kanon anerkannter sozialwissenschaftlicher Gegenstände (vgl. auch Hark, 2000).

Parallel zu diesem Theorie- und Forschungsdesiderat existiert allerdings ein durchaus beredsamer alltagsweltlicher Diskurs, der, nicht zuletzt an sozialwissenschaftliche Zeitdiagnosen anschließend, Homosexualität im Zeitalter der Individualisierung als selbstverständlich problemlos wählbare Option verhandelt. Auch die zunehmende mediale Präsenz von Lesben und Schwulen – von Vorabendserien bis zur Tagesschau – sowie ihr stark öffentlich diskutierter selbstbewusster Streit um und über ein Lebenspartnerschaftsgesetz unterstützen diesen Eindruck und werden zu Belegen für einen Diskurs, der Homosexualität für „gleich“, problemlos und für im Grunde der Rede doch gar nicht mehr wert erklärt.

Vielleicht ist es gleichwohl der geschichtliche Hintergrund einer ungebrochenen Unsichtbarkeit und Unhörbarkeit von schwulen Männern und vor allem von lesbischen Frauen in vergangenen Jahrzehnten, der der inzwischen sporadischen öffentlichen Präsenz von Lesben und Schwulen in der Gegenwart eine Bedeutung verleiht, die – geradezu surreal – schon den Kampf um rechtliche Gleichheit zum Zeichen einer scheinbar längst erreichten Akzeptanz werden lässt. Dieser Diskurs, der eine schon erreichte Gleichheit der Lebensformen proklamiert, wird nicht nur von einer liberalen (mehrheitlich wohl heterosexuellen) Öffentlichkeit geführt, sondern bisweilen auch von Lesben und Schwulen selbst. – Möglicherweise ein Weg, um die lang verankerte Mitgliedschaft im „Chor der Opfer" aufzukündigen und sich stattdessen als aktiv und selbstbewusst Handelnde zu entwerfen. Besteht aber hier nicht vielmehr die Gefahr, dass eine Rhetorik der Gleichheit verwechselt wird mit dem Erreichen einer faktischen Gleichheit? Und welche Folgen hat ein Mythos der Gleichheit für diejenigen, denen Gleichheit versprochen wird, die jedoch in ihrem subjektiven Erleben die vielfältigen Spielarten der Ungleichheit zu spüren bekommen?

Hierzu werde ich einige Streiflichter aus soziologischer und *Queer Theory* vorstellen sowie einige zusammenfassende Ergebnisse aus meiner empirischen Arbeit, die sich mit Biografien lesbischer Frauen beschäftigt hat. Gegenstand der folgenden Ausführungen ist die Frage, wie sich Individualisierung als neue Form der Vergesellschaftung mit der Wahl von nicht-normativen Lebensformen verbindet. Denn das Brüchigwerden von Normalbiographien, die Erosion traditioneller Lebensstrukturierungen und eine zunehmende gesellschaftliche Individualisierung sind in der Tat Rahmenbedingungen, die auch auf lesbische und schwule Biographien Einfluss nehmen und sie vielleicht auch auf neue Weise ermöglichen. Das bedeutet, eine von familiären Strukturen unabhängige, individuelle ökonomische Existenzsicherung sowie die gesellschaftliche Anforderung und Erlaubnis, ein individuelles, selbst gestaltetes und verantwortetes Leben zu führen, sind historisch neue Voraussetzungen auch für Biographieentwürfe jenseits traditioneller familiärer Ordnungen. Spannend für eine lesbische oder schwule soziologische Forschung ist in diesem Zusammenhang die Frage, inwieweit und in welcher Weise diese relativ neuen Bedingungen für die individuelle Lebensführung Chancen bieten für diejenigen, deren Lebensweise sich an den Rändern traditioneller Lebensweise bewegt. Mit anderen Worten: Wenn Traditionen und soziale Kontrollen an Bedeutung und Macht verlieren, welche Auswirkungen hat das auf diejenigen Gruppen, die auf jene anerkannten Traditionen ohnehin nicht zurückgreifen können, sondern im Gegenteil ihre eigenen Lebensweisen in der Auseinandersetzung mit jenen Traditionen durchsetzen müssen?

Individualisierung und Heteronormativität

Nahe liegend ist es hierbei zunächst, soziologische Theorien und empirische Forschungen zur modernen Lebensführung auf das Spannungsverhältnis – individueller Freiheiten auf der einen, heterosexuelle Normen auf der anderen Seite – hin zu befragen. Dabei sind insbesondere Anknüpfungspunkte bei den soziologischen Ansätzen zu suchen, die eine zunehmende Individualisierung, ein Freisetzen der Individuen aus Traditionen und sozialen Kontrollen konstatieren. Festzuhalten ist zunächst, dass in diesen aktuellen soziologischen Theorien

Individualisierung mehrheitlich als *Chance* verstanden wird, als Erweiterung individueller Möglichkeiten, als Zugewinn von Handlungsspielräumen und Handlungsmacht. So steht für den Soziologen Beck (198) das „Ich" zunehmend im Zentrum des Handelns der Individuen. Das „Ich" und die Selbstentfaltung erhalten in der heutigen im Unterschied zu vormodernen Gesellschaften eine neue relevante Position. Die traditionengeleitete „Normalbiographie" wird aus dieser Perspektive zu einer individuell bestimmbaren „Wahlbiographie". Auch wenn Beck und Beck-Gernsheim (1994) institutionelle Einschränkungen dieser individuellen Handlungsspielräume einräumen, sind gleichwohl aus ihrer Perspektive die Menschen der Gegenwartsgesellschaft „BaumeisterInnen" des eigenen Lebens und müssen es auch sein. Dass ein solches Konstruieren von „eigenem" Leben spezifischer Handlungskompetenzen, spezifischer äußerer Bedingungen und innerer Ressourcen bedarf, wird auch von Beck und Beck-Gernsheim nicht verschwiegen und insbesondere von Keupp (1989) im Rückgriff auf Bourdieu verdeutlicht. In der sich enttraditionalisierenden Lebensführung ist das Potential für emanzipative Prozesse enthalten, ohne dass diese den Subjekten frei Haus geliefert werden. Enttraditionalisierung muß aktiv genutzt werden, um „Chance" sein zu können.

Beck, Beck-Gernsheim und auch Keupp deuten insofern durchaus auf die Schwierigkeiten und Schattenseiten der Enttraditionalisierung hin. Sie zeigen auf, dass die selbst herzustellende Biographie auch Scheitern bedeuten kann, dass Chance und Gefährdung eng beieinander liegen. Einhellig ist die Meinung allerdings, dass von einem eindeutigen Zuwachs an Handlungsmacht auszugehen ist: „ Mit fortschreitender Modernisierung" , so Beck, „vermehren sich in allen gesellschaftlichen Handlungsfeldern die Entscheidungen und Entscheidungszwänge. Mit leichter Übertreibung kann man sagen: ‚anything goes'" (Beck 1986, S. 190).

Ein solchermaßen global konstatierter Zuwachs an Entscheidungmacht der Individuen wirft auch die Frage nach den individuellen Handlungsspielräumen in Bezug auf Lebensform, Sexualität oder sexueller Orientierung auf. Wenn heute jedem und jeder Einzelnen zugemutet und ermöglicht wird, ein selbst gestaltetes und selbst verantwortetes Leben zu führen, müßte dies folgerichtig auch einer Mehrheit der Bevölkerung (und nicht nur den materiell oder den an Bildung privilegierten sozialen Milieus) neue Optionen für die Wahl ihrer Lebensform eröffnen.

Interessanterweise wird der Wandel der Lebensformen, der privaten Beziehungen und der Sexualität von den genannten AutorInnen aber relativ verengt diskutiert. So sprechen Beck und Beck-Gernsheim (1990) von dem „ganz normalen Chaos der Liebe", von Individualisierung auch der Liebe. Liebe freigelassen von Moral und Recht sei zu einer „puren Angelegenheit der sich liebenden Individuen" geworden. Ähnlich klingt auch Giddens (1993), der eine zunehmende Offenheit des Privaten konstatiert. Der Prototyp des Privatlebens sei die „reine Beziehung", die sich von allen äußeren Funktionen und Verpflichtungen gelöst habe. Wie diese Beziehung gestaltet wird, nach welchen Regeln die PartnerInnen zusammenleben, sei allein von ihren individuellen Aushandlungen abhängig.

Gleichzeitig – dies fällt auf – wird von Beck und Beck-Gernsheim Liebe als ein selbstverständlich heterosexuelles Phänomen vorgestellt. Giddens, der lesbische und schwule Lebensformen zwar thematisiert, übersieht gleichwohl die juristische und symbolische Ungleichheit von hetero- und homosexuellen Lebensformen. Nicht zuletzt die rechtliche Situation aber zeigt, wie stark Moral und Recht in die individuellen Beziehungen der Menschen hineinregieren.

In diesem Sinne ist es wichtig, differenzierter zu fragen, welche Traditionen und Zwänge im Prozeß der Individualisierung an Bedeutung verloren haben und in welchem Maß. Werden schließlich auch diejenigen Subjekte und Lebensformen, die als deviante traditionell marginalisiert werden, in die Zeitdiagnosen umfassender Individualisierung einbezogen, ist diese kaum haltbar. Empirische Untersuchungen – beispielsweise „Gewalt gegen lesbische Frauen" (Stein-Hilbers u.a., 1999) – weisen auf vielfältige und weitgehende Diskriminierungserfahrungen hin. Werden also diese „devianten Subjekte", wie Hark (1996) sie nennt, in den Blick auf die moderne Lebensführung einbezogen, werden also vielfältigere Formen der Lebensformen und Sexualitäten wahrgenommen, stellt dies die Gesamtdiagnose der IndividualisierungstheoretikerInnen infrage.

Die Wahrnehmung nicht-dominanter Lebensformen rückt überhaupt erst die Existenz dieser Differenz zwischen normativ abgesicherten und prekären Lebensformen ins Bewußtsein. Über die Integration marginalisierter Lebensformen und Sexualitäten in wissenschaftliche Fragestellungen und Herangehensweisen wird folglich die Frage nach Normen, nach der Bedeutung von Traditionen und sozialen Kontrollen auf neue Weise wichtig.

Die machtvolle Institution normativer Heterosexualität und damit die Dynamik zwischen normativ gestützten Lebensformen und ihrer Infragestellung durch davon abweichende Lebensformen hat die US-amerikanische Philosophin Judith Butler in ihren Arbeiten thematisiert (1991; 1995; 1995a). Sie eröffnet damit nicht nur wichtige neue Perspektiven auf Hetero- und Homosexualität, sondern auch auf diejenigen *Subjekte*, die dieser Norm nicht entsprechen.

Betont wird von ihr die Gleichursprünglichkeit von biologischem Geschlecht, sozialer Geschlechtsidentität und Heteronormativität. Für Butler sind die Geschlechterverhältnisse nicht zu trennen vom Funktionszusammenhang der Zweigeschlechtlichkeit für die normative Heterosexualität. Zwangsheterosexualität ist für sie kaum schlüssig erklärbar, ohne die Konstruktionen von Zweigeschlechtlichkeit zu berücksichtigen. So entwarf Butler bereits in „Das Unbehagen der Geschlechter" (1991) die Vorstellung von einer konstruierten naturalisierten Zweigeschlechtlichkeit, die wiederum mit den Mitteln des Ausschlusses und der Verwerfung derjenigen Subjekte und Lebensformen arbeitet, die in dieser „heterosexuellen Matrix" nicht aufgehen. Butler spricht in diesem Zusammenhang von „nicht lebbaren Zonen der Sozialität", innerhalb derer Lesben und Schwule ihre Lebensentwürfe entwickeln. Obwohl homosexuelle Lebensformen unter dem Zeichen der Nicht-Lebbarkeit existieren, werden sie gleichwohl entwickelt und auch nicht nur als „Leben im Leiden" realisiert. Dieser theoretische Ansatz birgt, wie wir sehen – und entgegen vieler anderslautender Kritiken – wertvolle Anregungen für empirische Fragestellungen. Denn: Wie ist überhaupt ein Leben zu entwerfen, das als nicht lebbar gilt? Welche Handlungsmöglichkeiten finden Lesben und Schwule, mit welchen eigenen Sinnkonstruktionen treten sie diesen machtvollen Verwerfungen von Homosexualität entgegen?

Empirische Befunde: Lesbische Biographien

Dem Verhältnis von Heteronormativität und individueller Freiheit in Bezug auf die private Lebensführung bin ich am Beispiel biografischer Erzählungen lesbischer Frauen nachgegangen. Ich habe insgesamt 15 narrative biografische Interviews geführt und hieraus schließlich fünf Einzelfälle für eine ausführliche (re-)konstruktive Fallanalyse ausgewählt (vgl. hierzu ausführlicher Hänsch, 2003).

Die Zusammenschau ihrer Biographien zeigt in großer Deutlichkeit, dass heterosexuelle Normen als Begrenzung individueller Handlungsmacht und als Beschränkung individueller Gestaltungsmöglichkeiten biographisch wirksam sind – auf der Ebene des antizipierten Entwurfs und der Lebensplanung wie auf der direkten Handlungsebene. Die begrenzende Macht heterosexueller Normen ist allerdings auch deutlich als eine Frage der Generationeneinbettung zu sehen. Tendenziell haben sich für jüngere lesbische Frauen individuelle Handlungsspielräume erweitert und normative Begrenzungen abgeschwächt. So gelingt es der jüngsten der Befragten spielerisch und selbstbewußt zugleich einen Selbstentwurf zu entwickeln, der die eigene lesbische Identität in eine Familientradition einbettet. Dies wird möglich, indem sie für ihre Familie gewissermaßen eine weibliche Genealogie lesbischen Begehrens konstruiert. Janina P.:

„T. hat mal was Witziges über meine Familie gesagt. Und zwar über den weiblichen Teil meiner Familie, also über meine Mutter, meine Tante und die Mutter meiner Mutter. Meine Tante ist Modedesignerin und meine Oma war Malerin. Und T. hat immer gesagt: Ja, deine Tante ist so, dass die, sie macht Mode für Frauen und so sehr eigentlich auf den weiblichen Körper zugeschnitten, also sehr sehr feminin eigentlich. (...) Sie hat immer gesagt, ja, sie, macht irgendwie Kunst an Frauen, meine Mutter schäkert mit Frauen ohne Ende. – Also das tut sie wirklich. – (lacht) Und du hast einfach so die komplette Konsequenz gezogen. Und diesen Sommer hat meine Cousine mir gesagt, dass meine Oma, dass, sie war ja Malerin, dass sie ähm, ihr Lieblings, ähm, Motiv warn Frauenärsche. Also sie hat am liebsten Frauenärsche gemalt. Und dann dachte ich, ja, das passt ja, das passt genau in dieses Bild irgendwie rein."

Demgegenüber zeigt sich bei der ältesten Befragten in dieser Stichprobe – Dorothe F., 1941 geboren –, dass Geschlechter- und Sexualitätsnormen in den 50er und 60er Jahren, der Zeit, als Frau F. junge Erwachsene ist, noch kaum gebrochen waren. In ihrer Biographie wird deutlich, wie die Erfüllung eines heterosexuellen Imperativs die „richtige" Geschlechtsidentität garantieren soll, wie beides zusammen erst die Zugehörigkeit zur „menschlichen Gemeinschaft" zu sichern scheint. Die

Heterosexualität erscheint für Dorothee F. zu jener Zeit als „natürliche Ordnung“ des sozialen Lebens, verbunden mit der unentrinnbaren Forderung, sich in dieses System einzufügen und darin ihren Platz als Frau einzunehmen. Jenseits dieses heterosexuellen Lebensmusters sind für sie ebenso wenig Alternativen auszumachen, wie jenseits der Normalitätskonstruktion der Zweigeschlechtlichkeit. So erzählt Dorothee F.:

„Aber mir hat mal ein Patient in der Nachtwache erzählt, da war ich auch noch ganz jung: Sie haben es bestimmt mal schwer, einen Mann zu finden. Da dachte ich: Soweit bin ich gar nicht. Aber alles redete ja nur von so was. Das war ne harte Zeit (...) Ich merkte, dass ich das nicht wollte. Das war mir ganz klar. Das waren die 50er Jahre, Petticoat-Zeit, diese hohen Absätze, geschminkt, das fand ich alles unheimlich lästig und überflüssig. Aber da gabs nichts anderes. Da konntest du keine Hose anziehen. Ich kam mir immer völlig kostümiert vor, nicht zu meinem Vergnügen, unsicher und verkrampft. Unbeholfen und völlig deplaziert. Ich habe oft für mich alleine dann geweint, weil ich da nicht richtig war. N Junge wollte ich nicht sein. Das wars ja nicht. Will mal sagen, das gab es nicht. In der Krankenschwesternkluft, da hab ich mich wohlgefühlt. Das war ne Verkleidung, die mich anonymisiert hat.“

Trotz biographisch unterschiedlicher Strategien und trotz sich über die Generationen erweiternde individuelle Handlungsspielräume ist das kulturelle Muster der Heteronormativität durchgängig wirksam. Bei keiner der untersuchten Biographien kann ein lesbisches Leben als frei verfügbare Option bewertet werden – auch wenn die materiellen und rechtlichen Voraussetzungen gegeben sind, individuell ein Leben jenseits normativer Vorgaben zu realisieren. Es existieren in westlichen Gesellschaften keine Gesetze, die es Einzelnen verbieten, sich individuell ein lesbisches oder schwules Leben zu wählen. Gleichwohl wird, das belegen die biographischen Erzählungen, die Wahl dieses Lebensstils nicht als einfache problemlose Entscheidung wahrgenommen. Das Realisieren eines lesbischen Lebensentwurfs verlief in allen von mir untersuchten Fällen nicht ohne tiefgreifende Verunsicherungen und Erschütterungen der eigenen Identität und in allen Fällen bedeutete es ein individuelles Erkämpfen einer eben *nicht voraussetzungslos wählbaren* Lebensform. So ist beispielsweise für Dorothee F. ein lesbischer Lebensentwurf als junge Frau nicht wahrnehmbar, nicht vorstellbar und nicht zu wählen. In ihrer Biographie markiert in einer lang andauernden Lebensphase allein die Verweigerung der Heterosexualität das mögliche Maß der Handlungsfreiheit. Das „Eingeständnis“ einer lesbischen Identität löst hier eine tiefgreifend psychische Krise aus. Für die zwanzig Jahre jüngere Iris D., eine weitere Interviewpartnerin, ist ein lesbisches Leben hingegen schon als sehr junge Frau wahrnehmbar und auch zu wählen. Aber auch ihre Konstruktion von lesbischer Identität ist von Ambivalenzen durchzogen. Im Versuch, sich vor dem Stigma des Lesbischen zu schützen, reproduziert sie selbt das Klischee der häßlichen, für Männer unattraktiven Lesbe und nimmt sich gleichzeitig selbst aus dieser solchermaßen konstruierten Gruppe heraus. Sie formuliert im Interview:

„Lesben find ich sehr selten attraktiv. So diese Urlesben, diese von Geburt an, die noch nie mit einem Mann zusammen waren, das sind für mich – da hab ich nichts mit zu tun."

Und so erschwert ihr die Angst vor der Stigmatisierung auch dauerhaft die Annahme einer lesbischen Identität mit fatalen Folgen für ihre soziale Verortung in der Welt. Auch die bereits zitierte jüngste Befragte – Janina P., die Mitte der 70er Jahre geboren wurde und damit bereits in der individualisierten Welt eines „Anything Goes" aufgewachsen ist, berichtet nicht nur von unterstützenden, anerkennenden und ermöglichenden Erfahrungen. Wohl wird innerhalb ihrer Familie – einem intellektuellen, künstlerischen Milieu – ihre lesbische Lebensweise fraglos akzeptiert, aber auch in ihrer Lebensgeschichte wird lesbische Identität mit Erfahrungen der Verachtung und der Bedrohung assoziiert. Hier sind es die Eltern der Freundin, die die Beziehung nicht tolerieren. Das „klassische" lesbische Stigma-Management, die Liebe unsichtbar zu machen und zu verleugnen, wird so phasenweise auch in ihrer Biographie zur Bedingung dafür, eine lesbische Beziehung überhaupt führen zu können.

Die Handlungsspielräume der Einzelnen werden allerdings nicht nur durch äußere Rahmen gesetzt, die Frauen selbst erweitern oder reduzieren ihre Handlungsspielräume durch eigenes Handeln und gestalten sie somit auch selbst. Das Gelingen des einzelnen Lebensentwurfs hängt insofern – dies zeigen die Biographien auch – nicht zuletzt von der Kompetenz der Einzelnen ab, sich ein Leben jenseits traditioneller heterosexueller Vorgaben zu konstruieren und sich die entsprechenden unterstützenden Bedingungen selbst zu schaffen. Daß Individuen „Baumeisterinnen des eigenen Lebens" sein müssen, gilt für lesbische (und schwule) Individuen im besonderen Maße. Denn für sie besteht gar nicht erst die Möglichkeit, sich auf traditionelle Vorgaben zurückzuziehen und nach vorgezeichneten Lebenswegen zu suchen.

Dabei ist das notwendig hohe Maß an Eigenaktivität, das die Konstruktion eines lesbischen Lebens sowohl auf materieller wie auf symbolischer Ebene erfordert, nicht selbstverständlich gegeben und auch nicht von allen Individuen gleichermaßen aufzubringen. Die erforderlichen Kompetenzen basieren auf materiellen, sozialen und psychischen Ressourcen, und diese sind sozial höchst ungleich verteilt.

Dass beispielsweise Janina P. einen eher offenen, spielerischen und zuversichtlichen Entwurf für sich entwickelt, ist nicht nur als Generationenfrage und dem sich wandelnden gesellschaftlichen Klima gegenüber Homosexualität zu verstehen, es ist auch durch eine Sozialisation bedingt, die sie zu einem Umgang mit biographischer Unsicherheit befähigt. Selbstbewusstsein und Selbstwertgefühle mußte sie nicht mühsam erlernen. Ein hohes Maß an Selbstbewusstsein zu entwickeln, wurde ihr als Tochter beruflich erfolgreicher und trotz Migrationserfahrung sozial privilegierter Eltern mitgegeben. Bei aller Widersprüchlichkeit, die ihren sozialen Hintergrund durchaus auch auszeichnet, hat sie bei ihren politisch dissidenten Eltern und in der Familiengeschichte gelernt, dass abweichend von der Norm zu leben nicht mit

Verworfenheit assoziiert wird, sondern vielmehr spezifische Formen der Anerkennung und sogar Privilegierung findet.

Ganz anders sind die Ausgangsbedingungen von Petra K., einer weiteren Befragten, die als Arbeitertochter in den 50er Jahren geboren, in ihrer Jugend weder Erfahrungen materieller noch emotionaler Sicherheit machen konnte. Ihre biographische Basis ist ein „Leben ohne Netz“, von der auch ihr spezifischer lesbischer Identitätsentwurf beeinflusst ist. Die Erfahrungen früher Verunsicherung, die geprägt sind durch Bedingungen des sozialen Milieus, in dem sie aufwächst, lassen die Abwehr von Verunsicherung zum Motor des Handelns werden.

Petra K. entwirft das lesbische Leben als ein zwangsläufig lebenslanges Projekt *(„wenn ich Lesbe werde, dann werde ich es für immer“)*, und vor allem ist die lesbische Identität für sie eine politische Identität *(„Lesbischsein heißt ne radikale politische Position zu beziehen. Und heißt, mein oberstes Ziel als Lesbe ist die Zerstörung dieses heterozentristischen Patriarchats“)*.

Für Petra K. ist die Annahme der lesbischen Identität mit verschiedenen Schauplätzen der Verunsicherung verbunden, mit Hilfe feministischer Deutungsmuster versucht sie sich hier Sicherheiten zu schaffe. Den verunsichernden Wechsel von hetero- zu homosexueller Identität versucht sie durch eine extreme Abtrennung ihrer beiden Lebensphasen und die strikte Abwendung von der eigenen heterosexuellen Lebensgeschichte zu regulieren. Und sie reagiert auf den kulturell unsicheren Status lesbischer Identität, indem sie diese als eine eindeutig politische Aufgabe bestimmt. Als konsequente Verlängerung feministischer Theorie und Politik bekommt lesbische Identität eine Bedeutung, die sie absichert, die ihr einen Platz in der Welt gibt, ihr eine Existenzberechtigung verschafft. So sind es hier eher Identitätsfixierungen und weniger die spielerische Wahl einer Identität, die ihren Umgang mit biographischen Unsicherheiten prägen, die eine lesbische Identität als marginalisierte Identität mit sich bringt.

Resümee

Die Erzählungen der interviewten Frauen zeigen sehr konkret, wie eine normative Heterosexualität für Biographieverläufe und biographische Konstruktionen „gewissermaßen unentrinnbar“ (Lauretis, 1996) ist und wie selbst in der Lebensgeschichte der jüngsten Befragten um die Realisierung eines lesbischen Lebens zunächst „gerungen“ werden mußte, es stand als Option nicht einfach zur Verfügung.

Alle Interviewpartnerinnen erfahren somit eine heterosexuell normierte Wirklichkeit, die ihnen über teilweise lange Phasen ihres Lebens das Gefühl vermittelt, lesbische Wünsche, Phantasien oder Lebensweisen seien unlebbar, undenkbar und verworfen. Das Riskieren einer lesbischen Identität ist für sie dann gleich bedeutend mit dem Herausfallen aus der sozialen

Gemeinschaft – selbst oder besonders dann, wenn diese lesbische Identität kaum benennbar ist. Gerade die Unaussprechlichkeit und Namenlosigkeit signalisieren die Unlebbarkeit des Begehrens.

Dennoch: Auch wenn ein lesbischer Lebensentwurf nicht grundsätzlich und gleichwertig als Option zur Verfügung steht, auch wenn dieser Lebensentwurf kulturell unlebbar gemacht ist, kann ein lesbischer Lebensentwurf individuell durch das Handeln der Einzelnen zu einer Option werden. Hierzu bedarf es der Umdeutungen und Neukonstruktionen von lesbischer Identität. Die Biographien zeigen, dass die einzelnen Frauen aufgefordert sind, neue Sinnkonstruktionen für ihr Leben zu erfinden, die den verworfenen Lebensentwurf in einen bejahenden und unterstützenden Kontext stellen. Die Biografien zeigen auch, wie unterschiedlich und auch miteinander widersprüchlich diese Sinnkonstruktionen sein können. Wichtig an den Konstruktionen ist, dass sie die kulturell verworfene Identität mit positiver Bedeutung besetzen, mit einer Bedeutung, die das Lesbische in dem individuellen Lebenskonzept lebbar macht. Dass dies nicht unbedingt eine positive Bewertung von lesbischer Identität beispielsweise im Sinne feministischer Ideen sein muss, sondern beispielsweise auch eine Form der Auflösung von lesbischer Identität und das Aufgehen dieser in einer gewissen Form „lesbischer Heterosexualität" sein kann, zeigt die biografische Erzählung von Marianne W. Sie konstruiert ihre Beziehungen zu Frauen als „heterosexuelle" Beziehungen und sucht sich insbesondere solche Partnerinnen, die außer mit ihr nur mit „echten" Männern zusammen waren. Sie erzählt:

„Die Mädels waren also im T. (Lesbenbar) sehr eifersüchtig gewesen auf meine Frauen, ne. Weil, weil die halt extrem gut aussahen.(...) Meine Frauen, also meine Freundinnen sind ja auch immer wieder zu Männern danach zurückgegangen. Warum das so war ... Ich weiß es nicht. Vielleicht weil ich viel, ja vielleicht weil ich von meiner Art her, ja, viel Identität mit nem Mann besitze. Dass sie also praktisch gar nicht, äh, diesen ... ja, riesengroßen Entzug erleiden. Ja gut, biologisch, körperlich bin ich natürlich weiblichen Geschlechts, aber ich denke mir, eine echte Frau macht etwas mehr aus, als nur son biologischer Körper, der da vorhanden ist."

In diesem Identitätsentwurf stützt das lesbische Begehren die Aneignung von Männlichkeit. Lesbische Beziehungen mit „echten" Frauen zu führen, ermöglicht Marianne W. das Überschreiten von Geschlechtergrenzen und den Griff zur Männlichkeit, die in ihrem Leben wichtig wird, da sie ihr Stärke und Macht verleiht. Ihr selbst, so entnehmen wir dieser Identitätskonstruktion, geht es gar nicht um das Lesbische, und sie ficht auch keinen Kampf um eine lesbische Identität. Marianne W.s Identitätsentwurf verweist vielmehr deutlich auf die Uneindeutigkeit dessen, was wir gewohnt sind als lesbisch oder heterosexuell, männlich oder weiblich zu bezeichnen.

Die verschiedenen Ausschnitte aus lebensgeschichtlichen Erzählungen lesbisch lebender Frauen zeigen, dass die differenten Konstruktionen der Lebbarkeit lesbischer Identität zum einen Antwort auf die Formen und Inhalte des Verbots, zum anderen höchst individuell bestimmt sind und abhängig von lebensgeschichtlichen Voraussetzungen und individuellen Ressourcen.

Gleichwohl sind in den biografischen Erzählungen natürlich auch bestimmte sich wiederholende Konstruktionsmuster zu erkennen: Auch wenn die Bezugnahme auf feministische Ideen nicht in allen Geschichten explizit wird – die Anerkennungskultur der Frauen- und Lesbenbewegung ist übergreifend evident. Zum anderen wird deutlich, dass sich Handlungsfähigkeit niemals in einem Raum außerhalb diskursiver und sozialer Ordnung entwickeln kann. So ist die Inanspruchname der Bezeichnung mit die wichtigste Voraussetzung, um als Akteurin in Erscheinung zu treten. In den Falldarstellungen wurde sichtbar: Lange bevor sich möglicherweise die Einzelne mit der Frage beschäftigt, wie ihre Empfindungen oder ihr Handeln zu bezeichnen sei, sind die Bezeichnungen für das, was sie tut und demnach auch ist, schon längst festgelegt. Sie hat nicht mehr die Freiheit, selbst zu bezeichnen oder selbst zu entscheiden, ob sie dieses bestimmte Handeln oder Gefühl überhaupt bezeichnen will.

Jedoch kann sie eingreifen in den Prozess der *Deutung* dieser Bezeichnungen. Und die hier vorgestellten Biographien lesbischer Frauen zeigen, dass Gestaltungsspielräume dort entstehen, wo sich die Einzelnen mit den hegemonialen Deutungen lesbischer Identität auseinander setzen. Dies erweist sich allerdings als unweigerlich schmerzhafte Aufgabe, denn um das stigmatisierte Zeichen in einem anerkennenden Sinne zu deuten, muß es zuvor als zu sich gehörend angenommen werden. Deshalb verlaufen die Identifizierungsprozesse meist so widersprüchlich und widerstrebend – und dies auch nicht nur während einer kurzen, allgemein als Coming-out bezeichneten, Lebensphase. Solange lesbische Identität kulturell als eine verworfene Identität bestimmt ist, sind auch die individuellen Bindungen an diese Identität mit Widersprüchen durchzogen. Auch anerkennende Neudefinitionen bilden hierbei lediglich ein hilfreiches Gegengewicht, die kulturell dominanten Verwerfungen werden durch sie nicht aufgehoben.

Die unterschiedlichen Lebensgeschichten verdeutlichen, dass auch eine zunehmende Präsenz lesbischer Frauen in der Öffentlichkeit und ein zunehmend hörbares Sprechen als Lesben nicht verwechselt werden sollte mit einer bereits verwirklichten Gleichstellung der Lebensformen. Die gesellschaftliche Rede von der Gleichheit oder dem „Anything Goes" kann vielmehr selbst eine moderne Form der Disziplinierung, ja der Unterdrückung von Lesben und Schwulen darstellen. Eine solche Rhetorik fordert Lesben und Schwule auf, Kränkungen und Demütigungen zu verleugnen. Meines Erachtens gilt es, differenziert die individuellen Handlungsmöglichkeiten unter Einbeziehung der normativen Begrenzungen zu betrachten. Aus den von mir untersuchten Biographien ist insofern vor allem zu lernen, dass Handlungsfähigkeit nicht im unkritischen Glauben an einen Mythos der Gleichheit wurzelt, sondern vielmehr im „Durcharbeiten" von Verachtung oder Verletzungen, die dann durchaus zu einem Anknüpfungspunkt eigensinniger Selbstdefinition und Handlungsweise werden können.

Literatur

Beck, Ulrich (1986). *Risikogesellschaft. Auf dem Weg in eine andere Moderne.* Frankfurt a.M.

Beck, Ulrich & Beck-Gernsheim, Elisabeth (1990). *Das ganz normale Chaos der Liebe.* Frankf. a.M. 1990

Beck, Ulrich & Beck-Gernsheim, Elisabeth (1994). *Riskante Freiheit.* Frankfurt a.M.

Butler, Judith (1991). *Das Unbehagen der Geschlechter.* Frankfurt a.M.

Butler, Judith (1995). *Körper von Gewicht. Die diskursiven Grenzen des Geschlechts.* Berlin

Butler, Judith (1995a). Melancholisches Geschlecht/Verweigerte Identifizierung. In: Benjamin, Jessica (Hg.): *Unbestimmte Grenzen. Beiträge zur Psychoanalyse der Geschlechter.* Frankfurt a.M.

Geissler, Birgit & Oechsle, Mechthild (1996): *Lebensplanung junger Frauen. Zur widersprüchlichen Modernisierung weiblicher Lebensläufe.* Weinheim

Giddens, Anthony (1993). *Wandel der Intimität. Sexualität, Liebe und Erotik in modernen Gesellschaften.* Frankfurt a.M.

Hänsch, Ulrike (2003). *Heteronormativität und Individualisierung in Biographien lesbischer Frauen. Empirische Fallanalysen und theoretische Diskussionen.* Opladen

Hark, Sabine: *deviante Subjekte. Die paradoxe Politik der Identität.* Opladen 1996

Hark, Sabine (2000). *Kinder und Jugendliche an der Schwelle zum 21. Jahrhundert. Lesbische Mädchen – schwule Jungen: Neue Chancen – alte Zwänge? Expertise zum 7. Kinder- und Jugendbericht der Landesregierung NRW.* Hrsg. vom Ministerium für Frauen, Jugend, Familie und Gesundheit des Landes NRW. Düsseldorf

Keupp, Heiner (Hrsg.)(1993). *Zugänge zum Subjekt. Perspektiven einer reflexiven Sozialpsychologie.* Frankfurt a. M.

Lauretis, Teresa de (1996). *Die andere Szene. Psychoanalyse und lesbische Sexualität.* Berlin

Stein-Hilbers, Marlene u.a.(1999). *Gewalt gegen lesbische Frauen: Studie über Diskriminierungs- und Gewalterfahrungen.* Hrsg. vom Ministerium für Frauen, Jugend, Familie und Gesundheit des Landes Nordrhein-Westfalen. Düsseldorf

Hartmann, J. (2003). Partnerinnenattraktivitätskriterien von Lesben – Pro oder Contra Evolutionstheorie der menschlichen Partneranziehung. In M. C. Steffens & M. Ise (Hrsg.), *Jahrbuch Lesben – Schwule – Psychologie.* Lengerich: Pabst.

Partnerinnenattraktivitätskriterien von Lesben – Pro oder Contra Evolutionstheorie der menschlichen Partneranziehung

Juliane Hartmann

Die Evolutionstheorie der menschlichen Partneranziehung postuliert, dass Männer und Frauen unterschiedliche adaptive Probleme hatten, ihren Reproduktionserfolg zu sichern. Folglich seien sogenannte evolved psychological mechanisms *(EPMs) geprägt worden, die die bei Mann und Frau unterschiedlichen „Strategien" und Suchkriterien im Partnerwettbewerb begründen. Geht man von der Existenz solcher EPMs aus, sollten sie unabhängig von der sexuellen Orientierung auftreten, somit auch bei Homosexuellen. Der vorliegende Beitrag konzentriert sich auf die noch wenig erforschten Partnerattraktivitätskriterien von Lesben. Die Ergebnisse insgesamt bestätigen auf den ersten Blick die evolutionstheoretischen Vorhersagen nicht. Es werden Hinweise diskutiert, die vermuten lassen, dass ein implizites Normensystem Lesben daran hindert, ihre Partnerinnenpräferenzen offen zum Ausdruck zu bringen.*

Woher Geschlechtsunterschiede im menschlichen Verhalten rühren, wurde kontrovers im *American Psychologist* (2000) diskutiert. Die beiden Positionen, die hier aufeinander trafen, werden skizziert, um dann den evolutionstheoretische Ansatz zur menschlichen Partneranziehung genauer auszuführen. Ziel des folgenden Beitrages ist es zu zeigen, wie unter Einbeziehung von Homosexuellen in die Untersuchungsstichprobe und der Kontaktanzeigenanalyse als Forschungsinstrument empirische Bestätigung für den evolutionstheoretischen Ansatz der menschlichen

Partneranziehung gesucht werden kann. Eine Kontaktanzeigenanalyse an sich stellt zwar kein Novum in der Erforschung menschlicher Partnerpräferenzen, für die vorliegende Untersuchung ist jedoch ein spezielles Kodiersystem entwickelt worden, um die Partnerpräferenzen von Homosexuellen und Heterosexuellen zu vergleichen, um so evolutionstheoretische Hypothesen zu prüfen.

Eagly und Wood (1999) kontrastieren zwei Ursprungstheorien für menschliche Geschlechtsunterschiede. In der einen weist der kritische kausale Pfeil von evolvierten Adaptionen zu psychologischen Geschlechtsdifferenzen, und in der anderen weist der kausale Pfeil von der sozialen Struktur zu psychologischen Geschlechtsdifferenzen. „Because men and women tend to occupy different social roles, they become psychologically different in ways that adjust them to these roles" (Eagly & Wood, 1999, S. 408). Gemäß der evolutionstheoretischen Perspektive haben Männer und Frauen unterschiedliche Wertschätzungen, was ihre Partnerattraktivitätskriterien betrifft, da sie unterschiedliche Ressourcen in den Nachwuchs investieren. Dies wird im folgenden genauer beschrieben.

Nach Trivers (1972) Theorie der sexuellen Selektion ist es wichtig, im Partnerwettbewerb zwischen zwei „Strategien" für die Sicherung von Reproduktionsvorteilen zu unterscheiden, erstens *Wettbewerb innerhalb eines Geschlechts* und zweitens *Anziehung zwischen den Geschlechtern.* Ein Merkmal, das beispielsweise im Wettbewerb innerhalb eines Geschlechts relevant ist, ist das Geweih beim Hirsch. Ein Merkmal für die Anziehung zwischen den Geschlechtern wären die Schwanzfedern des Pfau. Das heißt, Merkmale, die dazu führen, dass man im Partnerwettbewerb mit dem eigenen Geschlecht besonders gut abschneidet, oder Merkmale, die dazu führen, dass man für das andere Geschlecht besonders attraktiv ist, werden selektiert, weil sie denjenigen Organismen, die sie besitzen, Reproduktionsvorteile verschaffen. Sicherlich spielen beide Mechanismen sowohl für das weibliche als auch für das männliche Geschlecht eine Rolle, aber „Darwin noted that, when it comes to sexual selection, females are more likely to be the selectors, and males are more likely to be banging their heads against one another to win the females' attention" (Kenrick & Trost, 1997, S.155). Demnach liegt es mehr auf Seite der Frauen, Ansprüche an das andere Geschlecht zu stellen, und mehr auf Seite der Männer, sich gegenüber dem eigenen Geschlecht zu behaupten und zu wettstreiten. Der Schlüssel zum Verständnis dieses gerade genannten Geschlechtsunterschiedes liegt in der sogenannten Investition eines Elternteils in den Nachwuchs (*parental investment*, Trivers, 1972). Die Investition verbessert die Chancen des Nachwuchs zu überleben und somit auch die Chancen des Elternteils, sich zu reproduzieren. Trivers (1972) vermutet zwei Verbindungen zwischen der Investition in den Nachwuchs und Geschlechterwettbewerb und -anziehung: Jenes Geschlecht, welches die höhere minimale Investition für den Nachwuchs trägt, sollte wählerischer bzw. anspruchsvoller bei der Partnerwahl sein, und das weniger investierende Geschlecht sollte dafür engagierter im Partnerwettbewerb sein, um sexuellen Zugang zum höher investierenden und anspruchsvolleren Geschlecht zu bekommen. Beim Menschen trägt, wie bei den meisten Säugetieren, die Frau die höheren Investitionen in den

Nachwuchs, zumindest zu Anfang. Die Befruchtung geschieht in ihrem Körper, sie trägt den Fetus aus, und sie stillt ihn. Diese Form der Investition grenzt die Zahl der Nachkömmlinge, die sie produzieren kann, erheblich ein. Der Mann hat natürlicherweise ein viel höheres Potential, was die Quantität an Nachkömmlingen betrifft, da seine minimale Investition aus einem einzigen Kopulationsakt besteht. Obwohl der Mann von den schweren körperlichen Investitionen der Frau verschont bleibt, kann er auf andere Weise später in den Nachwuchs investieren, indem er indirekte Ressourcen, wie Schutz und Geld, spendet. Der entscheidende Punkt der Evolutionstheorie der menschlichen Partneranziehung liegt in den unterschiedlichen minimal erforderlichen Investitionen von Mann und Frau. Sucht der Mann eine dauerhafte Partnerschaft, weil er gewillt ist, mehr zu investieren, sollte er ähnlich wählerisch bei der Partnerwahl sein wie die Frau, weil er absichern muss, dass seine Investitionen sich auch lohnen, das heißt die Beziehung stabil sein wird. Dennoch, da die Investitionen von Frau und Mann ganz unterschiedlicher Natur sind – direkte Ressourcen, wie zum Beispiel körperliche Energie auf der einen Seite und indirekte Ressourcen, wie zum Beispiel materielle Sicherheit, auf der anderen Seite – ist zu erwarten, dass ihre Kriterien bei der Partnerwahl unterschiedlich sind.

Frauen investierten in erster Linie direkt über ihren Körper. Infolgedessen sollte der Selektionsprozess Männer favorisiert haben, die mit psychologischen Mechanismen ausgestattet sind, die sensibel auf bestimmte körperliche Merkmale der Frau reagieren, um somit ihren Fruchtbarkeitsstatus zu identifizieren. Männer hingegen investierten primär materielle Ressourcen in den Nachwuchs, folglich sollten Frauen ihren Reproduktionserfolg verbessert haben, wenn es ihnen gelang, sich solche Männer als Partner auszuwählen, die materielle Sicherheit und Schutz versprachen, um den Nachwuchs groß zu ziehen. Daher sollten auf Seiten der Frau solche psychologischen Mechanismen evolviert worden sein, die dem Aufspüren solcher männlicher Eigenschaften dienen. Frauen heutzutage sollten deshalb besonders empfindsam für Anzeichen bei Männern sein, die auf Karrierepotential und soziales Aufstiegsstreben hindeuten. Buss und Kenrick (1998) betonen jedoch: „It is important to bear in mind that individuals do not consciously or even unconsciously calculate on the basis of what is in their 'reproductive interests'. Instead, selection pressures recurring thousands or millions of times over evolutionary history have produced adaptions in the form of evolved psychological mechanisms [EPMs]" (S. 987). Es wird angenommen, dass Menschen evolvierte Präferenzen für Partner besitzen, die ihnen helfen, ihre adaptiven Probleme zu lösen – bzw. für Partner, die effektiv signalisieren, dass sie diese Probleme lösen werden.

Die Evolutionstheorie würde weitere Bestätigung erfahren, wenn nachgewiesen werden könnte, dass Homosexuelle die gleichen EPMs besitzen wie Heterosexuelle. Ein Beispiel: Bailey, Gaulin, Agyei und Gladue (1994) wiesen nach, dass homosexuelle Frauen ebenso wie heterosexuelle Frauen ein im Vergleich zu Männern geringes Interesse an unverbindlichen, kurzfristigen sexuellen Beziehungen haben. Dieser Befund entkräftet den proximalen, sozialisationstheoretischen Erklärungsversuch, demzufolge Frauen unverbindlichen Sex aufgrund einer rationalen Erwägung der möglichen Kosten meiden, wie zum Beispiel einer ungewollten Schwangerschaft oder Gewaltanwendung von Seiten des körperlich überlegenen Geschlechtspartners. Lesben müssten nach dieser Hypothese interessierter an unverbindlichem Sex sein als heterosexuelle Frauen, weil sie derartige Kosten nicht zu befürchten haben. Besser erklärbar wäre dieser Befund aus evolutionstheoretischer Sicht: Männer sind viel schneller bereit zu sexuellem Kontakt als Frauen, weil ihr Reproduktionserfolg erheblich von der bloßen Anzahl der Frauen abhängt, die sie besamen können. Frauen dagegen sollten einen reproduktiven Vorteil haben, wenn sie besser zwischen Männern diskriminieren können, die ihnen langfristig Ressourcen bieten könnten. Vorschnelles Eingehen auf sexuelle Angebote wäre deshalb unvorteilhaft, da die Diskriminationsleistung dadurch herabgesetzt wäre. Da Lesben und heterosexuelle Frauen sich hinsichtlich dieser Präferenz bzw. dieses Desinteresses an unverbindlichem Sex nach Baileys et al. (1994) Befunden nicht unterscheiden, scheint dieser EPM stärker an das Geschlecht als an die sexuelle Orientierung gebunden zu sein.

Zahlreiche Studien (z.B. Buss, 1989; Schmitt & Buss, 1996; Buunk et al., 2002; Li et al. 2002) liefern empirische Evidenz für den evolutionstheoretischen Ansatz, der Geschlechtsunterschiede in den menschlichen Partnerattraktivitätskriterien erklärt. Der Faktor der sexuellen Orientierung ist jedoch nur in wenigen Studien (z. B. Bailey et al., 1994; Kenrick & Keefe, 1995) miteinbezogen worden. In der vorliegenden Arbeit wurde auf die Kriterien der Partner/innenattraktivität von heterosexuellen Frauen und Lesben fokussiert. Die Datenstichprobe umfasst jedoch Kontaktanzeigen von Lesben, heterosexuellen Frauen und Männern sowie von Schwulen. Der Evolutionstheorie folgend ergibt sich die übergreifende Hypothese, dass Lesben im wesentlichen mit den gleichen EPMs ausgestattet sind wie heterosexuelle Frauen. Anhand der Daten aus den Kontaktanzeigen der Frauen dieser Studie wurden vier Aspekte der weiblichen Partnerpräferenzen untersucht und entsprechend folgende vier Hypothesen geprüft (eine ausführliche Darstellung findet man in Hartmann, 2000).

1. Lesben besitzen wie heterosexuelle Frauen keine ausgeprägte Präferenz für körperliche Attraktivität.

2. In der Alterspräferenz unterscheiden sich Lesben und heterosexuelle Frauen nicht. Frauen bevorzugen unabhängig von ihrer sexuellen Orientierung ältere, reife Partner(innen).

3. Lesben legen wie heterosexuelle Frauen viel Wert auf Statusmerkmale bei der Partner(innen)wahl.

4. Lesben zeigen wie heterosexuelle Frauen kein Interesse an „schnellem“ unverbindlichem Sex und sprechen daher das Thema Sex in Kontaktanzeigen genauso selten an.

Methode

Sammlung der Kontaktanzeigen

Das Rohmaterial für die empirische Studie wurde den beiden Berliner Programmzeitschriften *Tip* und *Zitty* sowie dem Berliner schwul-lesbischen Stadtmagazin *Siegessäule* entnommen. Die Analyseeinheit bezieht sich auf den Zeitraum August 1998 bis Januar 1999. Insgesamt umfasst die Stichprobe 4000 Kontaktanzeigen, jeweils 100 vom Typ *Er sucht Ihn, Sie sucht Ihn, Er sucht Sie* und *Sie sucht Sie.* Im voraus wurde geprüft, ob es eine Redundanz der Anzeigen querschnittlich (die gleiche Anzeige mehrfach in verschiedenen Magazinen) oder längsschnittlich (die gleiche Anzeige in aufeinanderfolgenden Ausgaben eines Magazins) gibt. Da dies nur sehr selten der Fall war, konnte die Voraussetzung dafür, alle drei Magazine und auch dicht aufeinander folgende Ausgaben für die Sammlung der Kontaktanzeigen zu verwenden, als erfüllt gelten.

Kodiersystem

Das Kodiersystem umfasst insgesamt 47 Kategorien, die den vier Bereichen *Physis, Statusmerkmale, Persönlichkeit* und *Beziehung* zugeordnet werden können. Für die Prüfung evolutionstheoretischer Hypothesen sind vor allem die Bereiche Physis und Statutsmerkmale relevant. Von den Persönlichkeitseigenschaften sind im Rahmen der Evolutionstheorie diejenigen von Interesse, die Anlass zur Vermutung geben, dass Personen mit diesen Eigenschaften in naher Zukunft hohen sozialen Status besitzen werden. Damit grundsätzlich zwischen den Geboten- und Gesucht-Inhalten einer Kontaktanzeige getrennt werden kann, sind die Kategorien entsprechend gegliedert, so dass einerseits die von InserentInnen gebotenen Merkmale und andererseits die gewünschten Partnermerkmale kodiert werden können. Zum Kodieren wurde der Inhalt einer Kontaktanzeige in kleinste Sinneinheiten (Items) zerlegt. Items können sowohl aus einzelnen Wörtern als auch aus Satzteilen bestehen. Prinzipiell sollte ein Item nur in einer Kategorie kodiert werden. Hingegen war es möglich, einer Kategorie mehrere Items einer Kontaktanzeige zuzuordnen; so wurde die Häufigkeit des Auftretens einer Kategorie pro Kontaktanzeige erfasst. Direkte Angaben zum Beispiel zum Alter oder zur Größe wurden als absolute Zahlen kodiert. Indirekte Angaben zum Alter und zur Größe sowie zum Beruf wurden nach einem besonderen Punktemodus kategorial kodiert.

Sechs studentische Hilfskräfte kodierten jeweils 200 Kontaktanzeigen der vier Gruppen Sie sucht Ihn, Sie sucht Sie, Er sucht Sie und Er sucht Ihn (insgesamt 800). Die Reliabilität der Kodierung wurde über Spearman-Korrelations-Koeffizienten zwischen mehreren KodiererInnen überprüft (Details in Hartmann, 2000). Insgesamt waren die Korrelationen zufriedenstellend, insbesondere in den für die Auswertung besonders relevanten Kategorien (Attraktivität, Alter, Status und potenzieller Status).

Ergebnisse

Da die Voraussetzungen zur Durchführung varianzanalytischer Verfahren nicht erfüllt waren, kamen nicht parametrische Testverfahren zur Anwendung. Mit dem H-Test nach Kruskal und Wallis wurde erstens geprüft, ob die vier verschiedenen Gruppen (homosexuelle und heterosexuelle Männer und Frauen) sich bezüglich ihrer Werte in bestimmten Kategorien unterscheiden. Um die hier interessierenden Hypothesen zu prüfen, wurden weiterhin paarweise Einzelvergleiche durchgeführt.

Es wurde erwartet, dass Lesben ähnlich wie heterosexuelle Frauen körperliche Attraktivität gering schätzen bei der Partner(innen)suche. Entgegen der Erwartung ergab sich ein signifikanter Unterschied zwischen den beiden Gruppen ($z = -3.16$, $p < .05$) in der Richtung, dass heterosexuelle Frauen mehr Attraktivität bei ihren Wunschpartnern angeben als Lesben bei ihren Wunschpartnerinnen.

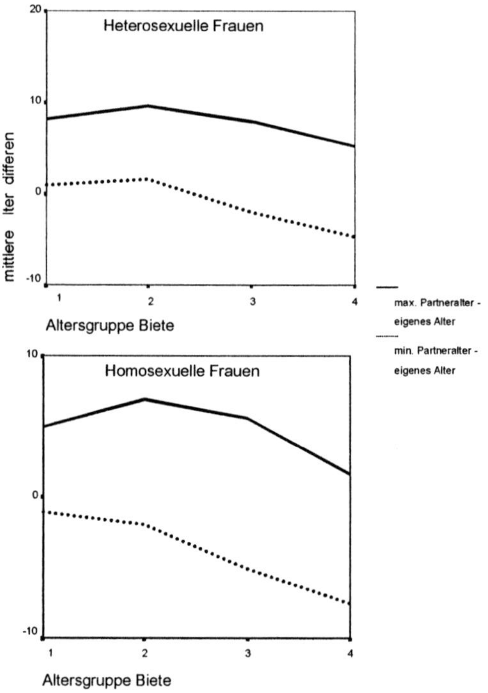

Abbildung 1. Altersdifferenzen zwischen dem Alter der Inserent/innen und dem gewünschten maximalen und minimalen Alter der Partnerinnen für die verschiedenen Altersgruppen (1: 0-20; 2: 20-30; 3: 30-40; 4: 40-50 Jahre).

Weiterhin wurde erwartet, dass es zwischen Lesben und heterosexuellen Frauen keine bedeutsamen Unterschiede in der Alterspräferenz gäbe. Die beiden abhängigen Variablen, die untersucht werden sollten, waren die *Differenz des eigenen Alters zum gewünschten maximalen Partneralter* und die *Differenz des eigenen Alters zum gewünschten minimalen Partneralter*. Die Faktoren, deren Einfluss auf diese abhängigen Variablen untersucht werden sollten waren die sexuelle Orientierung (2 Stufen) und die gebotene Altersgruppe (6 Stufen: 1: 0-20; 2: 20-30;

3: 30-40; 4: 40-50 Jahre). Die Ergebnisse zeigen einen signifikanten Unterschied zwischen homo- und heterosexuellen Frauen (F (2,146) = 3.22, p < .05). Betrachtet man die Muster der Alterspräferenzen grafisch (Abbildung 1), um zu sehen, wo genau die Unterschiede zwischen Lesben und heterosexuellen Frauen liegen, wird offensichtlich, dass heterosexuelle Frauen über alle Altersbereiche hinweg eine höhere maximale Altersgrenze setzen, das heißt offener sind auch für ältere Partner, während Lesben eine niedrigere minimale Altersgrenze setzen, das heißt vor allem Frauen in den 30ern und 40ern relativ zum eigenen Alter auch sehr viel jüngere Partnerinnen akzeptieren.

Gemäß der Evolutionstheorie wurde drittens vorhergesagt, dass Lesben ähnlich wie heterosexuelle Frauen viel Wert auf Statusmerkmale bei der Partnerinnenwahl legen. Um diese Vorhersage zu prüfen, wurde eine Serie von Tests durchgeführt, in denen die Unterschiedlichkeit von Lesben und heterosexuellen Frauen in den einzelnen Statuskategorien getestet wurde. Entgegen den Erwartungen zeigte sich, dass heterosexuelle Frauen signifikant häufiger Partner mit Statusberufen (z = -4.10, p < .001), gebildete Partner (z = -4.38, p < .001), Partner mit Besitz (z = -2.90, p < .05) und Partner, die auch durch ihr soziales Auftreten Status signalisieren (z = -4,28, p < .001) suchten als Lesben. Da die Kategorien *Beruf, Bildung, Soziales Auftreten* und *Besitz* sehr selten benutzt wurden, wurden sie zu einer allgemeinen Kategorie *Status* zusammengefasst. Weiterhin wurden zwei Kategorien aus dem Bereich Persönlichkeit, *Intelligenz/Kreativität* und *Ehrgeiz*, zu der Kategorie *Potentieller Status* zusammengefasst. Vergleicht man nun die Gruppe der Lesben auf der einen Seite mit den heterosexuellen Frauen und auf der anderen Seite mit den heterosexuellen Männern hinsichtlich dieser zusammengefassten Kategorien *Suche Status* und *Suche Potentieller Status*, erkennt man, dass Lesben sich sowohl von heterosexuellen Frauen (Status: z = -6.65, p < .001; Potentieller Status: z = -6.79, p < .001) als auch von heterosexuellen Männern (Status: z = -2.17, p < .05; Potentieller Status: z = -3.56, p < .05) unterscheiden (Abbildung 2). Der Unterschied zwischen Lesben und heterosexuellen Frauen in diesem Aspekt ist offensichtlich sogar größer als der zwischen Lesben und heterosexuellen Männern.

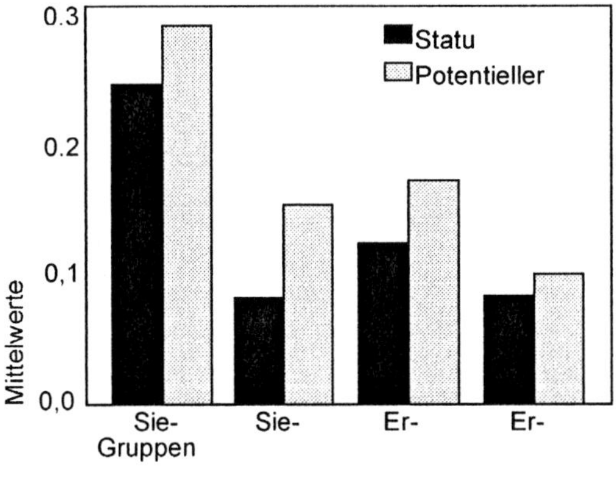

Abbildung 2. Mittelwerte der Anzahl der gesuchten Items in den Kategorien Status und Potentieller Status; alle Gruppen.

Es wurde viertens erwartet, dass Lesben ähnlich wie heterosexuelle Frauen kein Interesse an „schnellem" unverbindlichem Sex haben und daher das Thema Sex in Kontaktanzeigen selten

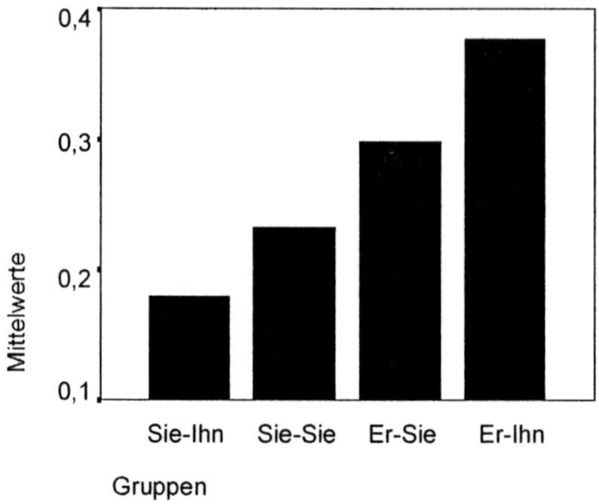

Abbildung 3. Mittelwerte der Anzahl der Items in der zusammengefassten Kategorie Sex; alle Gruppen.

ansprechen. Da die Itemzahlen in den Kategorien *Sex Biete* und *Sex Suche* relativ gering waren, wurden diese beiden Kategorien zusammengefasst. So wurde untersucht wie häufig das Thema Sex von allen vier Gruppen in den Kontaktanzeigen überhaupt angesprochen wurde. Die Unterschiedlichkeit der Gruppen hinsichtlich dieses Aspekts war signifikant ($\chi^2(3)= 26.73$, $p < .001$). Lesben erwähnen Sex signifikant häufiger als heterosexuelle Frauen ($z = -2.21$, $p < .05$). Auch alle anderen paarweisen Einzelvergleiche der Gruppen waren signifikant (Abbildung 3). Heterosexuelle Männer erwähnen das Thema Sex häufiger als Lesben, Schwule häufiger als heterosexuelle Männer.

Diskussion

Lesben demonstrieren in (vorliegenden) Kontaktanzeigen ein auffälliges Desinteresse für die äußerliche Erscheinung ihrer Wunschpartnerin. Sie messen dem Aussehen bzw. der körperlichen Attraktivität sogar noch weniger Wert bei als heterosexuelle Frauen ihren Wunschpartnern. Diese Übereinstimmung von homosexuellen und heterosexuellen Frauen in der „Vernachlässigung" des Attraktivitätskriteriums bei der Partner(innen)wahl stützt den evoltutionstheoretischen Erklärungsansatz und entkräftet proximale Erklärungsversuche, wie zum Beispiel den von Feingold (1990). Er hatte untersucht, welchen Effekt die unterschiedliche Attraktivität von auf Fotos dargestellten Männern und Frauen auf die Attributionen von Versuchspersonen bezüglich dieser Fotomodelle hat. Dabei stand der Interaktionseffekt von Geschlecht und Attraktivität der Fotomodelle im Mittelpunkt des Interesses. In den Attributionen von Intelligenz, sozialer Kompetenz u.a. gab es keine signifikanten Interaktionseffekte. Herausragend ist deshalb der einzige Interaktionseffekt bei der *Zärtlichkeit*. Zärtlichkeit wurde signifikant häufiger attraktiven Frauen als attraktiven Männern attribuiert, und zwar sowohl von den männlichen als auch von den weiblichen Versuchspersonen, wobei es sich wahrscheinlich um eine mehrheitlich heterosexuelle Stichprobe handelte. Diese empirisch ermittelte Assoziation von körperlicher Attraktivität und Zärtlichkeit allein auf der Seite des weiblichen Geschlechts hätte vermuten lassen können, dass Lesben wie heterosexuelle Männer eine Präferenz für schöne Partnerinnen besitzen, weil sie sich von diesen mehr Zärtlichkeit erhoffen. Der proximale Erklärungsversuch von Feingold hätte Unterstützung durch die vorliegende

Studie erfahren, wenn körperliche Attraktivität einen höheren Stellenwert in den Partnerinnen-Such-Kriterien von Lesben gehabt hätte. Man hätte sich die besondere Wertschätzung von körperlicher Attraktivität von Lesben dann damit erklären können, dass nach Feingolds Befunden eine Assoziation zwischen weiblicher (nicht männlicher) körperlicher Attraktivität und Zärtlichkeit besteht. Lesben, die gemäß ihrer sexuellen Orientierung Frauen begehren, hätten dann wie heterosexuelle Männer mehr Interesse an körperlicher Attraktivität zeigen müssen – vorausgesetzt, dass Lesben sich Zärtlichkeit von ihren Partnerinnen wünschen. Nach vorliegenden Ergebnissen scheint diese Assoziation von körperlicher Attraktivität und Zärtlichkeit bei Lesben bei der Partnerinnensuche entweder nicht in erster Linie entscheidend zu sein, oder aber Lesben haben andere Attraktivitäts- bzw. Schönheitsnormen.

Auf die Relevanz von impliziten Normensystemen speziell bei Lesben deuten folgende Forschungsergebnisse. Die Befunde zu der Frage, ob Lesben im Vergleich zu heterosexuellen Frauen zufriedener sind mit dem eigenen Körperbild und weniger anfällig sind für Essstörungen, sind konträr. Nach einer Untersuchung von Siever (1994) traten Diätverhalten und Essstörungen bei Lesben seltener auf als bei heterosexuellen Frauen. Cogans (1999) Ergebnisse weisen dagegen in eine andere Richtung. In dieser Studie war der Wunsch nach Gewichtsreduktion bei Lesben keineswegs geringer ausgeprägt als bei heterosexuellen Frauen, zudem neigten sie in gleicher Weise zu Unzufriedenheit mit ihrer Figur. Die Autorin selbst erklärt die Widersprüchlichkeit in den Befunden mit der undifferenzierten Messung von einerseits extremen Formen körperlicher Unzufriedenheit (mit Symptomen von Essstörungen) und andererseits von dem, was allgemein als normale weibliche Unzufriedenheit mit der Figur verstanden wird (z. B. das Gefühl, zu dick zu sein). Sie hebt zudem hervor, dass Lesben unter einer speziellen Spannung leiden zwischen dem, was sie selbst ihrem Körper gegenüber empfinden und den Erwartungen, die von der Community an sie herangetragen werden. „What is potentially dangerous for lesbians is a tension between the outside expectations within lesbian communities for size acceptance/body love and lesbians internal expériences.... As Striegel-Moore and her collegues (1990) hypothesized, lesbians are less likely to diet because it is not socially sanctioned within lesbian communities for it is seen as 'buying into' dominant culture's definition of beauty" (Cogan, 1999, S. 82). Cogan berichtet Ergebnisse einer großen Stichprobe von 700 Lesben, denen zufolge Lesben die Idealfigur von Lesben als signifikant massiger (*bigger*) einschätzen als die Idealfigur von Frauen allgemein. Konsequenz dieser Zerrissenheit zwischen der impliziten lesbischen Norm „akzeptiere und liebe schwere Körper" und der gegensätzlichen Erfahrung im eigenen Körper wäre laut Cogan (1999), dass Lesben wenig Möglichkeiten haben, Unterstützung zu suchen für ihr negatives Körperbild, und so diese Probleme bei Lesben eher versteckt bleiben.

Obwohl die Autorin selbst die Befunde sozialisationstheoretisch interpretiert, wonach Lesben wie andere Frauen den kulturell geprägten Schlankheitserwartungen unterliegen, würde ich hier evolutionstheoretisch argumentieren: Wenn Lesben ihr eigenes implizites Normensystem haben, was Schönheit und körperliche Selbstdarstellung betrifft, und sie es nicht nötig haben, Männern zu imponieren, die durch den entsprechenden EPM sensibel auf Indikatoren körperlicher Attraktivität reagieren, bräuchten Lesben nicht wie heterosexuelle Frauen zu einem negativen Körperbild zu tendieren. Denn sie sollten ja aufgrund ihrer eigenen Normen frei sein vom Druck des Wettbewerbs zur körperlichen Selbstdarstellung. Dies ist aber nach Cogans (1999) Befunden nicht der Fall, ihre Befunde deuten daraufhin, dass das weibliche Geschlecht unabhängig von der sexuellen Orientierung sich (unbewusst) dem männlichen EPM angepasst hat, was daran erkennbar wird, dass sowohl heterosexuellen Frauen wie auch Lesben ihre körperliche Erscheinung viel bedeutet und ihre Selbstakzeptanz stark davon beeinflusst wird. Dieser Hinweis auf den gleichen EPM bei Lesben und heterosexuellen Frauen trotz spezifischer lesbischer Normen spricht für die Evolutionstheorie der menschlichen Partneranziehung. Damit ist aber nicht ausgeschlossen, dass lesbische Schönheitsnormen auch eine proximale Funktion erfüllen können. Rothblum (1994) kristallisierte zwei spezifische Funktionen lesbischer Schönheitsnormen heraus, erstens die gegenseitige Identifizierung von Lesben untereinander und zweitens die Stärkung des Gefühls, zur Community zu gehören. Eine Kontaktanzeigenanalyse eignet sich weniger, um die subtilen Schönheitsnormen von Lesben aufzuspüren. Daher wird auch verständlich, dass eventuell die – nach lesbischen Verständnis – Gebote körperlicher Attraktivität nicht erfasst worden sind, und es so nach den Ergebnissen den irreführenden Anschein hat, als böten Lesben keine körperliche Attraktivität in den Anzeigen.

Die Ergebnisse zur Alterspräferenz von Lesben bestätigen die evolutionstheoretische Vorhersage nicht, nach der Lesben ein Alterspräferenzmuster zeigen sollten, das dem von heterosexuellen Frauen entspricht. Zudem steht das hier gefundene Alterspräferenzmuster von Lesben nicht in Einklang mit ihrem „Desinteresse“ an körperlicher Attraktivität der gesuchten Partnerin. Lesben bevorzugen zwar Partnerinnen, die ungefähr dem eigenen Alter entsprechen, wie heterosexuelle Frauen auch. Aber es gibt feine Unterschiede: Lesben in den 30ern und 40ern sind offener auch für jüngere Frauen, wohingegen heterosexuelle Frauen in dieser Alterskategorie Partner, die jünger sind als sie selber, ablehnen. Außerdem sind Lesben weniger offen für ältere Partnerinnen als heterosexuelle Frauen, das heißt das maximale Alter liegt bei heterosexuellen Frauen höher. Bezieht man die Ergebnisse zur Geringschätzung von körperlicher Attraktivität der Lesben mit in die Betrachtung ein, scheinen die Ergebnisse inkonsistent. Man hätte eher erwartet, dass Lesben, wenn sie sich nicht am weiblichen Schönheitsideal orientieren, reifere Frauen bevorzugen würden. Vorliegende Ergebnisse zu den Alterspräferenzen von Lesben entsprechen ungefähr den Daten von Kenrick und Keefe (1995) insofern, dass das Muster der Alterspräferenz von Lesben sich zwischen die Muster der heterosexuellen Frauen und Männer anordnen lässt. „Female homosexual preferences seem somewhat like a compromise between the heterosexual male preferences for youth and beauty and the heterosexual female preference for older partners“ (Kenrick & Keefe, 1995, S. 1170).

Weiterhin nicht direkt vereinbar mit dem evolutionstheoretischen Ansatz sind die Ergebnisse in den Statusgesuchen der beiden Gruppen von Frauen. Demnach müssten Statusmerkmale des/der gesuchten Partners/Partnerin eine ähnlich hohe Relevanz für heterosexuelle Frauen wie für Lesben haben. Nach der Analyse der vorliegenden Kontaktanzeigen legen Lesben weniger Wert auf Statusmerkmale als heterosexuelle Frauen, und sie formulieren sogar noch weniger Wünsche hinsichtlich des Status ihrer Wunschpartnerin als heterosexuelle Männer. Diese betonte Zurückhaltung der Lesben in diesem Bereich ist so auffällig, dass man ein derart ausgeprägtes Desinteresse anzweifeln könnte. Es wird vermutet, dass der EPM, der die Statuspräferenz betrifft, bei Lesben nicht direkt auffällt aufgrund der Existenz des bereits angesprochenen impliziten Normensystems in der lesbischen Szene. Möglicherweise hindert dieses Normensystem Lesben, ihr Interesse an materiellen Werten offen zu bekunden, ähnlich wie es Lesben daran hindert, ihr Interesse an einer eigenen guten körperlichen Erscheinung zu bekunden. Es ist anzunehmen, dass es sich für Lesben genauso wenig schickt, materielles Interesse bei der Partnerinnenwahl preiszugeben wie zuzugeben, dass man figurbedacht ist. Das heißt, ich vermute, dass Lesben es verstehen, ihren Wunsch nach hohem Status der Partnerin zu kaschieren, und ihn nicht in einer Form äußern, die durch das Kodiersystem hätte erfasst werden können.

Schließlich sind auch die Ergebnisse zur letzten Hypothese mit der Evolutionstheorie erst einmal nicht vereinbar. Die Evolutionstheorie begründet, wie oben ausgeführt, warum Frauen sich nicht so schnell auf sexuelle Kontakte einlassen, und warum sie in der Regel sehr viel genügsamer sind, was das Bedürfnis nach Partnervielfalt betrifft. Wenn die Erklärungen, die von der Evolutionstheorie für diesen Geschlechtsunterschied gegeben werden, zutreffen würden, müssten auch Lesben die gleiche Zurückhaltung im sexuellen Verhaltensbereich zeigen. Genau dies konnten auch Bailey et al. (1994) empirisch bestätigen. Die hier vorliegenden Befunde widersprechen aber jenen Befunden und der Theorie. Lesben dieser Stichprobe thematisierten Sex signifikant häufiger als heterosexuelle Frauen. Dieses Ergebnis ist natürlich nicht so detailliert zu deuten, als dass man daraus folgern könnte, Lesben sind für kurzfristige (rein) sexuelle Beziehungen offener oder bevorzugen größere Vielfalt an sexuellen Partnerinnen. Konstatiert werden kann lediglich, dass Lesben offenbar mehr Bedarf als heterosexuelle Frauen haben, Sex in Kontaktanzeigen zu thematisieren. Eine Kontaktanzeigenanalyse ist insofern „nur“ ein geeignetes „Screening-Instrument“, um auf markante Unterschiede erst einmal aufmerksam zu machen; andere Methoden müssen angewandt werden, um die Substanz dieser Unterschiede zu ergründen.

Zusammenfassung und Ausblick

Der Einbezug von homosexuellen Partnerpräferenzen hätte die Evolutionstheorie empirisch fundieren sollen, indem nachgewiesen werden sollte, dass Homosexuelle die gleichen Partnerpräferenzen wie Heterosexuelle haben – trotz des fundamentalen Unterschiedes bezüglich des Geschlechts ihres Liebesobjekts. Nach den hier berichteten empirischen Befunden, die hauptsächlich die Partner(innen)präferenzen von Frauen betreffen, ist die Evolutionstheorie en bloc nicht für Frauen beider sexueller Orientierungen zu vertreten. Lediglich die bei heterosexuellen Frauen übereinstimmende niedrige Relevanz der körperlichen Attraktivität der Wunschpartnerin/des Wunschpartners spricht für die Evolutionstheorie der menschlichen Partneranziehung.

Eine Kontaktanzeigenanalyse bietet im Vergleich zu anderen Methoden, die die menschlichen Partnerpräferenzen erfassen, den Vorteil, dass sie direkt an den Kategorien ansetzt, die wirklich Partner suchende Menschen (im Gegensatz zu Versuchspersonen, die sich in die Lage eines Partner suchenden Menschen versetzen müssen) benutzen, ohne dass die Information dieser Versuchspersonen durch konfundierende Variablen, wie sie in einer Interviewsituation auftreten können, verzerrt wird. Nach dem *qualified investment model* (Kenrick, Sadalla, Groth & Trost, 1990) sollten sich EPMs besonders deutlich zeigen in Partner(innen)gesuchen für kurzfristige Beziehungen. Buunk, Dijkstra, Fetchenhauer und Kenricks (2002) Ergebnisse zeigen jedoch, dass sich mit sinkender Involviertheit der Geschlechtsunterschied reduzierte: Männer *und* Frauen wurden wählerischer, was das Kriterium der körperlichen Attraktivität betrifft; und umgekehrt senkten Männer *und* Frauen ihre Ansprüche, was Intelligenz und Bildung betrifft. Buunk et al. (2002) manipulierten die Involviertheit auf fünf Stufen, indem die Versuchspersonen sich eine Person des anderen Geschlechts vorstellen sollten, die sie gerne heiraten würden/mit der sie eine ernsthafte Beziehung haben wollten/in die sie sich gerne verlieben würden/mit der sie gerne eine Affäre hätten/die sie sich in sexuellen Phantasien ausmalen würden. Die Versuchspersonen stuften dann die Phantasiepartner(innen) dieser Stufen anhand verschiedener Partnerattraktivitätskriterien (u. a. körperliche Attraktivität, Intelligenz) ein. Um das *qualified investment model* genauer zu prüfen, wäre es zu empfehlen, Partnerattraktivitätskriterien von Menschen zu untersuchen, die wirklich auf der Suche nach rein sexuellen, kurzfristigen Partner(innen) sind. Ein geeignetes Mittel wäre die Analyse von Kontaktanzeigen, die aus rein sexuellem Interesse aufgegeben worden. Derartige Sonderrubriken mit der Bezeichnung *FrauenLust* und *MännerLust* (im Gegensatz *zu FrauenLiebe, MännerLiebe*) gibt es in dem schwullesbischen Stadtmagazin *Siegessäule*, sie sind aber in anderen Magazinen nicht gängig, obwohl sich auch dort solche Kontaktanzeigen vereinzelt unter den „echten" (längerfristigen) Partner(innen)gesuchen finden. Derartige Kontaktanzeigen sind in der vorliegenden Stichprobe explizit unberücksichtigt geblieben.

Um Kontaktanzeigen, insbesondere von Homosexuellen, effektiv als Forschungsinstrument zu nutzen, sollten ergänzend jedoch weitere (qualitative) Methoden zum Einsatz kommen, da nicht garantiert ist, dass mit einer objektiven und detaillierten Erhebung der Kontaktanzeigen Gebote und Gesuche tatsächlich die „wahren" Partner(innen)präferenzen erfasst werden. Die vorliegenden Ergebnisse lassen vermuten, dass insbesondere in der Lesbenszene ein implizites Normensystem verhindert, dass bestimmte Partnerinnenpräferenzen offen geäußert werden. Da in dieser Untersuchung spezifische (lesbische) Normen auffällig geworden sind, ohne dass es möglich war, sie mit unserer Methode näher zu spezifizieren, stimme ich Kenrick & Lis (2000) Anregung zu:

„...current human mate preferences suggest that conscious navigation through the world of artificial human norms is not all there is to it. It is time to stop arguing about evolved dispositions versus social roles (as in Eagly & Woods title) [and norms] and address tough questions about how social roles and evolved dispositions mutually constrain and construct one another" (S.1061).

Die Debatte im American Psychologist (2000) deutet an, dass es keinen absoluten „Sieg" eines Theorielagers über das andere geben wird. Insbesondere was die Partnerattraktivitätskriterien von Homosexuellen betrifft, muss die Wirkungskraft von Normen berücksichtigt werden. Das „Paarungsverhalten" von Homosexuellen konterkariert zweifellos den natürlichen Reproduktionsmechanismus – auch wenn es Stimmen gibt, die behaupten, Homosexuelle hätten andere Möglichkeiten, um die Fortpflanzung ihrer Gene zu gewährleisten zum Beispiel durch „Investition" in jüngere Geschwister, Nichten oder Neffen; empirische Ergebnisse gibt es dazu nicht. Auf diesem Hintergrund scheint es fast irrational, davon auszugehen, die Partneranziehung bei Homosexuellen würde strikt demselben (teilweise) evolutionär geprägten Muster folgen wie bei Heterosexuellen. Anhänger der Evolutionstheorie hatten beim Entdecken der überraschend ähnlichen Alterspräferenzmuster von Schwulen und heterosexuellen Männern (Kenrick & Keefe, 1995) dennoch gehofft, ihre Theorie durch die Analyse homosexueller Partnerpräferenzen empirisch fundieren zu können. Nach den Ergebnissen aus der vorliegenden Kontaktanzeigen-Studie verdichten sich jedoch die Hinweise, dass die Partnerattraktivitätskriterien von Homosexuellen eher normengeprägt sind als aus natürlicher Selektion hervorgegangen. Dennoch oder gerade deswegen muss das Paarungsverhalten von Lesben und Schwulen nicht „maladaptiv" sein. Eventuell haben Homosexuelle Vorteile in der Aktualgenese, die die scheinbare Maladaption bezüglich ihrer Reproduktionsfähigkeit kompensiert. Dieser Vermutung sollte in weiterführenden Forschungsarbeiten nachgegangen werden.

Literatur

Bailey, J.M., Gaulin, S., Agyei Y., & Gladue, B.G. (1994). Effects of Gender and Sexual Orientation on Evolutionary Relevant Aspects of Human Mating Psychology. *Journal of Personality and Social Psychology, 66*, 1081-1093.

Buunk, B. P., Dijkstra, P., Fetchenhauer, D. & Kenrick, D. T. (2002). Age and gender differences in mate selection criteria for various involvement levels. *Personal Relationships, 9*, 271-278.

Buss, D.,M. (1989). Sex Differences in human mate preferences: Evolutionary hypotheses tested in 37 cultures. *Behavioral And Brain Sciences, 12*, 1-49.

Buss, D.M., & Kenrick T. (1998). Evolutionary Social Psychology. In D.T. Gilbert, S.T. Fiske, & Lindzey (Eds.), *The Handbook of Social Psychology, 2*, 982-1026. Boston: MacGraw-Hill.

Cogan, J. C. (1999). Lesbians walk in the tightrope of beauty: Thin is in but femme is out. In J. C. Cogan & J. M. Erickson (Eds.), *Lesbians, Levis and Lipstick: The meaning of beauty in our lives*, New York: Harrington Park Press.

Eagly, A. H. & Wood, W. (1999). The origins of sex differences in human behavior: Evolved dispositions versus social roles. *American Psychologist, 54*, 408-423.

Feingold, A. (1990). Gender Differences in Effects on Physical Attractiveness on Romantic Attraction: A Comparison Across Five Research Paradigms. *Journal of Personality and Social Psychology, 59,* 981-993.

Hamida, S.B., Mineka, S., & Bailey, J.M. (1998). Sex Differences in Perceived Controllability of Mate Value: An Evolutionary Perspective. *Journal of Personality and Social Psychology 4,* 953-966.

Hartmann, J. (2000). *Evolutionspsychologische Mechanismen der menschlichen Partneranziehung: Eine Kontaktanzeigenanalyse von Homosexuellen und Heterosexuellen.* Unveröffentlichte Diplomarbeit, Berlin, Humboldt-Universität zu Berlin.

Kenrick, D.T., & Keefe, R.C. (1995). Age Preferences and Mate Choice Among Homosexuals and Heterosexuals: A Case for Modular Psychological Mechanisms. *Journal of Personality and Social Psychology, 69,* 1166-1172.

Kenrick, D.T., & Trost, R. (1997). Evolutionary Approaches to Relationships. In S. Duck (Ed.), *Handbook of Personal Relationships, 2nd ed.* Chichester: Wiley.

Kenrick, D. T. & Li, N. (2000). The Darwin is in the details. *American Psychologist, 55,* 1060-1061.

Li, N. P., Bailey, J. M., Kenrick, D. T., Linsenmeier, J. A. (2002). The necessities and luxuries of mate preferences: Testing the tradeoffs. *Journal of Personality and Social Psychology, 82,* 947-955.

Trivers, R. (1972). Parental investment and sexual selection. In B. Campbell (Ed.), *Sexual Selection and the descent of man.* Chicago: Aldine-Atherton.

Rothblum, E. D. (1994). Lesbians and physical appearance: Which model applies? In B. Greene & G. M. Herek (Eds.), *Psychological perspectives on lesbian and gay issues.* Thousand Oaks: Sage Publications.

Siever, M.,D. (1994). Sexual orientation and gender as factors in socioculturally acquired vulnerability to body dissatisfaction and eating disorders. *Journal of Consulting and Clinical Psychology, 62,* 252-260.

Schmitt, D.P., & Buss, D.M. (1996). Strategic Self Promotion and Competitor Derogation: Sex and Context Effects on the Perceived Effectiveness of Mate Attraction Tactics. *Journal of Personality and Social Psychology, 70,* 1185-1204.

Seferovi¢, S. (2003). Völlig gleich oder grundverschieden? Homo- und heterosexuelle Partnerschaften im Vergleich. In M. C. Steffens & M. Ise (Hrsg.), *Jahrbuch Lesben – Schwule – Psychologie*. Lengerich: Pabst.

Völlig gleich oder grundverschieden? Homo- und heterosexuelle Partnerschaften im Vergleich

Safet Seferovi¢[2]

Die vorgestellte Studie untersuchte Faktoren, die bei schwulen und lesbischen Paaren mit Partnerschaftszufriedenheit einher gehen. Dazu bearbeiteten 53 schwule und 63 lesbische Paare ein Fragebogenpaket zu Partnerschafts- und zu individuellen Variablen. Für beide Gruppen waren die Korrelate von Partnerschaftszufriedenheit im wesentlichen dieselben – wie wenig ungelöste Partnerschaftsprobleme, eine geringe Depressivität, wenig Forderungs-Rückzugsmuster und gegenseitige Vermeidung und Starrheit in der partnerschaftlichen Kommunikation, ein hoher wahrgenommener Nutzen, wenig wahrgenommene Kosten, wenig attraktive Alternativen zur bestehenden Partnerschaft sowie ein hohes Ausmaß an konstruktiver Kommunikation. Für die lesbischen Paare hingen zusätzlich eine geringe Partnerschaftsdauer, hohe Zufriedenheit mit sozialer Unterstützung sowie wenige frühere Partnerschaften mit Partnerschaftszufriedenheit zusammen. Die in schwulen und lesbischen Partnerschaften auftauchenden Probleme unterschieden sich im wesentlichen nicht von denen in heterosexuellen Partnerschaften. Zwei Fragebogeninstrumente für die Partnerschaftsdiagnostik erscheinen für die Beratungspraxis mit schwulen und lesbischen Paaren geeignet. Mit Einschränkungen deuten die Ergebnisse der Untersuchung darauf hin, dass zwischen schwulen, lesbischen und heterosexuellen Paaren mehr Gemeinsamkeiten als Unterschiede bestehen und dass Interventionen aus der Beratungspraxis für heterosexuelle Paare auf die für homosexuelle Paare übertragbar sind.

---

[2] Interessierte können sich die vollständige Studie aus dem Internet unter folgender url im pdf-Format herunterladen: http://opus.tu-bs.de/opus/volltexte/2001/234

Innerhalb des letzten Jahres sind gleichgeschlechtliche Partnerschaften aufgrund der Möglichkeit, die eingetragene Lebenspartnerschaft einzugehen, immer weiter in den Blickpunkt des öffentlichen Interesses gerückt. Im Bereich der klinisch-psychologischen Forschung und der Paarforschung ist das Thema „gleichgeschlechtliche Partnerschaften" aber hierzulande immer noch sehr wenig repräsentiert. Bisher liegen im deutschsprachigen Raum nur eine Handvoll empirischer Untersuchungen (z.B. Hauberger & Pankratz, 1989; Krüger-Lebus, 1996) vor, die sich mit homosexuellen Partnerschaften beschäftigen. Entsprechende Studien stammen mehrheitlich aus dem angloamerikanischen Sprachraum, wobei diese Untersuchungen in Hinblick auf methodische Kriterien, vor allem auf die untersuchte Stichprobengröße, den deutschsprachigen Arbeiten weit überlegen sind.

Es stellt sich die Frage, welchen Gewinn eine nähere Betrachtung lesbischer und schwuler Partnerschaften aus wissenschaftlicher Sicht erbringen könnte und ob sich ein entsprechender Aufwand, empirische Untersuchungen zu betreiben, lohnt (der Aufwand ist aufgrund der geringeren Grundgesamtheit sicherlich in vielerlei Hinsicht größer als die Forschung mit heterosexuellen Paaren). Hierbei sind drei Aspekte besonders hervorzuheben. Erstens könnte ein näheres Verständnis entsprechender Partnerschaftsformen dazu beitragen, Mechanismen auch in heterosexuellen Partnerschaften besser verstehen zu lernen, um hieraus wiederum Interventionsprogramme weiter zu optimieren. Zweitens könnte die Trennung der Faktoren „sexuelle Orientierung" und „Geschlecht" Erkenntnisse darüber verschaffen, welche der beiden Variablen stärker mit Partnerschaftszufriedenheit korreliert ist. Drittens dürfte in Hinblick darauf, dass immer mehr homosexuelle Paare ihre Partnerschaft öffentlich vor dem Hintergrund ihres sozialen Netzwerkes leben, auch immer mehr die Bereitschaft steigen, bei auftretenden Konflikten Beratungs- und Therapieangebote wahrzunehmen. Zurzeit können für das entsprechende Klientel keine Verfahren mit nachgewiesener Effektivität angeboten werden, da bis dato keine entsprechenden Programme existieren. Weil es aufgrund der Forschungslage und aufgrund einer nicht ausreichenden Nachfrage sehr unwahrscheinlich ist, dass es in absehbarer Zeit möglich sein wird, völlig neue Beratungs- und Therapieprogramme für homosexuelle Paare zu entwickeln, könnten empirische Untersuchungen bei der Entscheidung helfen, inwieweit Bausteine aus Paartherapieprogrammen für heterosexuelle Paare auf homosexuelle Paare übertragbar sind und ob einzelne Elemente gegebenenfalls modifiziert werden müssten.

Wichtigste Vorläuferuntersuchungen

Mehrere Untersuchungen verglichen die subjektive Partnerschaftszufriedenheit (erhoben durch Fragebogen) schwuler, lesbischer und heterosexueller Paare miteinander. Kurdek und Schmitt (1986a) verglichen in einem varianzanalytischen Design die Partnerschaftszufriedenheit von 44 Ehepaaren, 35 heterosexuellen zusammenlebenden Paaren, 56 lesbischen sowie 50 schwulen Paaren miteinander. Die Partnerschaftszufriedenheit der zusammenlebenden heterosexuellen Paare war dabei niedriger als die der übrigen Gruppen, was laut der Autoren darauf zurückzuführen sei, dass die nicht verheirateten heterosexuellen Paare die wenigsten Barrieren aufwiesen, die Partnerschaft zu beenden. In einer fünfjährigen Längsschnittuntersuchung mit 236 heterosexuellen Ehepaaren, 66 schwulen und 51 lesbischen Paaren erfasste Kurdek (1988) unter anderem die Partnerschaftszufriedenheit per Fragebogen. Zwischen den drei Gruppen zeigte sich zu keinem Messzeitpunkt ein signifikanter Unterschied. Kurdek kommt deshalb zu dem Schluss, dass sich schwule und lesbische Paare bezüglich der affektiven Einschätzung der eigenen Partnerschaftszufriedenheit heterosexuellen Paaren mehr ähneln, als dass sie sich von diesen unterscheiden. Im deutschsprachigen Raum liegt bisher nur eine veröffentlichte Studie vor: Hauberger und Pankratz (1989) untersuchten an einer kleinen Stichprobe die Partnerschaftszufriedenheit schwuler und lesbischer Paare aus Österreich und fanden diesbezüglich keinen Unterschied zwischen homo- und heterosexuellen sowie zwischen lesbischen und schwulen Paaren. Insgesamt scheinen schwule und lesbische Paare gleich zufrieden mit ihrer Partnerschaft zu sein. Allerdings war in mehreren Studien aus den USA die Partnerschaftszufriedenheit lesbischer Paare höher als die schwuler Paare (Blumstein & Schwartz, 1983; Kurdek, 1988, 1995). Dies sei nach Kurdek jedoch nur dann der Fall, wenn Partnerschaftszufriedenheit hinsichtlich spezifischer Bereiche (z.B. Kommunikation, Zärtlichkeit, Körperkontakt) und nicht nur global erfasst wird. Auch bei heterosexuellen Paaren schätzen Frauen die Partnerschaftszufriedenheit auf spezifischen Skalen höher ein als Männer (Kurdek, 1994a; Hahlweg, 1996).

In nur wenigen Studien aus den USA wurden Korrelate der Partnerschaftszufriedenheit bei homosexuellen Paaren untersucht. Kurdek (1989) identifizierte in einer Ein-Jahres-Längsschnittstudie Prädiktoren für Partnerschaftszufriedenheit anhand einer Stichprobe von 53 lesbischen und 80 schwulen Paaren. Prädiktoren für Partnerschaftszufriedenheit waren geringer Bildungsstand, geringes Autonomiebedürfnis, eine starke Motivation, die Partnerschaft aufrecht zu erhalten, wenig dysfunktionale Kognitionen (wie „Meinungsverschiedenheiten schaden der Partnerschaft" oder „mein Partner muss mir meine Wünsche von den Augen ablesen können") bezüglich der Partnerschaft, häufige gemeinsame Entscheidungen, starkes Vertrauen in den/die Partner/in sowie hohe Zufriedenheit mit sozialer Unterstützung aus der Umwelt. In einer früheren Querschnittstudie stellten Kurdek und Schmitt (1986a) fest, dass die Variablen *positive Anreize der Partnerschaft*, *wenige attraktive Alternativen zur bestehenden Partnerschaft*, *wenig dysfunktionale Kognitionen bezüglich der Partnerschaft*, *eine hohe partnerschaftliche Bindung* und *die Häufigkeit gemeinsamer Entscheidungen* sowohl für homo- als auch für heterosexuelle Paare positiv mit Partnerschaftszufriedenheit korrelierten.

In einer weiteren Untersuchung gingen dieselben Autoren (Kurdek & Schmitt, 1986b) der Frage nach, ob sich die Korrelate der Partnerschaftszufriedenheit schwuler Paare, die ihre Partnerschaft als monogam definierten, von denen nicht-monogam lebender Paare unterscheiden. Es wurden für beide Gruppen die gleichen Korrelate (s.o.) identifiziert, die sich mit denen der übrigen

Untersuchungen deckten. Zudem unterschied sich die Partnerschaftszufriedenheit beider Gruppen nicht voneinander, was ein Hinweis darauf ist, dass der Faktor Monogamie bei schwulen Paaren nur eine untergeordnete Rolle für die Zufriedenheit mit der eigenen Partnerschaft spielt.

Unbestritten ist der Zusammenhang zwischen Partnerschaftsqualität und Kommunikationsvariablen. Kurdek (1994b) konnte in einer beeindruckenden, fünfjährigen Längsschnittuntersuchung belegen, dass bei lesbischen, schwulen und heterosexuellen Paaren gleichermaßen Variablen wie *Rückzugsverhalten*, *häufiger Streit* und *das Ausmaß dysfunktionalen Streitverhaltens* negativ, *positives Problemlösen* positiv mit der erlebten Partnerschaftszufriedenheit einher geht. Arellano (1993) untersuchte das Streitverhalten von homosexuellen Paaren im Laborsetting und kommt zu dem Schluss, dass sowohl für homo- als auch für heterosexuelle Paare gilt, dass Partner mit komplementären Geschlechtsrollen (ein Partner hat eher die weibliche, der andere eher die männliche Geschlechtsrolle inne) die ungünstigste Kommunikation aufwiesen. Dieser Effekt sei für lesbische Paare am stärksten. Krüger-Lebus (1996) untersuchte in einer Querschnittstudie die Partnerschaftszufriedenheit lesbischer Paare mit und ohne Kinder. Im Gegensatz zu heterosexuellen Partnerschaften war die globale Partnerschaftszufriedenheit der lesbischen Paare mit Kindern nicht niedriger als die der Paare ohne Kinder. Gleichzeitig war das Ausmaß dysfunktionalen Streitverhaltens in der kinderlosen Teilstichprobe geringer als bei den Paaren mit Kindern. Mit Ausnahme dieser Untersuchung bestätigen die übrigen Studien, dass sich die Faktoren, die mit Partnerschaftszufriedenheit einher gehen, zwischen homo- und heterosexuellen Paaren mehr ähneln, als dass sie sich voneinander unterscheiden.

Ziele der eigenen Studie

Die im folgenden beschriebene Fragebogenuntersuchung verfolgt im wesentlichen folgende Ziele: zum einen sollen Korrelate der Partnerschaftszufriedenheit an einer deutschen Stichprobe homosexueller Paare identifiziert werden. Darüber hinaus soll geklärt werden, ob diesbezüglich Unterschiede zwischen der lesbischen und schwulen Teilstichprobe einerseits und zwischen homo- und heterosexuellen Paaren andererseits bestehen. Des weiteren soll geklärt werden, welche Probleme in schwulen und lesbischen Partnerschaften eine Rolle spielen. Schließlich sollen die psychometrischen Gütekriterien des Partnerschaftsfragebogens (PFB) und der Problemliste (PL, beide Hahlweg, 1996) überprüft und die Frage beantwortet werden, ob diese für heterosexuelle Paare entwickelten Fragebogen die Partnerschaftszufriedenheit bzw. Probleme lesbischer und schwuler Paare zufriedenstellend erfassen können und in der Beratungspraxis bei entsprechenden Paaren einsetzbar sind.

Methode

Fragebogen

Beim Partnerschaftsfragebogen (PFB, Hahlweg, 1996) handelt es sich um ein Instrument zur differentiellen Einschätzung der Beziehungsqualität. Er besteht aus 30 Items, die drei Skalen mit je 10 Items zugeordnet werden, Streitverhalten [S], Zärtlichkeit [Z] und Gemeinsamkeit/ Kommunikation [G/K]. Es können ein PFB-Gesamtwert sowie drei Skalenwerte berechnet werden. Der PFB besitzt beim Einsatz bei heterosexuellen Paaren gute diskriminative, prognostische und Konstruktvalidität. Er erfasst zudem sensitiv Veränderungen durch Paartherapie. Die genannte Höhe der internen Konsistenzen bezieht sich auf die Eichstichprobe heterosexueller Paare (Hahlweg, 1996). Zusätzlich zu den 30 PFB-Items wurde die Globale Glückseinschätzung (Terman, 1938) vorgegeben. Der Proband soll hier die Frage „Wie glücklich schätzen Sie Ihre Partnerschaft ein?“ auf einer sechsstufigen Antwortskala beurteilen (Antwortkategorien: 0 = sehr unglücklich; 1 = unglücklich; 2 = eher unglücklich; 3 = eher glücklich; 4 = glücklich; 5 = sehr glücklich). Geigenfeind (1976) konnte die Validität der Skala durch einen Vergleich von Fremd- und Selbstbeurteilung nachweisen.

Die Problemliste (PL, Hahlweg, 1996) ist ein Selbstbeurteilungsinstrument und erfasst das Ausmaß sowie den Umgangsstil mit partnerschaftlichen Konflikten. In der PL sind 23 Bereiche des Zusammenlebens aufgeführt, in denen Konflikte entstehen können, zum Beispiel Zuwendung des Partners, Sexualität und Freizeitgestaltung. Die Probanden beurteilen für jeden Bereich das Ausmaß der erlebten Belastung und der Konfliktlösung (Antwortkategorien: 0 = keine Konflikte; 1 = Konflikte, erfolgreiche Lösungen; 2 = Konflikte, keine Lösungen, oft Streit; 3 = Konflikte, aber wir sprechen kaum darüber). Die Auswertung der PL erfolgt durch Addition der Anzahl der Problembereiche, die mit 2 oder 3 beantwortet wurden. Zudem kann der Prozentsatz der Probanden bestimmt werden, die in einem ausgewählten Bereich ungelöste Probleme angeben.

Zusätzlich wurde die Allgemeine Depressionsskala eingesetzt (ADS, Hautzinger & Bailer, 1993). Sie erfasst mit 20 Items die Intensität depressiver Symptomatik. Der Fragebogen zur Erfassung partnerschaftlicher Kommunikationsmuster (FPK, Kröger et al., 2000) erfasst mit 25 Items das dyadische Kommunikationsmuster während der Diskussion von Konflikten. Der Fragebogen zum Partnerschaftsgewinn (FPG, Duffy & Rusbult, 1983) ist die übersetzte Fassung der englischsprachigen Originalversion. Der Fragebogen soll die subjektiv erlebten Kosten bzw. den Nutzen der eigenen Partnerschaft erfassen. Das Bem-Geschlechtsrollen-Inventar BSRI (Schneider-Düker & Kohler, 1988) ist die deutsche Fassung des Bem-Sex-Role-Inventory (Bem, 1974) und soll die Geschlechtsrolle einer Person auf der Grundlage von Selbstbeschreibung erfassen. Die Kurzform des Fragebogens zur sozialen Unterstützung (F-SozU-K-22, Fydrich et al., 1987) erfasst mit 22 Items das Ausmaß der wahrgenommenen sozialen Unterstützung.

Stichprobe

Mit Hilfe von Aufrufen in lesbischen und schwulen Printmedien wurden Paare gesucht, die sich bereit erklären, an einer Fragebogenstudie zur Partnerschaft teilzunehmen. Es war eine E-Mail-Adresse angegeben, bei der interessierte Paare ihre Postadresse hinterließen. Jedem Paar wurden zwei Fragebogenpakete sowie ein adressierter und frankierter Rückumschlag zugeschickt. Auf diese Weise konnten 63 lesbische und 53 schwule Paare rekrutiert werden.

Tabelle 1: Charakterisierung der schwulen und lesbischen Teilstichprobe

	schwule Probanden		lesbische Probandinnen	
	M	SD	M	SD
Alter (Jahre)	35.4	10.6	33.0	7.1
Partnerschaftsdauer (Jahre)	6.6	7.1	3.3	2.5
Altersdifferenz der Partner (Jahre)	6.1	5.1	4.8	4.8
Anzahl früherer homosexueller Partnerschaften	1.8	1.4	1.8	1.7

Tabelle 1 zeigt, dass die schwulen Paare eine signifikant höhere Partnerschaftsdauer aufweisen als die lesbischen. Die Paare unterscheiden sich weder hinsichtlich der übrigen in Tabelle 1 dargestellten Variablen noch hinsichtlich Schulbildung, Berufstätigkeit, Religionszugehörigkeit und Familienstand. Beide Teilstichproben können somit als gut vergleichbar angesehen werden. Die Partnerschaftsdauer wurde – soweit möglich – in den statistischen Berechnungen als Kovariate berücksichtigt. Die Rücklaufquote der Fragebogenpakete war bei der lesbischen Teilstichprobe (79%) signifikant höher als bei der schwulen Teilstichprobe (48%). Die mit dem Partnerschaftsfragebogen gemessene globale Partnerschaftszufriedenheit lag bei den schwulen Paaren im Mittel bei 68.2 (SD = 7.9), bei den lesbischen Paaren bei 71.1 (SD = 9.7) Punkten. Beide Gruppen waren somit zufriedener als Männer und Frauen aus nicht-klinischen, das heißt „zufriedenen" heterosexuellen Partnerschaften (Männer: M = 63.7, SD = 9.9; Frauen: M = 65.9, SD = 10.9).

Ergebnisse

Korrelate der Partnerschaftszufriedenheit

Für die schwule und die lesbische Teilstichprobe geht die durch den Partnerschaftsfragebogen erfasste Partnerschaftszufriedenheit mit wenig ungelösten Partnerschaftsproblemen, geringer Depressivität, einem hohen Ausmaß an konstruktiver Kommunikation und wenig Forderungs-Rückzugsverhalten in der Kommunikation einher. Ebenso korrelieren für beide Gruppen ein geringes Ausmaß an gegenseitiger Vermeidung und Starrheit in der Kommunikation, ein hoher wahrgenommener Nutzen der eigenen Partnerschaft, wenig wahrgenommene Kosten und wenig attraktive Alternativen zur bestehenden Partnerschaft mit der gemessenen Partnerschaftszufriedenheit. Für die lesbische Teilstichprobe hängen zusätzlich eine geringe Partnerschaftsdauer, eine geringe Anzahl früherer lesbischer Partnerschaften sowie eine hohe Zufriedenheit mit der sozialen Unterstützung vonseiten der Umwelt mit der Zufriedenheit mit der eigenen Partnerschaft zusammen. Zudem ist der Zusammenhang zwischen dem Ausmaß der Depressivität und den Kommunikationsvariablen (konstruktive Kommunikation und gegenseitige Vermeidung und Starrheit) und der Partnerschaftszufriedenheit bei den lesbischen Paaren signifikant höher als bei den schwulen Paaren.

Die mit dem Bem-Geschlechtsrollen-Inventar erfassten Geschlechtsrollen hängen weder auf individueller Ebene noch auf dyadischer Ebene (Aufteilung der Stichprobe in „komplementäre" und „nicht-komplementäre" Paare) mit der subjektiven Partnerschaftszufriedenheit zusammen.

Probleme in homosexuellen Partnerschaften

Sowohl die schwulen Probanden als auch die lesbischen Probandinnen geben in der Problemliste im Mittel 1.8 (SD = 2.2) der 23 Problembereiche als konfliktbehaftet an (Skalenwerte 2 oder 3). In einer älteren Version der Problemliste, die nur 16 der 23 Problembereiche abfragte, gab eine Stichprobe von 100 Personen in heterosexuellen Partnerschaften, die ihre Partnerschaft als zufriedenstellend einstufen, im Mittel einen Problembereich (SD = 0.9) als konfliktbehaftet an (Hahlweg, Kraemer, Schindler & Revenstorf, 1980). Vergleicht man nur diese 16 Problembereiche inferenzstatistisch zwischen den Gruppen, dann geben die schwulen Paare im Mittel mehr konfliktbehaftete Problembereiche an als die heterosexuellen Probanden. Die lesbischen Probandinnen geben durchschnittlich ebenso viele konfliktbehaftete Problembereiche an wie die heterosexuellen Probanden.

Tabelle 2 gibt den Anteil der Proband/innen in Prozenten wieder, in den jeweiligen Bereichen ungelöste Probleme angeben. Der Anteil der lesbischen Probandinnen, die im Bereich „Zuwendung der Partnerin" ungelöste Probleme angeben, ist höher als der Anteil der schwulen Probanden mit Problemen in diesem Bereich. Bezüglich der restlichen 22 Problembereiche unterscheiden sich die beiden Gruppen nicht signifikant voneinander. Vergleicht man die Anteile der Proband/innen, die einen jeweiligen Problembereich als konfliktbehaftet einstufen, ergeben sich weder zwischen der schwulen Teilstichprobe und den heterosexuellen Proband/innen noch zwischen der lesbischen Teilstichprobe und den heterosexuellen Proband/innen signifikante Unterschiede (wieder bezogen auf 16 der 23 Problembereiche).

Tabelle 2: Anteile der Proband/innen, die für den jeweiligen Bereich ungelöste Probleme in der Partnerschaft angeben (Skalenwert 2 (= Konflikte, keine Lösungen, oft Streit) oder 3 (= Konflikte, aber wir sprechen kaum darüber) in der Problemliste) in Prozent

Bereich	Gesamt (N=231)	schwule Pb. (N=106)	lesbische Pb. (N=125)
Sexualität	22.9	18.9	26.4
persönliche Gewohnheiten des Partners	10.8	16.0	6.4
Eifersucht	10.8	13.2	8.8
Haushaltsführung/Wohnung	11.3	12.3	10.4
Berufstätigkeit	12.1	10.4	13.6
Umgang mit Alkohol/ Medikamenten/ Drogen	7.8	10.4	5.6
Temperament des Partners	8.7	9.4	8.0
Vorstellungen über Werte und Normen	8.2	8.5	8.0
außerpartnerschaftliche sexuelle Beziehungen	5.6	8.5	3.2
Freunde und Bekannte	9.5	8.5	10.4
Gewährung persönlicher Freiheiten	9.1	7.5	10.4
Verwandte	6.1	7.5	4.8
Kommunikation/gemeinsame Gespräche	6.1	5.7	6.4
Kinderwunsch	5.2	5.7	4.8
Einteilung des monatlichen Einkommens	2.6	5.7	0.0
Forderungen des Partners	7.8	4.7	10.4
Vertrauen	5.2	4.7	5.6
Freizeitgestaltung	5.6	3.8	7.2
Krankheiten/Behinderungen/psychische Störungen	4.3	3.8	4.8
Attraktivität	3.0	3.8	2.4
fehlende Akzeptanz/Unterstützung des Partners	4.8	2.8	6.4
Zuwendung des Partners	7.4	1.9	12.0
Tätlichkeiten	1.7	1.9	1.6

Paardiagnostik bei homosexuellen Paaren mit dem Partnerschaftsfragebogen und der Problemliste

Die internen Konsistenzen der Subskalen des Partnerschaftsfragebogens (PFB) liegen niedriger als in der Normstichprobe für heterosexuelle Paare (vgl. Seferovi¢, 2001). Dies mag zum einen auf die begrenzte Stichprobengröße, zum anderen auf die eingeschränkte Varianz der Skalenwerte zurückzuführen sein. Dennoch liegt die Höhe der Koeffizienten in einem Bereich, der für die Beratungspraxis als durchaus geeignet eingestuft werden kann (alle αs > .74). Itemanalysen verdeutlichen, dass die Trennschärfekoeffizienten für alle Items mit zwei Ausnahmen für die schwule Teilstichprobe mindestens im mittleren Bereich (d.h. mindestens bei 0.30) liegen. Mit Ausnahme von zwei Items für die lesbische Teilstichprobe tragen alle Items zur Reliabilität der entsprechenden Skala bei. Eine Faktorenanalyse belegt zudem eindrucksvoll die Konstruktvalidität des Fragebogens (Seferović, 2001). Die interne Konsistenz (Cronbachs α) der Problemliste beträgt für die schwule Teilstichprobe .78, für die lesbische Teilstichprobe .79 und ist somit geringfügig niedriger als bei der Konstruktionsstichprobe heterosexueller Paare (.83). Die Reliabilität kann als durchaus annehmbar für die praktische Anwendung der Skala eingeschätzt werden.

Diskussion

Die Korrelate der Partnerschaftszufriedenheit sind bei schwulen und lesbischen Paaren bis auf sehr wenige Ausnahmen identisch. Kommunikationsvariablen, Depressivität und ungelöste Partnerschaftsprobleme stehen am deutlichsten mit Partnerschaftszufriedenheit in Zusammenhang. Dies gilt ebenso für heterosexuelle Paare. Auch in der vorliegenden Studie konnte die Ähnlichkeit zwischen schwulen und lesbischen Paaren einerseits sowie zwischen homo- und heterosexuellen Partnerschaften andererseits belegt werden. In weiteren empirischen Untersuchungen muss dringend überprüft werden, ob sich ähnliche Zusammenhänge auch bei Paaren, die Beratungsangebote in Anspruch nehmen, finden lassen und ob Interventionen, die auf Modifikation entsprechender Variablen abzielen (z.B. Kommunikations- und Problemlösetrainings, Psychotherapie bei affektiven Störungen) auch die Partnerschaftszufriedenheit positiv beeinflussen können.

Schwule und lesbische Paare scheinen sehr ähnliche Partnerschaftsprobleme aufzuweisen. Zudem scheinen sich diese nicht von Problemen, die in heterosexuellen Partnerschaften auftreten, zu unterscheiden. Kritisch muss hier jedoch angemerkt werden, dass die Formulierung der Problembereiche in der Problemliste sehr global ist (z.B. „Sexualität") und dass keine offenen Items enthalten sind, wo die Probanden eigene, individuelle Problembereiche ergänzen können. Dennoch deuten die Ergebnisse darauf hin, dass unabhängig von der sexuellen Orientierung intime Zweierbeziehungen unter sehr ähnlichen Problemen leiden. Der Problembereich mit der höchsten Prävalenz ist in allen drei Gruppen die Sexualität. Hier sind dringend empirische Studien mit möglichst großen Stichproben notwendig, die genaueren Aufschluss über die Art der sexuellen Probleme in schwulen und lesbischen Partnerschaften geben. Auch hier sollte untersucht werden, inwieweit gängige sexualtherapeutische Programme auf die entsprechenden Klienten übertragen werden können.

Eine Partnerschaftsdiagnostik scheint mit dem Partnerschaftsfragebogen und der Problemliste, die eigentlich für heterosexuelle Paare konstruiert sind, auch bei schwulen und lesbischen Paaren zuverlässig möglich zu sein. Dies ist ein indirekter, aber deutlicher Hinweis auf die Ähnlichkeit der drei Partnerschaftsformen untereinander. Es ist davon auszugehen, dass zurzeit in der Beratungspraxis mit schwulen und lesbischen Klient/innen keine Fragebogeninstrumente eingesetzt werden. Dies ist vor dem Hintergrund der Forderungen nach Transparenz, Qualitätssicherung und Evaluation auch den Klient/innen gegenüber nicht zu rechtfertigen. In Beratungsstellen tätige Kolleg/innen sind eingeladen, die Fragebogen in ihrem Berufsalltag einzusetzen und zu erproben. Die Fragebogen sowie weitere Informationen sind beim Autor erhältlich.

Vor dem Hintergrund der Ergebnisse sind einige wichtige Kritikpunkte an der vorliegenden Studie zu erwähnen. Die Stichprobe kann keinesfalls als repräsentativ gelten. Die Rücklaufquoten und die hohe Partnerschaftszufriedenheit sprechen für einen deutlichen Selektionseffekt. Dieses Problem tritt jedoch auch bei anderen Studien auf. Mir ist keine Untersuchung bekannt, deren Stichprobe als repräsentativ gelten kann. Ein weiterer wichtiger Kritikpunkt besteht darin, dass das Design nur einen Messzeitpunkt enthält. Über den Verlauf der Partnerschaftszufriedenheit bei lesbischen und schwulen Paaren können somit keine direkten Aussagen getroffen werden. Zudem werden die Variablen korrelationsstatistisch miteinander in Beziehung gesetzt. Deshalb sind keine Aussagen zur kausalen Wirkungsrichtung möglich.

Die beschriebene Studie belegt zwar starke Ähnlichkeiten zwischen den verschiedenen Partnerschaftsformen; um praxisrelevante Daten zu gewinnen, ist es jedoch erforderlich, zu überprüfen, ob paartherapeutische Interventionen und Präventionsprogramme bei homosexuellen Partnerschaften ebenso effektiv sind wie bei heterosexuellen.

In einer eigenen Studie wird zurzeit überprüft, ob ein massiertes, an einem Wochenende durchgeführtes Kommunikations- und Problemlösetraining bei schwulen Paaren ähnlich effektiv ist wie bei heterosexuellen. Zudem wird durch Verhaltensbeobachtung und Videoaufnahmen das Kommunikationsverhalten schwuler Paare näher untersucht. Die gewonnenen Daten sollen Aufschluss darüber geben, ob schwule Paare von solchen verhaltensorientierten Programmen profitieren und ob sich Kommunikationsvariablen und somit auch die Partnerschaftszufriedenheit gezielt beeinflussen lassen. Fallen diese Ergebnisse positiv aus, wird zu überprüfen sein, ob mit verhaltenstherapeutischer Paartherapie schwulen Paaren, die eine entsprechende Behandlung in Anspruch nehmen möchten, effektiv geholfen werden kann.

Literatur

Arellano, C.M. (1993). *The role of gender in handling negative affect in same-sex couples.* (Unveröffentlichte Dissertation). Colorado: University of Denver.

Bem, S.L.(1974). The measurement of psychological androgyny. *Journal of Consulting and Clinical Psychology, 42,* 155-162.

Blumstein, P. & Schwartz, P.(1983). *American couples.* New York: Morrow.

Duffy, S.M. & Rusbult, C.E. (1986). Satisfaction and commitment in homosexual and heterosexual relationships. *Journal of Homosexuality, 12,* 1-23.

Fydrich, T., Sommer, G., Menzel, U. & Höll, B.(1987). Fragebogen zur sozialen Unterstützung (Kurzform; SozU-K-22). *Zeitschrift für Klinische Psychologie, 16,* 434-436.

Geigenfeind, H.(1976). *Ein Vergleich von Fremd- und Selbstbeurteilung glücklicher und unglücklicher Paare.* (Unveröffentlichte Diplomarbeit). München: Universität München.

Hahlweg, K., Kraemer, M., Schindler, L. & Revenstorf, D.(1980). Partnerschaftsprobleme: Eine empirische Analyse. *Zeitschrift für Klinische Psychologie, 9,* 159-169.

Hahlweg, K. (1986). *Fragebogen zur Partnerschaftsdiagnostik (FPD).* Göttingen: Hogrefe.

Hauberger, D. & Pankratz, H.(1989). Gleichgeschlechtliche Partnerschaften: Beziehungszufriedenheit und Darstellung der Beziehung. *Störfaktor, 11,* 46-60.

Hautzinger, M. & Bailer, M. (1993). *Allgemeine Depressionsskala.* Weinheim: Beltz.

Kurdek, L.A. & Schmitt, J.P. (1986a). Relationship quality of partners in heterosexual married, heterosexual cohabiting, and gay and lesbian relationships. *Journal of Personality and Social Psychology, 51,* 711-720.

Kurdek, L.A. & Schmitt, J.P.(1986b). Relationship quality of gay men in closed or open relationships. *Journal of Homosexuality, 12,* 85-99.

Kurdek, L.A. (1988). Relationship quality of gay and lesbian cohabiting couples. *Journal of Homosexuality, 15,* 93-118.

Kurdek, L.A. (1989). Relationship quality in gay and lesbian cohabiting couples: a 1-year follow-up study. *Journal of Social and Personal Relationships, 6,* 39-59.

Kurdek, L.A. (1994a). The nature and correlates of relationship quality in gay, lesbian, and heterosexual cohabiting couples: A test of the contextual, investment, and discrepancy models. In B. Greene & G.M. Herek (Eds.), *Lesbian and gay psychology: Theory, research and clinical applications.* Thousand Oaks, CA: Sage Publications.

Kurdek, L.A. (1994b). Conflict resolution styles in gay, lesbian, heterosexual nonparent, and heterosexual parent couples. *Journal of Marriage and the Family, 56,* 705-722.

Kurdek, L.A. (1995). Lesbian and gay couples. In A.R. D´Augelli & C.J. Patterson (Eds.), *Lesbian, gay and bisexual identities over the lifespan: psychological perspectives.* New York: Oxford University Press.

Kurdek, L.A. (1998). Conflict resolution styles in gay, lesbian, heterosexual nonparent and heterosexual parent couples. *Journal of Marriage and the Family, 56,* 705-722.

Kröger, C., Hahlweg, K., Braukhaus, C., Fehm-Wolfsdorf, G., Groth, T. & Christensen, A.(2000). Fragebogen zur Erfassung partnerschaftlicher Kommunikationsmuster (FPK): Reliabilität und Validität. *Diagnostica, 46,* 189-198.

Krüger-Lebus, S. (1996). *Partnerschaftliche Zufriedenheit von Frauen in gleichgeschlechtlichen Beziehungen: eine Vergleichsstudie zum Einfluss der Anwesenheit von Kindern auf die Beziehungsqualität.* (Unveröffentlichte Diplomarbeit). Basel: Universität Basel.

Schneider-Düker, M. & Kohler, A. (1988). Die Erfassung von Geschlechtsrollen- Ergebnisse zur deutschen Neukonstruktion des Bem Sex-Role-Inventory. *Diagnostica, 34,* 256-270.

Seferović, S. (2001). *Korrelate der Partnerschaftszufriedenheit bei gleichgeschlechtlichen Partnerschaften: eine empirische Untersuchung.* (Unveröffentlichte Diplomarbeit). Braunschweig: Technische Universität Braunschweig.

Mayerle, M. (2003). Psychosoziale Beratung von Lesben und Schwulen. Zur Entwicklung und Vernetzung von Diensten und Angeboten. In M. C. Steffens & M. Ise (Hrsg.), *Jahrbuch Lesben – Schwule – Psychologie*. Lengerich: Pabst.

Psychosoziale Beratung von Lesben und Schwulen Zur Entwicklung und Vernetzung von Diensten und Angeboten

Michael Mayerle

Die Entwicklung professioneller psychosozialer Beratungsstellen von und für Lesben und Schwule ist unter anderem ein Resultat der beharrlichen Negierung eines spezifischen Beratungsbedarfs durch die Träger allgemeiner Beratungsstellen. Die dort vorherrschenden Disziplinen Psychologie, Pädagogik und Medizin vermeiden weiter die Aufarbeitung ihrer belasteten Geschichte des Umgangs mit Homosexualität und Homosexuellen. Von Teilen der Sozialpolitik und Sozialadministration wurde erst in jüngster Zeit die Existenz eines spezifischen Beratungsbedarfs von Lesben und Schwulen anerkannt. Seitdem streiten zahlreiche lesbische und schwule Beratungsstellen, vor allem in größeren Städten, um öffentliche Förderung. Im Rahmen des nordrhein-westfälischen Modellprojekts erfuhr das Konzept der Unterstützung lesbischer und schwuler Beratungsangebote und ihre Vernetzung mit dem allgemeinen System psychosozialer Hilfen die bundesweit bislang weitestgehende Umsetzung und Weiterentwicklung. In dem vorliegenden Artikel werden Rahmenbedingungen für die sozialplanerische Konzipierung von psychosozialen Beratungsangeboten für die Zielgruppe diskutiert. Die größten Chancen werden in einem Ansatz gesehen, der gleichzeitig drei Zielrichtungen verfolgt: Erstens die Unterstützung und (Weiter-) Entwicklung spezifischer Beratungsstellen für Lesben, Schwule und Angehörige, zweitens die Qualifizierung von allgemeinen psychosozialen Beratungsstellen für die Beratung der genannten Zielgruppen und drittens die Vernetzung der schwulen und lesbischen mit den allgemeinen Beratungsdiensten und -angeboten.

Beinahe unbemerkt von der allgemeinen Fachöffentlichkeit haben sich in den 90er Jahren bundesweit professionelle Lesben- und Schwulenberatungsstellen etabliert. Diese sind als Antwort auf fehlende oder unzulängliche Angebote für die Zielgruppe Lesben, Schwule und Angehörige im System der allgemeinen psychosozialen Versorgung anzusehen.

Belastete Geschichte der Disziplinen und Professionen

Der Umgang mit dem Thema Homosexualität innerhalb der psychosozialen Versorgung war entsprechend der im Nachkriegsdeutschland vorherrschenden Einstellungen gekennzeichnet durch starke gesellschaftliche Tabuisierung, Stigmatisierung und Diskriminierung. Bis heute werden in politischen, gesellschaftlichen und auch wissenschaftlichen Diskursen Teile der weiter bestehenden gesellschaftlichen Verkrustungen offenkundig, wenn zum Beispiel MedizinerInnen, PsychologInnen, PsychotherapeutInnen, SozialarbeiterInnen oder PädagogInnen um Worte ringend bemüht sind, den richtigen Ton zu dieser als schwierig empfundenen „Problematik" zu finden. Die „Betroffenen" selbst waren es, die Ende der 60er/Anfang der 70er Jahre damit anfingen, die gesellschaftlichen Tabus zu brechen, indem sie sich selbst mit den ehemals stigmatisierenden Adjektiven „schwul" und „lesbisch" schmückten und selbstbewusst für ihre Rechte eintraten.

Ebenso wenig ist es ein Verdienst von Psychologie, Psychiatrie oder Pädagogik, dass sich in der Folgezeit – vor allem in Großstädten wie Berlin, München und Köln – lesbische und/ oder schwule Institutionen wie Beratungsstellen, Kommunikations- und Begegnungszentren etablierten. Vielmehr gehen diese Gründungen allesamt auf schwule und/ oder lesbische Selbsthilfe- bzw. Bürgerrechtsgruppen und -initiativen zurück, die die neuere deutsche Schwulen- und Lesbenbewegung hervorgebracht hat.

Das Verhältnis der Psychiatrie, aber auch der Psychologie und Pädagogik zur Homosexualität lässt sich als eine „belastete Geschichte" (Hubschmid, 1996, S. 1184) beschreiben. Bis 1994 lernten zum Beispiel angehende Ärzte während ihres Medizinstudiums, Homosexualität „als sexuelle Deviation zu diagnostizieren" (Medigay, 1996, S. 1931). In medizinischen Lehrbüchern wurde Homosexualität lange Zeit als Perversion bezeichnet, und man nahm an, dass Homosexualität die „Folge einer Störung in der psychosexuellen Entwicklung" sei (Hubschmid, 1996, S. 1184). Wegen ihrer angeblichen Unreife wurden Schwule und Lesben unter anderem von bestimmten psychotherapeutischen Ausbildungen ausgeschlossen (vgl. Hengelein, in diesem Band). Auch heute noch werden Menschen mit einer anderen als der heterosexuellen Orientierung „ in schwerwiegender Weise diskriminiert" (Hubschmid, 1996, S. 1184). Der Chefarzt der Universitären Psychiatrischen Dienste Bern fragt angesichts dieser Befunde: „Wann beginnt die Vergangenheitsbewältigung?" (Hubschmid, 1996).

Auch in den Handlungsfeldern der Sozialen Arbeit und dort insbesondere in der Jugendhilfe werden Lesben, Schwule und ihre Angehörigen als Zielgruppe stark vernachlässigt (Hark, 2000; Hofsäss, 1999). PädagogInnen, SozialarbeiterInnen und PsychologInnen in psychosozialen Beratungsstellen, Jugendämtern und Jugendhilfeeinrichtungen müssen reflektieren, inwieweit sie die Existenz lesbischer oder schwuler Klientel in ihren Handlungsfeldern überhaupt wahrnehmen und welche Konsequenzen sich daraus für ihr berufliches Handeln ergeben.

Lesbische und schwule Ratsuchende stellen eine besondere Herausforderung für die MitarbeiterInnen in Beratungsstellen des psychosozialen Versorgungssystems dar und werden dort erst in jüngster Zeit allmählich als eigene Zielgruppe erkannt. In der wohl am weitesten verbreiteten institutionellen Form der psychosozialen Versorgung, der Erziehungsberatung (EB), erweist sich die „belastete Geschichte“ des Umgangs mit Homosexualität als besonders problematisch, da sich in ihr nicht allein die ausgrenzenden Traditionen von Psychologie, Psychiatrie und Pädagogik, sondern auch diejenigen der konfessionellen Träger von Erziehungsberatungsstellen wiederfinden.

Beitrag der gegenwärtigen Homosexuellenforschung

In Deutschland waren es vor allem drei historische Ereignisse, die die gegenwärtige Homosexuellenforschung hervorgebracht haben: Die Teil-Entkriminalisierung der „mannmännlichen Wollust“ in der Strafrechtsreform von 1969, der gesellschaftskritische Impetus der Studentenbewegung mit seinen Folgen für die Wissenschaftskultur sowie die Frauenbewegung mit ihrem Emanzipationsanliegen (Zillich, 1993). Neue Studien entstanden in Disziplinen wie Sexualwissenschaft und Psychoanalyse, die sich traditionell dem Thema Homosexualität verpflichtet sahen, aber auch zunehmend in bis dato „weitgehend desinteressierten Disziplinen wie Sozial-, Geschichts- und Literaturwissenschaft“ (S. 353). In den Disziplinen Sexualwissenschaft und Psychologie, die belastet waren durch das Erbe der Pathologisierung der Homosexualität, schrieben Dannecker und Reiche (1974) den „modernen Klassiker“ der bundesdeutschen Homosexuellenforschung. Hierin erfuhren Homosexuelle im Rahmen psychoanalytischer Theoriebildung und aus kulturkritischer Perspektive „eine lediglich defensive Rehabilitierung“, der „pathologisierende Blick auf homosexuelle Männer“ wurde jedoch nach wie vor nicht aufgegeben (Zillich, 1993, S. 353). Morgenthaler war es, der „mit der Theoretisierung einer unneurotischen Entwicklung zur Homosexualität einen Umbruch im psychoanalytischen Denken anregte“ (S. 354). Vor allem Lautmann ist es zu verdanken, dass sich in der deutschen Homosexuellenforschung seit Ende der 70er Jahre allmählich eine sozialwissenschaftliche Betrachtungsweise herausbildet.

In den 80ern und Anfang der 90er Jahren wurden im Zuge der AIDS-Epidemie einige Studien über das Sexualverhalten schwuler Männer veröffentlicht. Die neuerliche Betrachtung des schwulen Mannes als ausschließliches Sexualwesen kann als Rückschritt in der sozialwissenschaftlichen Homosexuellenforschung angesehen werden.

Im Zuge der seit den 90er Jahren auszumachenden neuen Liberalisierungstendenzen gegenüber gleichgeschlechtlichen Lebensweisen, die auch als Erfolg der Schwulen- und Lesbenbewegung anzusehen sind, ist das Interesse von Politik und Verwaltung an Erkenntnissen der Homosexuellenforschung gestiegen. Unter anderem ist es der Einrichtung von speziellen, für die Belange homosexueller Menschen zuständiger sozialadministrativer Stellen in einzelnen Landesministerien, zum Beispiel 1996 im damaligen Ministerium für Arbeit, Gesundheit und Soziales (MAGS) des Landes Nordrhein-Westfalen (NRW), und einer veränderten Förderpolitik zu verdanken, dass neue, meist explorativ angelegte Studien zu diversen lesbischen und schwulen Fragestellungen in Auftrag gegeben wurden. Die Themen dieser Auftragsstudien wurden naturgemäß nach Gesichtspunkten der Verwertbarkeit für aktuelle Aufgaben von Politik und Verwaltung ausgewählt. So wurde beispielsweise auf der Grundlage der repräsentativen Bevölkerungsumfrage im Auftrag des Ministeriums für Frauen, Jugend, Familie und Gesundheit des Landes Nordrhein-Westfalen (MfJFG; heute: Ministerium für Gesundheit, Soziales, Frauen und Familie = MGSFF) zu Wahrnehmungen, Erfahrungen und Werthaltungen zu gleichgeschlechtlichen Lebensweisen (Oppermann, 1999) eine Akzeptanzkampagne der Landesregierung entwickelt.

Obwohl auf diese Weise eine ganze Reihe relevanter Themen bearbeitet wurden, zum Beispiel „Gewalt gegen lesbische Frauen" (Stein-Hilbers et al., 1999), „Lesben – Schwule – Kinder" (Berger et al., 2000) und „Zur sozialen und psychischen Situation lesbischer Mädchen und schwuler Jungen" (Hark, 2000), kann die Existenz dieser Studien nicht über den Mangel an systematischer Theoriebildung hinwegtäuschen.

Wissenschaftliche Arbeiten, die explizit die professionelle psychosoziale Beratung von Lesben und Schwulen thematisieren, fehlen bisher fast gänzlich (vgl. Chmielorz, 2001). Um Beseitigung dieses Vakuums bemüht sind einige schwule und lesbische Organisationen, Netzwerke und Jugendverbände, zum Beispiel das Schwule Netzwerk NRW e.V. und das lesbisch-schwule Jugendnetzwerk Lambda, die – mit bescheidenen finanziellen Budgets ausgestattet – durchaus bemerkenswerte Fachpublikationen und -zeitschriften herausgeben und Fachtagungen veranstalten.[3]

Weltweit wird die gegenwärtige Homosexuellenforschung von zahlreichen Untersuchungen und Projekten in den USA dominiert, die durch Ideenreichtum und Diversifikation auffallen (vgl. Lautmann, 1993). Hervorzuheben sind beispielsweise die Modelle einer „gay, lesbian and bisexual developmental psychology", die die Persönlichkeitsentwicklung von Lesben, Schwulen und Bisexuellen über die Lebensspanne beschreiben (vgl. D'Augelli & Patterson, 1995). Ausgangspunkt

---

[3] Z.B. die „Erwachsenenfachtagung für die Generationen zwischen Jugend und Alter" des Schwulen Netzwerks NRW e.V. (1999), die regelmäßig stattfindenden Fachtagungen des Sozialwerks für Lesben und Schwule e.V. Köln, unter anderem zum Thema „Verdammt frei? Heimat und Sinnsuche von Lesben und Schwulen" (2000) sowie die neue Fachzeitschrift „FachDienst Schwules Netzwerk e.V. – Beiträge aus der Praxis der schwulen Selbstorganisation" (seit 2001).

dieser Modelle sind allgemeine entwicklungspsychologische Theorien, vor allem Eriksons Stufenmodell der psychosozialen Entwicklung (1950). Darauf aufbauend wird der Versuch unternommen, spezielle Entwicklungsaufgaben von Lesben und Schwulen auf dem Hintergrund ihrer spezifischen Lebensbedingungen zu beschreiben.

Psychosoziale Versorgung von Lesben, Schwulen und Angehörigen

Vor dem Hintergrund, dass lesbische Frauen und schwule Männer „nach wie vor Benachteiligungen, Diskriminierungen und nicht selten Gewalt ausgesetzt“ sind, betreibt die nordrhein-westfälische Landesregierung nach eigenen Angaben eine „aktive Antidiskriminierungspolitik zugunsten der gesellschaftlichen Gleichstellung von Lesben und Schwulen” (MfJFG 2000a, S. 5). Dazu hat sie ein entsprechendes Arbeitsprogramm beschlossen. Die Basis für das neue politische Handlungsfeld „Gleichgeschlechtliche Lebensweisen“ wurde im von SPD und Grünen 1995 geschlossenen Koalitionsvertrag gelegt. Ende 1996 wurde dann das „Referat für Gleichgeschlechtliche Lebensweisen“ im damaligen MAGS eingerichtet (vgl. MfJFG 2000a).

Im Mittelpunkt des Arbeitsprogramms des Referats steht der Bereich der „Psychosozialen Beratung für Lesben, Schwule und deren Angehörige in Nordrhein-Westfalen” mit dem das MfJFG einen „Schritt in Richtung Strukturierung, Vernetzung und Professionalisierung des lesbischen bzw. schwulen psychosozialen Beratungsfeldes” gehen wollte (MfJFG 2000a, S. 15). Das Modellprojekt will mit einem quantitativ und qualitativ adäquaten Beratungsangebot dazu beitragen, dass Lesben und Schwule selbstbestimmt und selbstbewusst zu ihrer Person und sexuellen Identität stehen und ihre spezifische Lebensform angstfrei leben können. Das Modellprojekt nahm 1998 seine Arbeit auf und war zunächst auf drei Jahre angelegt. Es wurde für die Jahre 2001 und 2002 jeweils um ein Jahr verlängert.

Professionelle Lesben- und Schwulenberatung

Die Geschichte der professionellen Lesben- und Schwulenberatung ist noch relativ jung. Erste Versuche, *Rosa Telefone, Rosa Hilfen* oder *Lila Kabel* ins Leben zu rufen, wurden in Deutschland Mitte der 70er Jahre unternommen und entstammen der neueren deutschen Schwulenbewegung und der Frauen- und Lesbenbewegung. Die wohl traditionsreichste Geschichte hat in NRW die Kölner Beratungsstelle. Da ihre Entstehung beispielhaft für andere lesbische und schwule Beratungsprojekte in Deutschland ist, soll die Entwicklung kurz nachgezeichnet werden.

1975 wurde in Köln das damalige glf-Sozialwerk e.V. (glf = gay liberation front, heute: Sozialwerk für Lesben und Schwule e.V.) als eigenständiger Träger der Lesben- und Schwulenberatung gegründet. Seitdem werden telefonische und persönliche Beratungsgespräche angeboten.

Nach dem Anschluss an den Deutschen Paritätischen Wohlfahrtsverband (1977) und der Gründung des Schwulen- und Lesbenzentrums Köln (1985), das von Beginn an Sitz der Beratungsstelle war, bedeutete die erstmalige Einrichtung von zwei hauptamtlichen Stellen – zunächst durch eine Förderung des Arbeitsamtes ermöglicht – einen Meilenstein auf dem Weg zu einer professionellen psychosozialen Beratungsstelle. 1990 erfolgte die erste kommunale Förderung der beiden Stellen als Anerkennung für die AIDS-Präventionsarbeit des Sozialwerks. Seit 1994 wird die Beratungsstelle vom Land NRW als spezifisches Modell einer Lebensberatungsstelle gefördert. Damit wurde zum ersten Mal das Vorhandensein eines spezifischen Beratungsbedarfs für Lesben und Schwule anerkannt. Die Beratungsstelle kämpft seither um die Anerkennung und Regelförderung als Lebensberatungsstelle (siehe http://www.sozialwerk-koeln.de). Unter anderem auf der Grundlage der Erfahrungen mit dieser ersten Modellberatungsstelle wurde 1998 das Modellprojekt des Landes auf acht halbe Stellen an sechs Standorten in NRW ausgeweitet. Erstmals wurden auch drei Beratungsstellen in Regionen abseits der Metropolen (Jülich, Minden und Siegen) berücksichtigt.

Die Weiterentwicklung der Lesben- und Schwulenberatung im Land NRW wird seitdem auf zwei Ebenen betrieben, zwischen denen eine enge Kooperation stattfindet: Zum einen auf der Ebene der Lesben- und Schwulenverbände, zum anderen auf staatlicher (ministerialer) Ebene. Zum Beispiel hat die „interne Projektgruppe", der Vertreter aus Ministerium, Wohlfahrtsverbänden, lesbischen und schwulen Verbänden und Beratungsstellen angehören, Empfehlungen für Mindeststandards erarbeitet.

Die Landesarbeitsgemeinschaft Beratung im Schwulen Netzwerk NRW e.V., die sich 1998 gegründet hat, hat es sich zur Aufgabe gemacht, den fachlichen Austausch und die Vernetzung der Beratungsstellen im Lande zu fördern und betreibt beispielsweise gemeinsame Öffentlichkeitsarbeit (siehe http://www.schwul-nrw.de).

Die Lesbenberatungsstellen sind größtenteils in der LAG Lesben und der LAG Lesbentelephone NRW zusammengeschlossen, die Ähnliches leisten. Eine Ermittlung der genauen Anzahl der schwulen und lesbischen Beratungsstellen und -initiativen gestaltet sich derzeit schwierig, da in den vergangenen Jahren einige neue Beratungsstellen gegründet wurden und gleichzeitig eine unbekannte Anzahl ehrenamtlicher Initiativen und Beratungstelefone ihre Arbeit eingestellt hat. Einen Überblick über die Angebote im Bereich Lesbenberatung in NRW gibt eine Auftragsstudie des MfJFG von 1998. An dieser Untersuchung beteiligten sich 42 Beratungseinrichtungen aus den unterschiedlichen feministischen Beratungskontexten, von denen zwölf ein originäres lesbenspezifisches Angebot vorhielten. Im Rahmen des MfJFG-Modellprojekts kam eine neue Beratungsstelle hinzu.

Eigenen Recherchen zufolge gibt es in NRW derzeit 26 Beratungsstellen bzw. -initiativen von Schwulen für Schwule, davon 17 ehrenamtliche Beratungsinitiativen und -telefone, fünf

Schwulenberatungsstellen oder schwul-lesbische Beratungsstellen mit hauptamtlichen Mitarbeitern sowie vier sonstige Beratungsstellen mit hauptamtlichen Mitarbeitern, die ein originäres Angebot für Schwule vorhalten. Die Angebote werden weiterhin zu einem großen Teil ehrenamtlich erbracht. In den vergangenen Jahren ist es neben den hauptamtlich oder gemischt haupt- und ehrenamtlich besetzten Beratungsstellen auch einigen rein ehrenamtlichen Beratungsstellen gelungen, ein professionelles Profil zu entwickeln.

Selbstverständnis professioneller Lesben- und Schwulenberatung

Professionelle schwule und lesbische Beratungsarbeit verleugnet ihre selbsthilfeorientierten Wurzeln nicht und bekennt sich gleichzeitig zu fachlichen Standards der allgemeinen psychosozialen Beratung (vgl. Chmielorz, 2001; vgl. MfJFG, 2002). Die historischen Erfahrungen lesbischer und schwuler Selbsthilfe und Emanzipationsarbeit verweisen auf ein „Bedingungsgefüge von Umwelt, Person und Problem: Meine psychische und soziale Identität als lesbische Frau und schwuler Mann ist durch die je eigene Struktur der gesellschaftlichen Verhältnisse geprägt, die ich vorgefunden habe und die mir eine gleichermaßen unbeschadete Identitätsentwicklung wie die meiner heterosexuellen Freunde nicht erlaubt haben" (Chmielorz, 2001, S. 4). Hier setzt psychosoziale Beratung an, indem sie auf eine Erweiterung der Handlungsfähigkeit des Individuums zielt. Im Kern soll eine Form von „Empowerment" praktiziert werden: Es geht um „Selbstbestimmung, persönliche Kontrolle, Partizipation und nicht zuletzt politische Einflussnahme in der Kommune" (Chmielorz, 2001, S. 4; vgl. auch Herriger, 1997). Diese Sichtweise bedeutet eine radikale Abkehr von der pathologisierenden und defizitären Perspektive, die „bis heute das Klientenbild der traditionellen psychosozialen Arbeit einfärbt" (Herriger, 1997, S. 8).

Fortbildungsbedarf von MitarbeiterInnen in allgemeinen psychosozialen Beratungsstellen

Im Rahmen des Modellprojekts wurde das Beratungsunternehmen ID Innovative Dienste Köln beauftragt, eine Erhebung des Fortbildungsbedarfes zum Thema „Gleichgeschlechtliche Lebensweisen in der Beratung" durchzuführen (MfJFG, 2000b, S. 3). Auf dieser Grundlage wurden Ideen für die Entwicklung eines landesweiten Fortbildungskonzeptes entwickelt. Die Erhebung wurde im April und Mai 2000 durchgeführt. Befragt wurden Mitarbeiterinnen und Mitarbeiter von 40 allgemeinen psychosozialen Beratungsstellen (vor allem Erziehungsberatungsstellen) in den Städten Bochum, Dortmund, Jülich, Köln, Minden, Münster und Siegen, also den Standorten der Förderung im Rahmen des Modellprojektes. Erhoben werden sollte, ob die allgemeinen Beratungsstellen überhaupt einen Fortbildungsbedarf zu diesem Thema sehen. Außerdem sollten inhaltliche und methodische Interessenschwerpunkte ermittelt werden (MfJFG, 2000b).

Die als qualitative Stichprobe konzipierte Untersuchung erbrachte 41 Rückmeldungen von Beraterinnen und Beratern aus 19 Beratungsstellen – das entspricht einem Rücklauf von 46% der angeschriebenen Beratungsstellen. Bei der Analyse der Ergebnisse wurden eindeutige Trends ausgemacht. Es wurde deutlich, dass Lesben, Schwule und deren Angehörige für die Befragten keine besondere Zielgruppe darstellen. Zu diesem Ergebnis passt eine weitere Beobachtung, wonach sich Lesben, Schwule und deren Angehörige mit ihren speziellen Problemen nur selten an die allgemeinen Beratungsstellen wenden oder ihre speziellen mit dem Lesbischsein oder Schwulsein zusammenhängenden Probleme nicht direkt äußern. Daher gehört ihre Beratung nicht unbedingt zum Beratungsalltag allgemeiner psychosozialer Beratungsstellen.

Ebenso wenig kann davon ausgegangen werden, dass die Mitarbeiterinnen und Mitarbeiter dieser Beratungsstellen Feldkompetenz für die Beratung von Lesben und Schwulen besitzen. Weniger als die Hälfte der Befragten gaben an, mit den Lebensweisen lesbischer Frauen und schwuler Männer vertraut zu sein. Dabei wird das Wissen eher unspezifisch und nur selten durch themenspezifische Fachtagungen, Workshops und Seminare erworben. Das Thema „Gleichgeschlechtliche Lebensweisen“ ist bisher kaum Bestandteil der eigenen Aus- und Weiterbildung.

Die Befragung ergab ein eher unspezifisches Bedürfnis nach mehr Information über gleichgeschlechtliche Lebensweisen, das Fortbildungsinteresse bezieht sich mehr auf psychologische Fragestellungen als auf spezifische Problemlagen von Lesben, Schwulen und ihren Angehörigen. Zusammenfassend stellen die Autoren fest, „dass ein aktives Interesse an spezifischen Fortbildungen zum Thema ‚gleichgeschlechtliche Lebensweisen in der Beratung‘ nur bei einem sehr geringen Teil der Befragten besteht“ (MfJFG, 2000b, S. 11). Die Notwendigkeit spezifischer Beratungsangebote wird durch die Ergebnisse der Befragung unterstrichen.

Inanspruchnahme der Beratungsangebote

Seit Anfang 2000 wird eine NRW-weite Untersuchung der psychosozialen Beratungsangebote für Lesben, Schwule und Angehörige durchgeführt, an der sich alle drei Säulen der psychosozialen Beratung beteiligen. Als Instrumente dienen drei Erhebungsbögen (1. fallbezogen, 2. fallübergreifend, 3. einrichtungsbezogen), die von der „internen Projektgruppe“ unter Anleitung von Mitarbeitern der Firma Kienbaum Management Consultants GmbH entwickelt wurden.

Die Auswertung eines Pre-Tests wurde im März 2001 von der Firma Kienbaum vorgelegt (2001). Sie enthält den Rücklauf der im Jahre 2000 durchgeführten Beratungen mit der Zielgruppe Lesben, Schwule und Angehörige. Von den 15 Beratungsstellen der Säule I (allgemeine psychosoziale Beratungsstellen), die an der Erhebung beteiligt waren, gaben sieben fallbezogene und sechs fallunabhängige Bögen ab. Alle 8 Beratungsstellen der Säule II (Beratungsstellen für Lesben, Schwule und deren Angehörige) gaben fallbezogene und fallunabhängige Erhebungsbögen ab. Von den 17 Beratungstelefonen und -initiativen der Säule III (Ehrenamtliche lesbische und schwule Selbsthilfe) gaben 14 Einrichtungen fallbezogene und fünf Einrichtungen fallunabhängige Erhebungsbögen ab. Landesweit wurden 2.753 Ratsuchende bei 5.269 Kontakten beraten. Davon entfielen 2% der Ratsuchenden und 5% der Kontakte auf Säule I, 75% der Ratsuchenden und 81% der Kontakte auf Säule II und 23% der Ratsuchenden und 14% der Kontakte auf Säule III.

Es liegt die Vermutung nahe, dass nicht alle in den Beratungsstellen von Säule I und III tatsächlich durchgeführten Beratungen von Lesben, Schwulen und Angehörigen dokumentiert wurden, zumal von einigen Einrichtungen kein Rücklauf erfolgte. Bei Säule I könnte der vergleichsweise schwache Rücklauf an der geringen Wahrnehmung der Zielgruppe liegen, bei Säule III an einer der Ehrenamtlichkeit geschuldeten weniger konsequenten Dokumentation. Ungeachtet dessen erscheint die Zahl von 4.243 Beratungskontakten bei 8 geförderten halben Sozialarbeiterstellen in Säule II beachtlich. Sie ist als Beleg dafür anzusehen, dass bei der Schaffung eines zielgruppenspezifischen Beratungsangebotes für Lesben, Schwule und Angehörige mit einer hohen Nutzung zu rechnen ist.

Entwicklung von Standards in der psychosozialen Versorgung von Lesben und Schwulen

Für die Planung psychosozialer Angebote und Leistungen für Lesben und Schwule sind eine Reihe sozialpolitischer bzw. -administrativer Entscheidungen auf der Grundlage fachlicher Überlegungen zu treffen. Prinzipiell wäre es wünschenswert, wenn die allgemeinen Beratungsstellen ihrer Verpflichtung nachkommen würden, alle Menschen ohne Anschauung ihrer sexuellen Orientierung angemessen und fachlich qualifiziert zu beraten. Wie belegt werden kann, werden Lesben und Schwule hier aber überwiegend nicht als Zielgruppe angesehen. Vieles deutet darauf hin, dass das Thema bei den MitarbeiterInnen dieser Beratungsstellen auf eher mäßiges und unspezifisches Fortbildungsinteresse stößt. Gleichzeitig findet die Beratung von Lesben und Schwulen in NRW de facto schon jetzt weit überwiegend in professionellen und ehrenamtlichen lesbischen und schwulen Beratungsstellen statt. Zur weiteren Sicherstellung der psychosozialen Versorgung von Lesben und Schwulen ist daher die öffentliche Förderung originärer Beratung für Lesben und Schwule die am meisten Erfolg versprechende Strategie. Damit ist jedoch keinesfalls gemeint, dass sich allgemeine Beratungsstellen ihrer Pflicht entziehen sollen, Angehörige dieser Gruppen auf der Grundlage angemessener fachlicher Standards zu beraten. Vielmehr weisen die vorliegenden Befunde auf die Notwendigkeit weiterer fachlicher Qualifizierung gerade auch in diesem Bereich hin.

Eckwerte für die Konzipierung von Beratungsdiensten

Die künftigen Eckwerte für die sozialplanerische Konzipierung von Beratungsdiensten für Lesben, Schwule und Angehörige werden derzeit im Lande NRW verhandelt. Die folgenden Punkte sind als Diskussionsbeiträge im Rahmen dieser – auch für die Entwicklung entsprechender Strukturen im übrigen Bundesgebiet bedeutsamen – Debatte zu verstehen.

Multiprofessionalität/Multidisziplinarität vs. Dominanz einzelner Professionen und Disziplinen

Unter Multiprofessionalität/Multidisziplinarität wird hier verstanden, dass innerhalb einer Beratungsstelle Fachkenntnisse und Sichtweisen unterschiedlicher Professionen und Disziplinen verfügbar sind, die gleichberechtigt zum Erreichen der Beratungsziele beitragen. Dabei darf sich Multiprofessionalität nicht allein am Vorhandensein unterschiedlicher Berufsgruppen festmachen, sondern muss sich auch faktisch niederschlagen in den vorherrschenden Zielsetzungen und Handlungsweisen der Beratungsstelle. Diese müssen sowohl auf einer Theorie der Persönlichkeitsentwicklung *(psychologische Perspektive)* als auch auf einer gesellschaftlichen Problemperspektive gründen *(soziologische Perspektive)* und in der Lage sein, Möglichkeiten des lebensnahen Erfahrungslernens zu eröffnen *(pädagogische Perspektive)*. Um den Ratsuchenden ein passgenaues Angebot zur Verfügung stellen zu können, ist eine enge Kooperation und Vernetzung mit anderen psychosozialen Beratungsstellen und Ressourcen sowie eine Planung und Strukturierung der Hilfen unerlässlich *(sozialarbeiterische Perspektive)*. Die Dominanz einzelner Disziplinen und Professionen, wie sie zum Beispiel in der Erziehungsberatung beobachtet wird, halte ich für wenig geeignet, den komplexen Lebenslagen von Lesben und Schwulen, aber auch von anderen Personengruppen zu begegnen. Die sozialplanerische Konzipierung von Beratungsangeboten für Lesben und Schwule bietet die zurzeit wohl einmalige Chance einer Neugestaltung des Prinzips der Multiprofessionalität/Multidisziplinarität. Dabei sollten die Erfahrungen aus den allgemeinen Beratungsstellen zum Anlass genommen werden, um einseitige psychotherapeutische und psychologische Orientierungen zu vermeiden. Auf diese Weise könnte dann von den noch jungen psychosozialen Beratungsstellen für Lesben und Schwule vielleicht auch ein Innovationsschub in Richtung der etablierten allgemeinen psychosozialen Beratungsstellen ausgehen.

Bedarfsadäquanz vs. Flächendeckung

„Bedarfsadäquanz" wird häufig als zentrales Kriterium für die Förderung von Beratungsstellen für Lesben, Schwule und deren Angehörige durch das MfJFG benannt. Als bedarfsadäquat kann ein Angebot angesehen werden, wenn vor Ort eine entsprechende Nachfrage nach bestimmten Leistungen vorliegt. Ob ein Angebot diesem Kriterium genügt, wird in der Praxis vermutlich in erster Linie von den „harten" nachzuweisenden Fallzahlen abhängig gemacht werden. Andere „weiche" Fakten wie Vernetzungs- und Entwicklungsbedarf psychosozialer Versorgung und lesbisch-schwuler Szene, Informationsbedarf der allgemeinen Bevölkerung sowie Fortbildungs- und Schulungsbedarf von MitarbeiterInnen allgemeiner psychosozialer Einrichtungen drohen durch das Raster der Förderung zu fallen, auch wenn die genannten Bedarfe durch geeignete Methoden durchaus feststellbar wären.

Bedarfsadäquanz wird häufig in Abgrenzung zum Begriff „Flächendeckung" verwendet. Dies ist insofern problematisch, als damit unterstellt wird, dass flächendeckende Beratungsangebote am tatsächlichen Bedarf vorbeigehen. Flächendeckung bezieht sich auf das landesweite Vorhalten bestimmter Beratungsangebote unter Einbeziehung aller Regionen. Dabei kann die räumliche Dichte der Beratungsangebote und damit die Entfernung, die ein(e) Ratsuchende/r zurücklegen muss, um die nächstgelegene Einrichtung zu erreichen, von Modell zu Modell variieren. Die vorliegenden Ergebnisse legen nahe, dass ein hoher Bedarf an einer flächendeckenden psychosozialen Versorgung für Lesben, Schwule und deren Angehörige existiert, der kurz- und mittelfristig nicht durch eine fachlich qualifizierte Beratung in allgemeinen Beratungsstellen abgedeckt werden kann. Aus Kostengründen räumt das MfJFG offenbar dem Modell der Bedarfsadäquanz bessere Chancen ein, zumal die Bedarfe, die als solche anerkannt sind, je nach Kassenlage beliebig verändert werden können. Stark bezweifelt werden darf an dieser Stelle, ob mit diesem „Sparmodell" die bestehende strukturelle Benachteiligungen von Schwulen und Lesben im System der psychosozialen Versorgung abgebaut werden kann.

Zentrale vs. dezentrale Versorgung

Während der Eckwert Bedarfsadäquanz auf die Passung von Angebot und Nachfrage zielt, beziehen sich die Begriffe zentrale und dezentrale Versorgung auf die räumliche Strukturierung der Angebote. Das wohnortnahe dezentrale Vorhalten psychosozialer Beratungsangebote wird unter anderem von der Erziehungsberatung angestrebt und auch weitgehend gewährleistet. Auf diese Weise bleibt die Entfernung vom Wohnsitz zur Beratungsstelle für die Ratsuchenden in einem akzeptablen Rahmen. Auch für die Beratung von Lesben und Schwulen sind prinzipiell die gleichen Zugangschancen zu fordern. Während der MFJFG-Modellphase erfolgte die Förderung noch nicht nach diesem Prinzip, auch wenn die Grundidee bei der Auswahl der Standorte eine Rolle spielte. Eine wohnortnahe dezentrale Versorgung wäre bei einer Ausstattung mit acht halben SozialarbeiterInnenstellen in einem Bundesland von der Größe Nordrhein-Westfalens nicht annähernd sicherzustellen. Perspektivisch kann deshalb eine bessere psychosoziale Versorgung von Lesben und Schwulen in NRW nur durch eine Aufstockung der Mittel erfolgen.

Im Zusammenhang mit der Überführung des Modellprojekts in die Regelförderung wurden auch Modelle bekannt, die im Kern lediglich eine zentrale Versorgung vorsahen. Aus nahe liegenden Gründen wäre der ideale Standort einer solchen Fachberatungsstelle in einer Metropole wie Köln. Andere Modellvarianten sahen eine zentrale Fachberatungsstelle mit Außenstellen oder zwei Fachberatungsstellen ohne Außenstellen vor. Für die Regionen abseits der Metropolen würden diese gegenüber einer dezentralen Versorgung deutliche Nachteile bedeuten. Selbst wenn eine Fachberatungsstelle abseits einer Metropole angesiedelt wäre, würde dies für andere Regionen keine Vorteile bringen. Die Erfahrungen des Modellprojektes haben gerade gezeigt, dass eine dezentrale Unterstützung der professionellen und ehrenamtlichen Strukturen vor Ort und die Einbindung der Beratungsstellen in das System der regionalen psychosozialen Versorgung die günstigsten Voraussetzungen dafür bieten, die Ziele von Beratung zu erreichen und einen Beitrag zum Abbau struktureller Benachteiligungen von Lesben und Schwulen in der Provinz zu leisten.

Inzwischen ist im MFJFG die Entscheidung gefallen, dass die bisherige Förderungsstruktur, die die modellhafte Förderung von Beratungsstellen in Regionen mit unterschiedlicher Infrastruktur vorsah, aufgegeben wird zu Gunsten einer Förderungsstruktur, die Beratungsstellen in Regionen abseits der Metropolen letztendlich benachteiligt, da sie als Förderkriterium allein den Nachweis von Beratungs-Fallzahlen vorsieht. Ohne Relevanz für die Förderung sind danach Bereiche wie Vernetzung der lesbischen und schwulen Angebote und Initiativen, Multiplikatorenfortbildung und Kooperation mit anderen psychosozialen Diensten, also Aufgaben, die in strukturschwachen Regionen besonderer Anstrengungen bedurften und nach wie vor bedürfen. Als Ergebnis dieser – aus meiner Sicht – fragwürdigen Politik zuungunsten der Provinz wurde inzwischen bekannt, dass die Förderung der Lesbenberatungsstellen in Minden und Jülich ab 2003 eingestellt wird und im Gegenzug die großen Beratungsstellen in Bochum und Köln personelle Verstärkung bekommen werden. Von den kleineren Beratungsstellen sind lediglich Siegen und Münster übrig geblieben. Ihnen ist es gelungen, die vom Ministerium rückwirkend bekannt gegebenen Sollzahlen knapp zu erfüllen und damit ihre Existenz um ein weiteres Jahr zu sichern. Die strukturelle Benachteiligung in der psychosozialen Versorgung von Lesben und Schwulen abseits der Metropolen wird jedoch mit der kurzsichtigen Entscheidung des Ministeriums auf lange Sicht hin festgeschrieben, da vorerst keine weiteren Lesben- und Schwulenberatungsstellen in den Genuss der Landesförderung kommen sollen.

Generalisierung vs. Spezialisierung

Das Gegensatzpaar Generalisierung vs. Spezialisierung zielt auf die Frage, ob Beratungsstellen für Lesben, Schwule und deren Angehörige die ganze Palette psychosozialer Angebote bereithalten (Generalisierung) oder sich auf bestimmte Beratungsinhalte und -formen beschränken sollen (Spezialisierung). Aufgrund der Komplexität des Beratungsanliegens wird hier davon ausgegangen, dass das Beschreiten unterschiedlicher Wege nötig ist, um die individuellen wie übergeordneten Ziele der Beratung zu erreichen, das heißt, Lesben und Schwulenberatungsstellen sollten nach Möglichkeit eine differenzierte Angebotspalette vorhalten und sämtliche Beratungsinhalte aufgreifen, die von den Ratsuchenden thematisiert werden.

Insbesondere in Regionen abseits der Metropolen ist aufgrund der geringeren Ausdifferenzierung der allgemeinen Systeme der psychosozialen Versorgung ein stark generalisierender Ansatz notwendig, während in Metropolen eine Beschränkung auf bestimmte Angebote oder Inhalte sinnvoll sein kann, insbesondere wenn ein anderer Anbieter bereits ergänzende Angebote vorhält.

Nach dem hier vertretenen Konzept ließen sich Beratungsstellen für Lesben, Schwule und deren Angehörige am ehesten als „generalistische Lebens-, Erziehungs- und Partnerschaftsberatungsstellen auf dem besonderen Hintergrund der Zielgruppe" bezeichnen. Der Zugang sollte nicht von der Zugehörigkeit zur Zielgruppe abhängig gemacht werden, sondern von der freiwilligen Entscheidung, die Beratung einer Lesben- und Schwulenberatungsstelle auf ihrem allgemeinen und spezifischen fachlichen Hintergrund in Anspruch nehmen zu wollen. Die allgemeinen Standards psychosozialer Beratung (vgl. Specht, 1993) werden in den Beratungsstellen für Lesben, Schwule und Angehörige zugrunde gelegt. Zum spezifischen fachlichen Hintergrund zählen fundierte Kenntnisse über die Lebensweisen von Lesben und Schwulen sowie Zielgruppennähe, die sich unter anderem durch die Verortung der Beratungsstelle innerhalb der örtlichen lesbischen und schwulen Szene auszeichnet.

Zu den Aufgaben, Angeboten und Arbeitsformen sollten gehören:

- Einzel-, Gruppen- und Paarberatung
- niedrigschwellige Beratungsformen anonymer Art (z.B. Telefonberatung, E-Mail-Beratung)
- Unterstützung und Beratung von Selbsthilfegruppen, vor allem in ihrer Gründungsphase
- Schwul-lesbische Aufklärung mit den Zielgruppen Jugendliche und MultiplikatorInnen
- Alters- und zielgruppenspezifische Angebote
- Unterstützung der Vernetzung lesbisch-schwuler Szene
- Vernetzung und Kooperation mit allgemeinen und spezialisierten psychosozialen Beratungsstellen sowie mit anderen Einrichtungen im Bereich des Gesundheits- und Sozialwesens
- Öffentlichkeitsarbeit und Social Sponsoring
- Maßnahmen eines fachlichen Qualitätsmanagements
- Fortbildung und Supervision

Da in der Beratung von Lesben und Schwulen die Einbeziehung geschlechtsbezogener Aspekte von besonderer Bedeutung ist, wird hier eindeutig die Zusammenarbeit von Lesben und Schwulen in einem Beratungsteam präferiert. Durch eine möglichst paritätische Teamzusammensetzung soll dem Wunsch von Ratsuchenden nach Beratung durch einen Mann oder eine Frau nachgekommen werden können.

Qualifizierung von allgemeinen psychosozialen Beratungsstellen für die Beratung von Lesben, Schwulen und Angehörigen

Die vorliegenden Befunde, insbesondere die Erfahrungen des Modellprojekts des MfJFG sprechen für eine flächendeckende, dezentrale Einrichtung multiprofessionell besetzter Beratungsstellen, die in der Lage sind, eine breite Palette von Angeboten vorzuhalten. Um eine angemessene Versorgung vor allem in eher ländlich strukturierten Regionen sicherzustellen, in denen es (noch) kein entsprechendes Beratungsangebot gibt, ist eine gleichzeitige spezifisch-fachliche Qualifizierung allgemeiner psychosozialer Beratungsstellen unerlässlich. Hierzu schlage ich die Einführung eines fachlichen Qualitätsmanagements vor, das dazu beitragen soll, eine spezifische Fachlichkeit für die Beratung von Lesben, Schwulen und Angehörigen zu entwickeln und dauerhaft zu etablieren. Ein Instrument zur Qualitätssicherung und -entwicklung in psychosozialen Diensten, zu deren Aufgaben explizit die Beratung von Lesben und Schwulen gehört, existiert noch nicht. Grundsätzlich wäre es als sinnvoll anzusehen, spezifische Qualitätskriterien in ein bereits bestehendes Instrument zu integrieren. Dies wäre möglich, wenn dieses die Beschreibung von Qualitätskriterien und -indikatoren auf einer fachlichen Ebene – nicht allein auf der Ebene von Verfahrensstandards – vorsieht und außerdem die Flexibilität besitzt, zusätzliche Qualitätskriterien und Indikatoren zu integrieren.

Für die Entwicklung eines solchen Qualitätssicherungsinstrumentes für die psychosoziale Beratung und die Integration spezifischer fachlicher Standards in ein bereits bestehendes Instrument schlage ich folgende Kriterien vor:

- Die Entwicklung von operationalisierbaren Qualitätskriterien soll auf der Basis spezifischer Leitlinien erfolgen (vgl. MfJFG, 2002);
- Bei der Neuentwicklung eines Instrumentes sind Arbeitsbereiche zu definieren, für die spezifische Qualitätskriterien zu beschreiben sind (z.B. Zugang zur Beratungsstelle, Gesprächsführung/therapeutisches Setting);
- Bei der Überarbeitung bereits bestehender Instrumente sollen zum einen vorhandene Qualitätskriterien dahingehend überprüft werden, inwieweit sie explizite oder implizite Aspekte beinhalten, die Lesben, Schwule und ihre Angehörigen benachteiligen. Zum anderen sollen spezifische Qualitätskriterien für die Beratung von Lesben, Schwulen und Angehörigen beschrieben werden;
- Bei der Entwicklung von Qualitätskriterien sollten auch solche Arbeitsbereiche hinsichtlich einer möglichen Relevanz überprüft werden, die nicht direkt mit der beraterischen oder therapeutischen Situation zu tun haben (z.B. Konzeptualisierung von Beratungs- und Therapieangeboten);
- Als obligatorische Arbeitsbereiche oder Unterpunkte eines Qualitätsmanagement-Instruments, für die weitere Qualitätskriterien zu beschreiben sind, sollten eingeführt

werden: Fortbildungen zum Themengebiet gleichgeschlechtliche Lebensweisen sowie Vernetzung und Kooperation mit Beratungsstellen für Lesben, Schwule und deren Angehörige sowie mit anderen Einrichtungen und -Initiativen mit zielgruppenspezifischer Fachlichkeit;

- Bei der Entwicklung der Leitlinien und Qualitätskriterien wird eine Beteiligung von Rat oder Therapie suchenden Lesben und Schwulen, BeraterInnen/TherapeutInnen und externen ExpertInnen (z.B. MitarbeiterInnen von Lesben- und Schwulenberatungsstellen) sowie externen ModeratorInnen empfohlen.

Weitere Anregungen bieten das Standardpapier des MfJFG (2002) und die „Guidelines for Psychotherapy with Lesbian, Gay, & Bisexual Clients" der American Psycological Association (APA, http:\\www.apa.org).

Literatur

Boers, J. & Lask, S. (1998). *Lesbische Initiativen, Vereine und Beratungsangebote: Bestandsaufnahme für Nordrhein-Westfalen.* Hrsg. vom Ministerium für Frauen, Jugend, Familie und Gesundheit des Landes Nordrhein-Westfalen. Düsseldorf.

Chmielorz, M. (2001). Hilfreiche Veränderungen: Selbsthilfe und Professionalisierung in der psychosozialen Beratung für Schwule, Lesben und deren Angehörige. *FachDienst Schwules Netzwerk e.V.*, 1, 4-9.

Dannecker, M. & Reiche, R. (1974). *Der gewöhnliche Homosexuelle.* Frankfurt/ Main.

D'Augelli, A.R. & Patterson, C.J. (1995). *Lesbian, Gay and Bisexual Identities over the Lifespan: Psychological Perspektives.* New York & Oxford.

Erikson, E.H.(1950). *Kindheit und Gesellschaft.* Stuttgart.

Hark, S. (2000). *Neue Chancen – alte Zwänge? Zwischen Heteronormativität und posttraditionaler Vergesellschaftung: Zur sozialen und psychischen Situation lesbischer Mädchen und schwuler Jungen in Nordrhein-Westfalen.* Expertise zum 7. Kinder- und Jugendbericht der Landesregierung Nordrhein-Westfalen. Düsseldorf.

Herriger, N. (1997). *Empowerment in der Sozialen Arbeit: Eine Einführung.* Stuttgart u.a..

Hofsäss, T. (1999). Jugendhilfe und gleichgeschlechtliche Orientierung – ein Problemaufriss. T. Hofsäss (Hg.), *Jugendhilfe und gleichgeschlechtliche Orientierung.* Berlin.

Hubschmid, T. (1996). Psychiatrie und Homosexualität: wann beginnt die Vergangenheitsbewältigung? *Schweizerische Ärztezeitung*, 28, 1184-1185.

Berger, W. et al. (2000). *Lesben – Schwule – Kinder: Eine Analyse zum Forschungsstand.* Hrsg. vom Ministerium für Frauen, Jugend, Familie und Gesundheit des Landes Nordrhein-Westfalen. Düsseldorf.

Kienbaum Management Consultants GmbH (2001). *Psychosoziale Beratung für Lesben, Schwule und deren Angehörige in NRW: Auswertung des Pre-Tests.* Im Auftrag des Ministeriums für Frauen, Jugend, Familie und Gesundheit des Landes Nordrhein-Westfalen. Düsseldorf: unveröffentlichtes Manuskript.

Lautmann, R. (1993). Aktuelle Forschungen im angloamerikanischen Sprachraum. In R. Lautmann (Hg.), *Homosexualität: Handbuch der Theorie- und Forschungsgeschichte.* Frankfurt & New York.

Medigay – Gruppe von Schwulen und Lesben im Gesundheitswesen (1996). Homosexualität und Medizin. *Schweizerische Ärztezeitung*, 47, 1931-1932.

MfJFG - Ministerium für Frauen, Jugend, Familie und Gesundheit des Landes Nordrhein-Westfalen (2000a). *Politik für Lesben und Schwule in Nordrhein-Westfalen: Programm für Gleichstellung und Akzeptanz: Bericht der Landesregierung.* Düsseldorf.

MfJFG - Ministerium für Frauen, Jugend, Familie und Gesundheit des Landes Nordrhein-Westfalen (2000b). *Weiterentwicklung von Fortbildungsangeboten zum Thema "gleichgeschlechtliche Lebensweisen in der Beratung" im Rahmen des Modellprojekts "Psychosoziale Beratung für Lesben, Schwule und deren Angehörige in NRW".* Düsseldorf: unveröffentlichtes Manuskript.

MFJFG - Ministerium für Frauen, Jugend, Familie und Gesundheit des Landes Nordrhein-Westfalen (2002). *Psychosoziale Beratungsarbeit für Lesben, Schwule und deren Angehörige in NRW: Ein Standardpapier für Fachkräfte in der Beratung zu Zielen, Leistungen und Qualitätsmerkmalen.* Düsseldorf.

Oppermann, M. (1999). *Gleichgeschlechtliche Lebensweisen in NRW: Wahrnehmungen, Erfahrungen, Werthaltungen: Eine repräsentative Bevölkerungsumfrage im Auftrag des Ministeriums für Frauen, Jugend, Familie und Gesundheit des Landes Nordrhein-Westfalen.* Düsseldorf.

Specht, F. (1993). Zu den Regeln fachlichen Könnens in der psychosozialen Beratung von Kindern, Jugendlichen und Eltern. *Praxis der Kinderpsychologie und Kinderpsychiatrie, 1,* 113-124.

Stein-Hilbers, M. et al. (1999). *Gewalt gegen lesbische Frauen. Studie über Diskriminierungs- und Gewalterfahrungen.* Hrsg. vom Ministerium für Frauen, Jugend, Familie und Gesundheit des Landes Nordrhein-Westfalen. Düsseldorf.

Zillich, N. (1993): Gegenwärtige Homosexuellenforschung in Deutschland. In R. Lautmann (Hg.), *Homosexualität. Handbuch der Theorie- und Forschungsgeschichte.* Frankfurt & New York.

Jacobs, K. (2003). Nicht bloß in der zweiten Reihe... Zur Alltagswirklichkeit lesbischer sozialer Elternschaft. In M. C. Steffens & M. Ise (Hrsg.), *Jahrbuch Lesben – Schwule – Psychologie*. Lengerich: Pabst.

Nicht bloß in der zweiten Reihe...

Zur Alltagswirklichkeit lesbischer sozialer Elternschaft

Karoline Jacobs

Lesbische Familien betreten neue Wege. Sie gestalten das Zusammenleben mit Kindern in den unterschiedlichsten Konstellationen innerhalb einer sozialen Umgebung, die erst begonnen hat, diese Familienformen wahrzunehmen. Bei genauer Betrachtung rückt dabei der Status der sozialen Mutter ins Blickfeld: Ihr Platz im Familiengefüge ist nicht durch biologische Elternschaft garantiert, die innerfamiliären Rollenveränderungen fordern besonders sie in Krisenzeiten heraus, ihre unsichere Rechtsposition belastet zusätzlich. Der folgende Beitrag – ein Erfahrungsbericht und Thesen – will zum Nachdenken anregen und wurde auf der Grundlage persönlicher Erfahrungen und mit dem Hintergrund der Beratung lesbischer Paare verfasst. „Wenn wir uns entschlossen haben, mit unseren Kindern neue Wege zu gehen, sollten wir aufmerksam und bereits sein, uns in einem ständigen Prozess der Klärung, Aufklärung, Entwicklung und Einflussnahme zu bewegen“.

Unmittelbar nach der Geburt unserer Zwillinge – der Erzeuger ist ein anonymer Spender – war so vieles in Umbruch geraten, wir waren nun eine Zwei-Mütter-Familie. Neben diesem großen Glück erlebte ich auch eine neugeborene Irritation in mir, eine Art Selbstfindung in dieser anderen Situation. Anfänglich fragte ich mich: Wer bin ich in dieser neuen Familienkonstellation, welche Rolle habe ich inne und wird mir zuerkannt, welchen Namen gebe ich mir? Diese Undefiniertheit forderte mich zu eigener Identitätsfindung heraus.

Da schaute ich nun auf den Alltag, meinen Platz und meinen Aufgaben. In Vollzeit war ich außer Haus berufstätig, stellte für die nächsten Jahre den Lebensunterhalt für die Familie sicher; übrigens ohne finanzielle Förderungen, wie sie heterosexuelle privilegierte Familien gewöhnlich erhalten. Meine Partnerin war im Rahmen der Elternzeit zu Hause tätig, ebenso voll und ganz ausgelastet. Zunächst blieb uns wenig Raum und Zeit für die Partnerschaft. Jede gab ihr Bestes, hatte mit sich selbst und den neuen Umständen zu tun, neue Strukturen und Tagesabläufe wurden gestaltet. Ich erlebte die ganze Palette der Erfahrungen, die eine neuer Elternteil macht, auf und ab, mit vielen Gefühlen zwischen Liebe und Erschöpfung.

Merkwürdige Unstimmigkeiten zwischen unserer inneren familiären Dynamik und dem äußeren Prozess in der sozialen Umgebung beschlichen mich. Als ich innehielt, stellte ich fest, was neben meinem eigenen Ärger draußen im Kontext geschah. Zurückblickend hatte ich mein Coming-out zu meiner Zufriedenheit geleistet, vertrat meine lesbische Lebensweise und Familie selbstbewusst nach außen. Doch nun fiel ich zurück und fand mich mit dieser neuen Rolle in einer Grauzone wieder. Meine Frustration mündete in der Tatsache, tags und nachts meine mütterlichen Aufgaben zu erfüllen, dafür jedoch keinen adäquaten Platz im öffentlichen Bewusstsein zu erhalten. Meinen familiären Beitrag musste ich immer wieder erklären und mich dafür anstrengen, als soziale Mutter überhaupt wahrgenommen zu werden. Abgesehen von einigen erfreulichen Erfahrungen unterschied die soziale Umwelt zwischen „der Richtigen“ und „der Anderen“, die Reaktionen auf die biologische Mutter und auf die soziale Mutter waren unterschiedlich. Meine Partnerin erfuhr viel Sympathie und Würdigung: solidarisches Lächeln anderer Mütter auf der Strasse, verzückte Nachbarinnen, stolze Verwandte. Traditionelle Rollenvorstellungen wurden aus Unsicherheit übertragen, eine „wie-heißt-die-noch-Mutter“ kam darin nicht vor, Vergleiche mit der Rolle von Tante bis Kindesvater schlugen fehl, ich erlebte eine äußerliche Nicht-Existenz.

In unserem privaten Familienalltag spiegelte sich diese Diskrepanz wider. Die ambivalente Erfahrung von einerseits Aufwertung und andererseits fehlender Anerkennung zwischen uns beiden Müttern veränderte das Beziehungsgefüge und hatte zu Beginn der Familie einen trennenden und konfliktträchtigen Charakter. Da ist neben den vielfältigen Lernprozessen im Zusammenleben mit den Kindern auch Zusammenhalt und Verstehen zwischen den Partnerinnen angesagt. Das öffentliche Bewusstsein und die Rechtslage grenzen auch heute noch soziale Eltern in gleichgeschlechtlichen Partnerschaften weitestgehend aus, statt deren Integration zu unterstützen; noch endet hier der Schutz des Staates. Dies alles im Außen hat Auswirkungen auf das Innenverhältnis im Familiensystem.

Was ist zu tun? In der Geschichte mit unseren Kindern weiß ich ohne Zweifel um meinen Platz, den ich legitimiert auch nach außen einnehmen möchte; nicht zuletzt in der Verantwortung für die Kinder, die eben auch auf die Rechtssicherheit ihrer emotionalen Bindungen angewiesen sind. Viele alltägliche Herausforderungen fanden bereits statt und werden noch folgen: Kindergarten, Schule, Vereine usw. Mit der Zeit ist Routine eingekehrt in den Erklärungen und Gesprächen; Hilfestellungen konnten gegeben und nützliche Strategien entwickelt werden. Neben diesen familiären Bewältigungsprozessen müssen weitere rechtliche Konsequenzen der Realität angepasst werden, nämlich der sich ausbreitenden Entwicklung verschiedenster Familienkonstellationen, die sich bewähren werden.

Thesen

1. Familienmodelle

Anders als in heterosexuellen Familien können gleichgeschlechtliche Paare mit Kindern auf keine Tradition zurückblicken. Die verschiedenen lesbischen Familienbilder, deren Zusammensetzungen und Elternpositionen, sind Neuland. Die Gestaltung von neuen Familienmodellen setzt einerseits kreative und emanzipatorische Energien frei, andererseits ist sie großen Belastungen ausgesetzt durch rechtliche, ökonomische und soziale Ungleichheiten im Vergleich mit herkömmlichen Familien. Dies hat auch Einfluss auf das Familiensystem und beeinträchtigt die Stabilität. In lesbischen Familien besteht ein hoher Anspruch und Spannungsbogen, innerhalb der Familie den jeweiligen Bedürfnissen der Beteiligten gerecht zu werden und den Erwartungen von außen Stand zu halten. Das soziale Umfeld reagiert häufig mit Irritation und wendet traditionelles Rollendenken an. Aufklärung, Information und offenes Auftreten dienen der Verständigung und fördern das Coming-out. Gesetze unterstützen das Umdenken und schaffen Bewusstsein.

2. Platz in der Familie

Die soziale Mutter steht besonders in dem Spannungsfeld und hat einen ungünstigen Platz in der Familienkonstellation inne. Es werden Erziehungsarbeit, Elternverantwortung und die Sicherung des Lebensunterhaltes übernommen, häufig, ohne dass verwandtschaftliche Beziehungen bestehen. In ihrer Selbstwahrnehmung und mit ihren Aufgaben innerhalb der Familie erlebt sich die soziale Mutter anders als sie von außen wahrgenommen – vor allem nicht wahrgenommen! – wird, sie ist weder anerkannt noch abgesichert, hat eine rechtlose bzw. rechtlich nur unzureichend gefestigte Position. Diese Diskrepanz kann mit Unsicherheiten und Zweifeln an dieser neuen Elternidentität verbunden sein. In der Regel muss sie sich ihren Platz, für den es keine Vorbilder gibt, „erarbeiten" und ist dabei auch auf das Zusammenwirken mit ihrer Partnerin angewiesen. Die soziale Mutter ist herausgefordert, ihre Rolle sichtbar einzunehmen und sich für die Stärkung ihrer Rechte einzusetzen. Beispielsweise wird der eigene Status auch in der Begrifflichkeit vermittelt: die „nicht biologische Mutter" mit negativer Definition, die „Co-Mutter" in zweitrangiger Stellung oder die „soziale Mutter" mit Selbstwert-Qualität.

3. Krisenpotential

In vielen lesbischen Partnerschaften hat das Gleichheitsprinzip einen wichtigen Wert, weshalb die Zufriedenheit mit der eingenommen Rolle aus der Gleichwertigkeit in der Beziehung abgeleitet wird. Elternschaft bedeutet Umbruch im Leben und bewirkt in der Regel gravierende Veränderungen und einen großen Anpassungsdruck für die gesamte Familie. In der Frühphase der familiären Entwicklung erhöht sich das Konfliktrisiko für lesbische Familien durch neu erlebte Unterschiede im Beziehungsgefüge der Eltern. Die biologische Mutter erfährt in ihrer neuen Rolle Aufwertung, wogegen die soziale Mutter mit fehlender Anerkennung konfrontiert ist. Es entsteht ein Gefälle in der Machtverteilung und Hierarchie, was Abhängigkeits-, Konkurrenz- und Ausgrenzungserfahrungen begünstigt. Da traditionelle Rollenvorstellungen nicht zu übertragen sind, ist vielmehr ein mühsamer Aushandlungsprozess erforderlich, wie sich die lesbische Familie nach innen und außen organisieren will, wie die verschiedenen Elternrollen zu gestalten sind. Die Akzeptanz der Verschiedenheit stellt dabei eine wichtige Grundlage dar für ein erfolgreiches gemeinsames Konzept mit gegenseitiger Wertschätzung und letztlich auch für ein eigenständiges positives Selbstverständnis der sozialen Mutter.

4. Rechtsunsicherheit

Familienrechtliche Regelungen haben auch die Aufgabe, die emotionalen Bindungen zwischen dem Kind und seinen Bezugspersonen rechtlich abzusichern. Die Orientierung am Kindeswohl nimmt einen zentralen Stellenwert ein. Das Lebenspartnerschaftsgesetz (LPartG) enthält als familienrechtliches Institut auch kindschaftsrechtliche Regelungen (kleines Sorgerecht, Besuchsrecht, Verbleibensanordnung) mit Auswirkungen auf die Lebenspartnerin oder den Lebenspartner des biologischen Elternteils. Dies stellt einen Anfang dar, die soziale Mutter mit Rechten zu berücksichtigen, diese mit dem Stiefelternteil gleichzustellen. Weiterhin bestehen Benachteiligungen, z. B. durch den Ausschluss der gemeinsamen Adoption bzw. Stiefkindadoption und dadurch, dass der Gesetzgeber den Begriff der Elternschaft nur auf den biologischen Elternteil bezieht. Es besteht noch erheblicher Handlungs- und Reformbedarf. Die gesetzliche Anerkennung gemeinsamer Elternschaft ist wichtig, um der gemeinsamen elterlichen Verantwortung in den Außenbeziehungen der Familien zum Ausdruck zu verhelfen und um sie auch innerhalb der Familie zu stärken; die soziale Mutter in ihrem Status zu festigen und nicht zuletzt auch die Beziehung des Kindes zu diesem Elternteil abzusichern.

Philipp, I. (2003). Kinder in Regenbogenfamilien. Erfahrungsberichte. In M. C. Steffens & M. Ise (Hrsg.), *Jahrbuch Lesben – Schwule – Psychologie*. Lengerich: Pabst.

Kinder in Regenbogenfamilien

Erfahrungsberichte

Ina Philipp

In Deutschland existieren viele Regenbogenfamilien, die häufig von der Umwelt gar nicht als solche identifiziert werden. Die meisten Kinder werden innerhalb einer dem Coming-out vorhergehenden heterosexuellen Partnerschaft geboren. In diesem Kapitel werden die Geschichten von vier Töchtern und einem Sohn lesbischer Mütter erzählt. Vier der Kinder wurden in einer heterosexuellen Beziehung geboren, eines wurde mittels Samenspende eines Freundes der lesbischen Mutter gezeugt. Die interviewten Mädchen berichten insgesamt von wenigen Problemen. Sie haben Freundinnen von ihrer Familienform erzählt, in anderen Bereichen wie der Schule erzählen sie nicht, dass ihre Mutter lesbisch ist, da sie Hänseleien von Mitschülerinnen und vor allem Mitschülern befürchten. Durch diese selbst gewählte Auswahl von Vertrauenspersonen schaffen sich die Kinder einen Schutzraum, in dem sie sich sicher fühlen. Größere Probleme zeigt der befragte Junge. Er hat Schwierigkeiten in der Schule, berichtet von Hänseleien und wünscht sich manchmal, dass alles wieder so wird, wie es vor der Trennung der Eltern war. Insgesamt decken sich die Berichte mit den Ergebnissen anderer Untersuchungen, in denen Kinder Homosexueller befragt wurden. Meist berichten die Kinder von Schwierigkeiten und mangelnder Aufklärung in ihrem Umfeld, vor allem in der Schule.

Nicht nur die Familienforschung, auch die gesellschaftliche Vorstellung geht in der Regel davon aus, dass Paare, die mit Kindern leben, oder Alleinerziehende, die Kinder großziehen, heterosexuell sind. In keinem Bereich wird Heterosexualität so selbstverständlich vorausgesetzt wie in Familie und Elternschaft. Nicht nur Töchter und Söhne werden gewöhnlich für heterosexuell gehalten, vor allem von Müttern und Vätern werden heterosexuelle Werte, entsprechendes Verhalten und entsprechende Erziehung erwartet. Aus dieser Sicht scheinen Homosexuelle, die Nachwuchs haben, nicht zu existieren (Patterson 1995). Zwei gleichgeschlechtliche Erwachsene, die gemeinsam mit einem oder mehreren Kindern zusammen leben, werden in der Regel nicht als Familie identifiziert.

Dennoch gibt es zahlreiche Regenbogenfamilien. Die allermeisten in Deutschland lebenden Kinder Homosexueller wurden in einer vorhergehenden heterosexuellen Partnerschaft gezeugt. Aber auch immer mehr Schwule und vor allem Lesben entscheiden sich inzwischen dafür, innerhalb einer homosexuellen Partnerschaft ein Kind zu bekommen. Natürlich unterscheiden sich Regenbogenfamilien auch noch in anderen Bereichen als darin, ob der homosexuelle Elternteil vor seinem oder ihrem Coming-out oder danach Kinder bekommen hat. Die Familien differieren in ihrem Einkommen, ihrer Erziehung, ihrer ethnischen Zugehörigkeit, ihrer Kultur, ihrer Umgebung und ihrer Lebensform. Ein schwules berufstätiges Paar, dessen Kind eine Leihmutter geboren hat, verfügt über eine andere Familienerfahrung als eine allein erziehende Mutter von drei Kindern, die zum ersten Mal beginnt, außerhalb ihres Haushaltes zu arbeiten. Ein allein erziehender schwuler Vater mit einem Adoptivkind, der in einer städtischen Umgebung wohnt, in der noch andere homosexuelle Familien leben, hat ein anderes Umfeld zur Verfügung als ein lesbisches Paar, das in einer ländlichen Umgebung, relativ isoliert von anderen homosexuellen Eltern, mit seinen zwei Kleinkindern lebt. Diese Differenzen führen zweifellos zu Unterschieden in der Lebensqualität homosexueller Familien (Patterson, 1995).

Regenbogenfamilien sind ebenso facettenreich wie alle anderen Familienformen auch. Auch in heterosexuellen Familien gibt es neben der das Ideal verkörpernden Kleinfamilie allein erziehende Mütter und Väter, Kinder, die bei Großeltern aufwachsen, in Wohngemeinschaften oder in Kinderkrippe und Hort ihre Zeit verbringen, Familien mit zwei berufstätigen Eltern, arbeitslosen Eltern, Familien mit Hausfrau oder -mann, die in der Stadt, auf dem Land oder in einem Vorort leben, und sämtliche anderen möglichen Variationen.

In diesem Kapitel sollen einzelne Geschichten von Kindern lesbischer Mütter erzählt werden. Hierzu wurden sowohl mit den Kindern als auch mit den Müttern Gespräche geführt (vgl. Philipp, 1999). Alle Namen wurden geändert.

Laura (11 Jahre) und Mutter Miriam

Laura hat zum ersten Mal von einer Freundin auf dem Spielplatz von Homosexualität gehört. Damals waren ihr Schwule und Lesben fremd und sie fand sie „irgendwie eklig". Heute ist ihr diese Haltung manchmal peinlich. Als Miriam ihr nach der Trennung von Lauras Vater erzählte, dass sie lesbisch ist, war das Laura – damals sieben Jahre alt – ziemlich egal. In der Schule war sie zunächst stolz darauf, dass ihre Mutter etwas „Besonderes" ist, inzwischen ist sie manchmal genervt von der Offensivität ihrer Mutter (Lesbenzeichen am Auto, redet nur von Frauen), und sie beginnt, auch im Zusammenhang mit dem Beginn ihrer Pubertät, sich von beiden Eltern abzugrenzen.

Laura lebt auf ihren eigenen Wunsch abwechselnd eine Woche bei ihrem Vater und eine Woche bei ihrem kleinen Bruder und ihrer Mutter, die auch das Sorgerecht für Laura hat. Sie versteht sich mit beiden Eltern gut und ist zufrieden mit der aktuellen Situation. Der Kontakt zwischen den Eltern ist zwar momentan auf Organisatorisches reduziert, verbessert sich aber allmählich.

Ihre Eltern hatten einige Jahre eine Partnerschaft, bei ihrer Trennung war Laura sieben Jahre alt - „..dann wurde Mama lesbisch". Miriam ist bereits seit mehr als 20 Jahren homosexuell, lebt aber erst seit vier Jahren lesbisch. Inzwischen lebt sie in ihrem eigenen Umfeld offen, im Lebensraum der Kinder nimmt sie Rücksicht auf deren Wünsche (z.B. in der Schule ist die Partnerin nicht bei Elternabenden dabei). Die Reaktionen ihres Umfeldes auf ihre Homosexualität beschreibt sie zum großen Teil als positiv, und auch von sich selbst berichtet sie, dass sie zu Beginn ihres Coming-out sehr stolz war und allen wichtigen und unwichtigen Personen von ihrer Homosexualität erzählte. Die Familie erfährt Unterstützung vor allem von Freundinnen von Miriam und von ihrer Mutter. Laura versteht sich mit Miriams Freundin sehr gut, sagt über sie: „Ich hab sie lieb", und die beiden unternehmen auch mal etwas alleine, ohne Miriam.

Laura hat ihren Freundinnen – außer denen in der Schule – erzählt, dass ihre Mutter lesbisch ist. Die anderen Mädchen haben darauf keine erwähnenswerte Reaktion gezeigt. In der Schule hat sie Angst davor, dass die Mitschüler/innen – vor allem die Jungen – darüber lästern könnten. Sie fühlt sich dort dennoch wohl, mag ihre Mitschüler und glaubt, dass diese sie auch mögen. Sie kennt außerdem einige Kinder, die ebenfalls einen schwulen oder lesbischen Elternteil haben. Laura ist gerne mit ihnen zusammen, aber auch dort ist die Homosexualität ihrer Eltern kein besonders wichtiges Thema. Am interessantesten dabei sind für die Kinder und Jugendlichen noch die Sexualpraktiken von Schwulen und Lesben im allgemeinen. Laura spricht am liebsten mit einer lesbischen Freundin von Miriam über ihre Familienform und die Partnerschaft ihrer Mutter. Aber auch mit ihren Freundinnen und beiden Eltern redet sie manchmal über Lesben und Schwule. Insgesamt scheint die Homosexualität ihrer Mutter für Laura kein allzu wichtiges Thema zu sein. Bei der Frage, was sich ändern sollte (gesellschaftlich, politisch etc.) spielt Miriams Homosexualität und ihre gesellschaftlichen und rechtlichen Konsequenzen keine Rolle, vielmehr fordert Laura, Walfang, Tierversuche und Kriege abzuschaffen.

Christin (15 Jahre) und Mutter Stefanie

Christin lebt abwechselnd eine Woche bei ihrer Mutter Stefanie und eine Woche bei ihrem Vater; die Eltern teilen sich das Sorgerecht. Bisher hatte Christin ein sehr gutes Verhältnis zu ihrem

Vater, momentan treten allerdings große Probleme auf. Ihr Vater reagiert auf pubertäre Schwierigkeiten immer häufiger mit gewaltsamen Aktionen (Schreien, Schubsen, Ohrfeige), so dass sich Christin im Moment wünscht, ganz bei ihrer Mutter zu leben. Es ist zwar auch die Beziehung zwischen Christin und Stefanie und ihrer Partnerin etwas angespannt, aber es kommt immer wieder zu einem Gespräch.

Das Verhältnis zwischen Stefanie und dem Vater von Christin ist dagegen recht gut, Stefanies Ex-Freund ist interessiert an ihrer Lebensform und hätte gerne noch engeren Kontakt. Die beiden waren sechs Jahre zusammen, bei ihrer Trennung war Christin drei Jahre alt. Stefanie lebt nur zum Teil offen lesbisch. Ihre Herkunftsfamilie und die Nachbarn wissen nichts von ihrer Lebensform. Die Familie ihrer Freundin, aber auch die ihres Ex-Freundes, reagieren positiv auf ihre Homosexualität und unterstützen die Familie. Weitere Hilfe erhalten sie von Freundinnen, einer Lesben-Mütter-Gruppe und Kolleginnen der beiden Frauen. Es existiert damit ein großes soziales Netz für die Familie. Stefanie berichtet, dass Probleme vor allem mit den Nachbarn und der rechtlichen Situation entstehen.

Christins Freunde und Freundinnen sollen nicht wissen, dass ihre Mutter lesbisch ist. Sie hat ihrer besten Freundin davon erzählt, aber in der Schule und vor anderen Freundinnen möchte sie nichts davon erzählen. Da in der Schule immer wieder blöde Witze über Schwule und Lesben gemacht werden, hat Christin Angst davor, dass auch über ihre Familie und sie „peinliche Sprüche" gemacht werden. Trotzdem fühlt sie sich in der Schule wohl und ist dort beliebt. Wenn sie Freundinnen mit nach Hause bringt, versuchen Stefanie und ihre Freundin zwar nicht, ihre Homosexualität zu verstecken, sie vermeiden jedoch offene Zärtlichkeiten und andere Verhaltensweisen, die auf ihre Beziehung hinweisen könnten.

Als Christin erfuhr, dass Stefanie lesbisch ist, war sie fünf Jahre alt. Zunächst war ihr die Lebensform ihrer Mutter völlig egal, erst seit sie etwa zehn Jahre alt ist, versucht sie immer öfter, ihre Familienform zu verbergen. Christin kennt kaum andere Kinder, die einen schwulen oder lesbischen Elternteil haben; wenn sie Kontakt zu ihnen hat, dann nur sporadisch und zufällig. Die einzigen Schwulen und Lesben, die sie kennt, sind die Freunde und Bekannten ihrer Mutter.

Christin ist es vor ihren Freunden und in der Schule unangenehm zu erzählen, dass ihre Mutter lesbisch ist. Sie rechnet mit Hänseleien und im weitesten mit Diskriminierungen, wenn sie ihre Mutter „outet". Dennoch hat sie einen Weg gefunden, mit der Lebensform ihrer Mutter umzugehen, indem sie nur Personen davon erzählt, die sie selbst ausgesucht hat. Sie fühlt sich wohl und ist beliebt. Ihr großer Wunsch ist es, „dass Homosexualität von allen akzeptiert wird". Möglicherweise würden dann auch andere offen lesbisch oder schwul leben, und sie würde vielleicht auch Lesben und Schwule in ihrem Alter kennen. Dann könnte wohl auch sie offen zu ihrer Familienform stehen.

Michael (11 Jahre) und Mutter Simone

Michael lebt mit seiner Schwester, seiner Mutter Simone, die auch das Sorgerecht für die beiden Kinder hat, und deren Freundin zusammen. Er hat keinen Kontakt mehr zu seinem Vater (aus verschiedenen Gründen ist gerichtlich das Besuchsrecht ausgeschlossen), würde ihn aber gerne regelmäßig sehen. Simone war mit Michaels Vater zehn Jahre verheiratet, bei der Scheidung war Michael sechs Jahre alt. Sein Vater reagierte auf die Homosexualität von Simone verletzt und rachsüchtig, so dass er bei der Scheidung vor Gericht ständig versuchte, ihre Homosexualität gegen sie zu verwenden.

Simone lebt ihre Homosexualität inzwischen völlig offen ihrem gesamten Umfeld gegenüber, lediglich entfernte Bekannte und Verwandte wissen (noch) nichts davon. Die Reaktionen ihres Umfeldes reichten von positiv-unterstützend bis ablehnend. Moralische Unterstützung erfährt die Familie in erster Linie von lesbischen Freundinnen von Simone.

Michael hat einigen Freunden von der Lebensform seiner Mutter erzählt, vor Klassenkameraden und Lehrern versucht er sie jedoch geheim zu halten. In der Schule reagierten Lehrerinnen meist positiv, Lehrer eher verhalten auf Simones Coming-out. Michael erzählt von Neckereien und Hänseleien und dass er ausgelacht wurde, als er von der Homosexualität seiner Mutter erzählte „... manche haben es aber verstanden". Simone bemerkt in erster Linie Mitleid als Reaktion auf ihren Sohn im Zusammenhang mit ihrer Homosexualität. Michael möchte den Eltern seiner Freunde nicht erzählen, dass seine Mutter lesbisch ist, weil er denkt, sie mögen ihn nicht. Auch in der Schule fühlt er sich nur manchmal wohl, und er mag es nicht, wenn andere Kinder mit zu ihm nach Hause kommen, denn auch dann wird das Familienleben zumindest nicht aktiv verheimlicht. Simone hat viele befreundete lesbische Paare mit Kindern. Michael sucht den Kontakt zu diesen Kindern, er verhält sich dort nach Ansicht seiner Mutter unbeschwerter und spricht mit ihnen auch häufig über Simones Homosexualität.

Michael war acht Jahre alt, als ihm seine Mutter erklärte, dass sie lesbisch ist. Zunächst war er irritiert, dann – beeinflusst durch die Ansichten und Schauergeschichten seines Vaters – war er verängstigt. Seine Beziehung zu Simone ist sehr innig und gut, er erzählt ihr viel. Sein Verhältnis zu Simones Freundin dagegen ist konfliktreich. Manchmal verstehen sie sich gut, oft auch nicht. Michael erzählt: „Manchmal bin ich so sauer, dann denke ich, Mama soll sich von ihrer Freundin trennen", denn „vorher, als mein Vater da war, war Mama immer bei uns."

Maria (7 Jahre) und Mutter Angelika

Maria lebt bei ihrer Mutter Angelika und deren Freundin. Ihren Vater kennt sie nicht und sie hat auch nicht das Bedürfnis, ihn zu sehen. Angelika war zwölf Jahre lang mit Marias Vater verheiratet, Maria war bei ihrer Scheidung drei Jahre alt. Angelikas Ex-Mann reagierte sehr negativ, als er erfuhr, dass Angelika lesbisch ist. Seit der Scheidung hat die Familie daher auch keinen Kontakt mehr zu ihm. Angelika lebt ihre Homosexualität völlig offen, es gibt keinen Bereich in ihrem Leben, in dem sie ihre Lebensform verbergen möchte. Sie berichtet von positiven, aber auch von verhaltenen Reaktionen auf ihre Homosexualität.

Maria ist mit der Homosexualität ihrer Mutter aufgewachsen und identifiziert sich vollständig mit der lesbischen Familienform. Sie hat eine liebevolle und vertrauensvolle Beziehung zu Angelikas Freundin, sie mag sie „ganz doll", und die beiden unternehmen auch mal etwas ohne Angelika. Die Familie hat häufig Kontakt zu anderen lesbischen Müttern mit Kindern. Maria mag die Kinder, sucht aber nicht aktiv den Kontakt zu ihnen und verhält sich dort auch nicht anders als sonst. Maria hat allen um sie herum von der Lebensform ihrer Mutter erzählt und berichtet ausnahmslos von sehr positiven und interessierten Reaktionen aus ihrem Umfeld. Sie erzählt auch, dass sie sehr stolz ist und die anderen neidisch sind auf ihre Mütter.

Caroline (12 Jahre) und Mutter Louise

Caroline lebt bei ihrer Mutter zusammen mit Louises Freundin und deren Sohn. Sie hat ab und zu Kontakt zu ihrem Vater, mit dem sie sich sehr gut versteht. Sie würde ihn gerne häufiger sehen, da er in einer anderen Stadt lebt, ist das aber nicht möglich. Louise hat mit Carolines Vater keine Beziehung gehabt, er ist ein Freund der Familie und sie bezeichnet ihn als „Samenspender".

Louise weiß bereits seit zwölf Jahren, dass sie homosexuell ist, seit elf Jahren lebt sie offen lesbisch und genießt das sehr. Negativ empfand sie bei ihrem Coming-out vor allem die Reaktionen der Lesbenwelt auf die Tatsache, dass sie als Lesbe ein Kind hat. Außerdem bereitet ihr und ihrer Tochter die mehr oder weniger versteckte Lesbenfeindlichkeit in der Schule von Caroline Schwierigkeiten.

Caroline ist mit der Homosexualität ihrer Mutter aufgewachsen und war als Kleinkind sehr stolz darauf. Inzwischen – auch bedingt durch die beginnende Pubertät – steht sie dem etwas verhaltener gegenüber, verhält sich aber immer völlig solidarisch. Caroline hat ihren besten Freundinnen von ihrer Familienform erzählt, die darauf sehr positiv reagiert haben.

Auch Louise berichtet von positiven Reaktionen, die sie auf ihre Tochter bemerkt. Mit ihren Freundinnen spricht Caroline über ihre Mutter und deren Lebensform. Ansonsten hat sie bisher mit niemandem darüber gesprochen, auch in der Schule nicht. Die Familie kennt viele andere lesbische Paare mit Kindern, mit denen sie sich auch häufig treffen. Caroline fühlt sich bei diesen Treffen immer sehr wohl und tauscht sich gerne mit den Kindern aus. Carolines Beziehung zu Louises Freundin ist sehr gut und liebevoll: „Ich verstehe mich gut mit meinen Müttern."

Resümee

Die vier Mädchen, die hier von ihrem Familienleben und ihren Erfahrungen erzählen, scheinen mit ihrer Familienform zufrieden zu sein und haben Mittel und Wege gefunden, mit ihrer außergewöhnlichen Lebensform umzugehen. Sie berichten von vielen positiven Reaktionen in ihrem Umfeld, und es scheint, als wäre die Tatsache, dass ihre Mutter mit einer Frau zusammenlebt, in ihrem Alltag eher nebensächlich. Außerdem zeigen sich die Mädchen alle solidarisch mit ihren Müttern, auch wenn sie selbst nicht unbedingt so leben wollen. Die Kinder und Jugendlichen erzählen nur Personen, die sie selbst ausgewählt haben, von der Homosexualität ihrer Mutter. In Bereichen, in denen sie Angst vor den Reaktionen ihrer Umwelt haben, verschweigen sie ihre Familienkonstellation. So schaffen sie sich einen Schutzraum, der sie davor bewahrt, zur Angriffsfläche für ihr Umfeld zu werden. Zu dem Schutzraum gehört bei einigen auch, dass sie sich mit Gleichgesinnten – also anderen Kindern homosexueller Eltern – austauschen. Solche Verbindungen von Müttern und Kindern in der gleichen Situation scheinen auf die Kinder positiv zu wirken. Gemeinsam haben die Mädchen, dass sie als kleinere Kinder die Lebensform ihrer Mutter als selbstverständlich erachtet haben und auch stolz darauf gewesen sind. Mit dem Beginn der Pubertät reagieren sie verhaltener und versuchen seither eher, einigen Personen nichts von der Homosexualität ihrer Mutter zu erzählen.

Michael – der einzige Junge – zeigt größere Schwierigkeiten, damit umzugehen, dass seine Mutter lesbisch ist. Er berichtet von negativen Reaktionen seiner Mitschüler und hat mit der Freundin seiner Mutter eine konfliktreiche Beziehung. Manchmal wünscht er sich, dass alles wieder so ist, wie es früher war, als sein Vater noch bei der Familie gelebt hat. Michaels aktuelle Probleme können sehr viele verschiedene Gründe haben. Einer dieser Gründe könnte sein, dass er bei der Trennung seiner Eltern schon relativ alt war, nämlich sechs Jahre. Er lebte also länger in einer heterosexuellen Familie als die anderen Kinder. Er könnte sich bereits mit dem heterosexuellen Familienbild identifiziert haben, so dass ihm nicht nur die Trennung seiner Eltern und die daraus resultierende Trennung von seinem Vater, sondern auch die Umstellung auf eine lesbische Familie und dadurch die Homosexualität der Mutter zu schaffen machte. Möglicherweise macht er die lesbische Beziehung seiner Mutter dafür verantwortlich, dass seine Mutter jetzt arbeiten muss und nicht mehr den ganzen Tag zu Hause ist.

Die Berichte der Kinder decken sich mit denen anderer Untersuchungen, die mit Kindern Homosexueller durchgeführt wurden. In der Regel haben die Kinder wenig Schwierigkeiten mit der Homosexualität ihres Vaters oder ihrer Mutter. Sie zeigen eine normale kognitive und psychosoziale Entwicklung. Die Kinder sind meistens sehr solidarisch und haben innerhalb der Familie keine Probleme mit der ungewöhnlichen Lebensform (Philipp, 1999). Fast alle befragten Kinder und Jugendlichen berichten jedoch von Schwierigkeiten und mangelnder Aufklärung in ihrem Umfeld, vor allem in der Schule. Im Unterricht wird Homosexualität nicht thematisiert und die Jugendlichen müssen oft ihre Mitschüler/innen und Freund/innen darüber „aufklären". Dabei wünschen sie sich, dass sie von ihren Eltern mehr unterstützt werden, und ärgern sich über die Feigheit ihrer Eltern. Sie fordern, dass das Privatleben jedes Menschen akzeptiert wird und dass man überall und mit jedem über Schwule und Lesben reden kann (Kämper & Lähnemann, 2001).

Literatur

Kämper, G. & Lähnemann, L. (2001). *Regenbogenfamilien. Wenn Eltern lesbisch, schwul, trans- oder bisexuell sind.* Senatsverwaltung für Schule, Jugend und Sport; Senatsverwaltung für Arbeit, Soziales und Frauen, Oktober-Druck Berlin.

Patterson, C. J. (1995). Lesbian mothers, gay fathers, and their children. In A. D'Augelli & C. J. Patterson (Eds.), *Lesbian, gay and bisexual identities over the lifespan.* New York: Oxford University Press.

Philipp, I. (1999). *Partnerschaft und Elternschaft in homosexuellen Familien.* Unveröffentlichte Diplomarbeit.

Steffens, M. C. & Thompson, E. M. (2003). „Du hast ja Glück: Zwei Mamis!“ oder „Aber die Kinder…“? Ergebnisse psychosozialer Forschung zu Regenbogenfamilien. In M. C. Steffens & M. Ise (Hrsg.), *Jahrbuch Lesben – Schwule – Psychologie*. Lengerich: Pabst.

„Du hast ja Glück: Zwei Mamis!“ oder „Aber die Kinder…“?

Ergebnisse psychosozialer Forschung zu Regenbogenfamilien

Melanie Caroline Steffens & Erin Marie Thompson

Es wird ein Überblick über (größtenteils amerikanische) Forschungsarbeiten zu Regenbogenfamilien gegeben. Dabei dominiert die Frage nach den Entwicklungsbedingungen der Kinder. Sowohl deren Geschlechtsidentität als auch ihre sexuelle Orientierung ist „unauffällig“, außer dass wenig Einschränkung durch Zwangsheterosexualität wahrgenommen wird. Die Geschlechtsrollenentwicklung ist teilweise weniger traditionell geprägt als bei anderen Kindern, was wir jedoch auf andere Faktoren als die sexuelle Orientierung der Eltern zurückführen. Das Coming-out der Eltern sowie gelegentliche Diskriminierungserfahrungen scheinen bei stabilen und guten Familienbeziehungen recht leicht zu verarbeiten zu sein. In Bezug auf ihre Fähigkeiten als Eltern schneiden sowohl Lesbenpaare als auch Schwulenpaare besonders gut ab, so dass wir – wie andere – schließen, dass Lesben und Schwule Kindern wunderbare Familien bieten können.[4]

---

[4] Dieses Kapitel beruht auf einem gleichnamigen Vortrag auf dem Seminar „Kunterbunt: Regenbogenfamilien. Vielfältige Lebensformen von Lesben, Schwulen, Kindern“, Evangelische Akademie Bad Boll, 12.-14. Juli 2002. Wir danken Petra Jelenec für hilfreiche Kommentare zu einer früheren Version dieses Kapitels.

Die erste naive Frage, die man zum Thema „Regenbogenfamilien" stellen könnte, ist: Wie muss man sich eine lesbische Mutter vorstellen? Einen schwulen Vater? Die Antwort wäre nicht sehr befriedigend: *Die* lesbische Mutter oder *den* schwulen Vater gibt es nicht. Wie auch in der modernen heterosexuellen Familie sind alle erdenkliche Formen und Variationen vertreten; das heißt, die Vielfalt der Eltern und der Familienmodelle entspricht bereits der Bandbreite, die der Begriff „Regenbogenfamilien" widerspiegelt. In Folge der unterschiedlichen Ausgangspositionen von Regenbogenfamilien – zum Beispiel Kinder aus früheren Beziehungen, Pflegekinder, oder gemeinsam durch Samenspender oder Leihmutter erzeugte Kinder – gibt es nicht *die eine* Konstellation. Die meisten Kinder, die mit Lesben oder Schwulen aufwachsen, stammen aus vorherigen heterosexuellen Beziehungen (Patterson, 1995). Dann kann die Partnerin der Mutter beispielsweise als eine Art erwachsene Freundin, Tante oder große Schwester angesehen werden (Kirkpatrick, 1996). So unterscheidet Wright (1998) zwischen Mit-Elternteil, Stiefmutter und gleichgestellter Mutter. Die Familien passen erst recht nicht mehr in eine einzige Schublade, wenn es zusätzlich Stiefgeschwister gibt.

Über viele Kinder in Regenbogenfamilien lässt sich sicherlich sagen, dass sie sich in einer Hinsicht von „Durchschnittskindern" unterscheiden: Sie sind sehr gewollt (Patterson, 1994). So sehr, dass beispielsweise eine Lesbe oder ein Schwuler heterosexuell gelebt hat, bis sie die Kinder bekamen, auf die sie in ihrem Lebensentwurf keinesfalls verzichten wollten (Bigner & Bozett, 1989). Erst dann haben sie begonnen, ihr inneres Coming-out zu haben und diese heterosexuellen Zusammenhänge zu verlassen. Oder Kinder zu haben war ein so starker Wunsch eines Lesbenpaares, dass es keine Mühen scheute, jahrelang Samenspender zu suchen und alle erdenklichen Schwierigkeiten auf sich zu nehmen, um diesen Wunsch zu erfüllen. Es leuchtet ein, dass die Mühen, ein Kind zu bekommen, für Schwule, die Vater werden wollen, noch deutlich größer sind (Stacey & Biblarz, 2001).

Wenn ein lesbisches Paar sich entscheidet, seinen Kinderwunsch zu erfüllen, gleicht ihre Situation der eines nicht-zeugungsfähigen heterosexuellen Paares. Sie planen die Schwangerschaft und alles folgende oft über mehrere Jahre (Kirkpatrick, 1996). Mehr und mehr lesbische Paare entscheiden sich für künstliche Befruchtung von bekannten oder unbekannten Spendern. Aber auch einzelne Lesben verwirklichen sich ihren Kinderwunsch, und neben der eigenen Schwangerschaft gibt es die Optionen der Adoption (durch eine Einzelperson) und Pflegschaft. Andererseits sind der Größe des *Regenbogenpatchworkfamiliennetzes* keine Grenzen gesetzt, beispielsweise können sich lesbische und schwule Paare gemeinsam entscheiden, sich ihren Kinderwunsch – und damit gleichzeitig den nicht zu unterschätzenden Wunsch nach gelegentlicher kinderfreier Zeit! – zu erfüllen. Regenbogenkinder haben ein weiteres Konzept von „Familie" als andere Kinder, jenseits von

Biologie und Wohnung. Das Primat für Familienzugehörigkeit ist zunächst: „Wer versorgt mich?", später erst finden biologische Faktoren Berücksichtigung (Mulholland, 1997).[5]

Erste Forschungen zu Regenbogenfamilien sind in einer ganz praktischen Frage begründet: Der Frage des Sorgerechts bei Trennungen. Das Sorgerecht für Scheidungskinder wird, zumindest in den USA, immer noch lesbischen Müttern aufgrund von „wissenschaftlichen" Studien zweifelhafter Qualität (z.B. von Wardle, 1997 oder Cameron, 1996, in Stacey & Biblarz, 2001) aberkannt – schwulen Vätern erst recht. Tasker und Golombok (1991) nach gibt es drei zweifelhafte Gründe dafür, warum Homosexuellen das Sorgerecht aberkannt wird: (1) Die Ansicht, die vermeintlich gestörte psychische Gesundheit Homosexueller zeige sich in emotionalen und Verhaltensproblemen, (2) ein angeblich gestörtes Geschlechtsrollenverhalten Homosexueller – besteht nicht die Gefahr, dass die Kinder selbst lesbisch oder schwul werden? Schadet die vermeintlich sexualisierte Atmosphäre in schwulen oder lesbischen Haushalten den Kindern nicht? Besteht gar eine erhöhte Gefahr sexuellen Missbrauchs? Oder die Gefahr des Verlusts der Eltern durch AIDS, Drogenmissbrauch oder Suizid (wegen höherer psychischer Labilität und Depressivität infolge von Diskriminierung)? – und (3) das Leiden der Kinder unter sozialer Ächtung. Die ersten beiden Gründe verweisen auf einen direkten negativen Einfluss Homosexueller auf Kinder, der dritte ist perfider, wie eine Analogie deutlich macht: „Dicke Menschen sollten keine Kinder haben dürfen, da in unserer Gesellschaft Dicksein abgelehnt wird und die Kinder wegen des Übergewichts ihrer Eltern gehänselt werden könnten."

Welche Antworten auf obige Fragen geben wissenschaftliche Untersuchungen zu Regenbogenfamilien? Zunächst ist festzuhalten, dass Regenbogeneltern eher die Ähnlichkeit als die Unterschiede zwischen ihrer Familie und anderen Familien sehen (vgl. Lewin & Lyon, 1979, in Kirkpatrick, 1996). So ein Vater in einer Talkshow: „Morgens mache ich *kein schwules Frühstück…*", und eine amerikanische lesbische Mutter: „Wir leben im selben Chaos wie andere Familien auch. Unsere Kinder essen Hotdogs und schmieren sich Erdnussmus in die Haare." Aufstehen, Anziehen, Hausaufgaben, Mittagessen, Alltagsprobleme, Urlaube, Wochenendgestaltung, Rechte und Pflichten in der Familie, Pubertätsschwierigkeiten – all das ist Teil jedes Familienalltages, die sexuelle Orientierung der Erwachsenen ist dafür nebensächlich. Viele Eltern fühlen sich daher auch plötzlich mehr als Eltern denn als Lesben oder Schwule (Mulholland, 1997). Erziehungsfragen und Zuständigkeiten müssen zwischen den Erziehenden geklärt werden, aber auch darin unterscheiden sich lesbische oder schwule Elternpaare nicht von gleichberechtigt lebenden, modernen heterosexuellen.

---

[5] Es ist selbstverständlich, wird aber selten, wenn überhaupt, thematisiert, dass alle Überlegungen zu Regenbogenfamilien schwul oder lesbisch lebende bisexuelle Personen einschließen. Auf spezifische Forschungsarbeiten zu dieser Personengruppe sind wir jedoch nicht gestoßen.

Die Kinder

Der größte Teil der Forschungsarbeiten zu Regenbogenfamilien konzentriert sich auf die Kinder. Selbst aufgeschlossene Bevölkerungssegmente wie Studierende, die mit großer Mehrheit die Gleichberechtigung von Lesben und Schwulen befürworten, äußern Bedenken, wenn es um das heikle Thema Kinder geht (Schmauch, 2001). Die heterosexuelle Kleinfamilie wird als Ideal angesehen, an dem alle anderen Familienformen gemessen werden (Stacey & Biblarz, 2001). Laut traditioneller psychologischer Theorien – wie der psychoanalytischen oder der Theorie sozialen Lernens – ist für die gesunde kindliche Entwicklung der enge Kontakt zu zwei heterosexuellen Erwachsenen unterschiedlichen Geschlechts erforderlich. Dieser sei in Regenbogenfamilien nicht unbedingt gewährleistet. An dieser Stelle ist nun anzumerken, dass ein solcher enger Kontakt auch bei Alleinerziehenden nicht gewährleistet ist. Darüber hinaus ist er *bei traditionellen Hausfrauenfamilien mit abwesenden Vätern auch nicht gewährleistet.* Diese Familien stehen jedoch nicht auf dem Prüfstand. Ebenso wenig gibt es eindeutige empirische Bestätigung für die fraglichen Theorien: Woher, wenn nicht über die Untersuchung von Regenbogenfamilien, können wir erfahren, ob nicht der gute, enge, konstante Kontakt zu Erwachsenen egal welchen Geschlechts für die kindliche Entwicklung positiv ist? Wozu ist in einer modernen Gesellschaft, in der jedem Individuum, ohne Ansehen des Geschlechts, alle Möglichkeiten offen stehen, die Identifikation mit einem Rollenmodell desselben Geschlechts notwendig? Drastischer formulierte es ein Schwuler auf einer Diskussionsveranstaltung zu Regenbogenfamilien anlässlich von EuroPride in Kopenhagen 1996: „Ich habe drei Jahre Therapie benötigt, um all den Mist zu vergessen, den ich von meinem Vater über Mannsein gelernt habe. Wieso sollte so ein Männerbild für eine gesunde Entwicklung nötig sein?“

Im Folgenden stellen wir Studien vor, die der Befürchtung nachgegangen sind, dass die sexuelle Orientierung der Eltern die kindliche Entwicklung einschränken könnte. Spezifische Befürchtungen betrafen die sexuelle Identität und Orientierung der Kinder, ihre allgemeine Entwicklung, gegeben die Persönlichkeitsstruktur und das Umfeld von Lesben und Schwulen, schließlich das Leiden der Kinder unter Diskriminierung. Damit ist diese (veraltete) Forschung *defizit*orientiert: Haben Kinder, die bei Lesben und Schwulen aufwachsen, schlechtere Entwicklungsmöglichkeiten als Kinder in traditionellen Familien? Zusätzlich stellen wir neuere, *differenz*orientierte Forschungsarbeiten vor: Wie unterscheidet sich das Umfeld von Regenbogenkindern von dem der Kinder aus traditionellen Familien, und welche Auswirkungen hat das auf die Kinder?

Geschlechtsidentität, Geschlechtsrolle und sexuelle Orientierung

Untersuchungen, die sich mit der Geschlechtsidentität kleiner Kinder von Lesben und Schwulen befasst haben, liefern klare und eindeutige Antworten: In angemessenem Alter wissen Mädchen, dass sie Mädchen sind, Jungen wissen, dass sie Jungen sind, und der Unterschied zwischen Mädchen und Jungen ist allen bekannt (McCandlish, 1987). Befürchtungen, dass Regenbogenkinder keine eindeutige Geschlechtsidentität hätten, sind damit ausgeräumt.

Weniger eindeutig ist die Datenlage zur Geschlechtsrollenorientierung der Mädchen und Jungen: Möglicherweise ist die Vermutung gerechtfertigt, dass Töchter von Lesben mit erhöhter Wahrscheinlichkeit Fußball spielen und Präsidentin werden wollen. Dies ist dennoch keine direkte Folge der sexuellen Orientierung der Eltern. Zunächst gibt es Unterschiede in der Spielzeugpräferenz von Müttern: Heterosexuelle Mütter möchten, dass ihre Söhne mehr mit jungentypischem und ihre Töchter mehr mit mädchentypischem Spielzeug spielen als umgekehrt (Hoeffer, 1981). Lesben machten dagegen keine Unterschiede zwischen Söhnen und Töchtern (vgl. auch Harris & Turner, 1986; Turner, Scadden & Harris, 1990). Dennoch spielten alle Söhne lieber mit Jungenspielzeug und alle Töchter am liebsten mit geschlechtsneutralem Spielzeug, dann mit typischem Mädchen- und zuletzt mit typischem Jungenspielzeug (vgl. auch Green, 1978). Selbst der direkte Einfluss der Mütter auf die Spielzeugpräferenz war damit eher begrenzt. Schon dies macht deutlich, dass – überspitzt formuliert – die Art der nächtlichen Aktivitäten im Schlafzimmer der Mutter sich keineswegs direkt auf die Geschlechtsrollen der Kinder auswirkt. In anderen Stichproben spielten manche Töchter von Lesben auch manchmal gerne mit Jungenspielzeug sowie Jungenspiele (Green et al., 1986, in Patterson, 1995). Söhne von Lesben zeigten weniger typisch maskulines Verhalten (Brewaeys et al, 1997, in Stacey & Biblarz, 2001), gaben eher als die von heterosexuellen Frauen an, auf die Gefühle anderer zu achten und sanft zu sein (im Alter von 6 bis 9 Jahren), Töchter waren abenteuerlustiger, gerne Anführerin (Hoeffer, 1981) und wollten eher Berufe wie Astronautin ergreifen (Green et al., 1986, in Patterson, 1995; Steckel, 1987, in Stacey & Biblarz, 2001). Das ideale Geschlechtsrollenverhalten von Kindern – in den Augen der Mütter – hing damit zusammen, wie die Mütter sich selbst sahen (Kweskin & Cook, 1982): Ihre sexuelle Orientierung spielte somit nur indirekt eine Rolle. Altersangemessen hatten alle Kinder vor allem gleichgeschlechtliche Beziehungen im Grundschulalter. Auch bei den erwachsenen Kindern von Schwulen und Lesben gab es keine auffälligen Geschlechtsrollen (Schwartz Gottman, 1989). In einer Untersuchung beschrieben sich sogar die jugendlichen Töchter von Lesben als femininer im Gegensatz zu Töchtern von heterosexuellen Frauen (Rees, 1979, in Patterson, 1995), möglicherweise in Abgrenzung von der Geschlechtsrollenorientierung der Mütter: Lesben sehen sich seltener als heterosexuelle Frauen nur feminin, sondern häufiger androgyn, das heißt, sie schreiben sich typisch feminine und typisch maskuline Eigenschaften zu (Hoeffer, 1981, nach Kirkpatrick, 1996; Kweskin & Cook, 1982).

Zusammenfassend lässt sich zur Geschlechtsrollenorientierung der Kinder (vor allem von Lesben) sagen: Moderne, wenig an Traditionen und einschränkenden Geschlechtsrollen orientierte Eltern erziehen ihre Kinder zu entsprechenden Werten, so dass diese Kinder ein weniger eingeschränktes Geschlechtsrollenverständnis haben als Kinder aus traditionell eingestellten Familien. Insofern als die Geschlechtsrollenorientierung der Eltern mit ihrer sexuellen Orientierung zusammenhängt, wachsen Kinder in Regenbogenfamilien mit erhöhter Wahrscheinlichkeit mit dem Verständnis auf, dass ihnen die ganze und nicht nur die halbe Welt offen steht.

Existierende, spärliche Daten zur sexuellen Orientierung der erwachsenen Kinder von Lesben und Schwulen sind eher für die konservative Verwandtschaft als für die radikalfeministische Lesbe beruhigend: Unter den Kindern von Lesben und Schwulen findet man nicht ungewöhnlich viele derselben; der höchste Anteil in verschiedenen kleinen, nicht repräsentativen Stichproben lag bei 16% (Schwartz Gottman, 1989). Allerdings ist zu bedenken, dass zum einen nicht völlig eindeutig ist, wie viele Lesben und Schwule es im repräsentativen Bevölkerungsquerschnitt gibt – die Schätzung, es seien bis zu 10%, könnte zu hoch gegriffen sein (Steffens & Wagner, in Vorbereitung). Zum anderen stellten Kinder lesbischer oder schwuler Eltern ihre Heterosexualität häufiger in Frage und experimentierten mit gleichgeschlechtlichen Sexualkontakten, sie hatten eher homosexuelle Phantasien und Erfahrungen als andere Kinder (Bailey et al., 1995, in Stacey & Biblarz, 2001; Paul, 1986, in Schwartz Gottman, 1989; Tasker & Golombok, 1995, 1997). Wenn auch die große Mehrheit der Kinder aus Regenbogenfamilien zu Heterosexuellen heranwächst, so verfügten diese Kinder somit dennoch über den Vorteil, freier von Zwangsheterosexualität ihre sexuelle Orientierung explorieren zu können.

Allgemeine Entwicklung der Kinder

Studien dazu, ob Regenbogenkinder weniger intelligent sind als andere Kinder und ob ihre Persönlichkeit gestört ist, sind in der Regel das Papier nicht wert, auf dem sie gedruckt sind. Zweifelhafte Befunde zu verstärkten Problemen von Regenbogenkindern sind auf Konfundierungen mit anderen Faktoren zurückzuführen. Beispielsweise ist bekannt, dass Scheidungskinder häufig emotionale Probleme haben, unabhängig davon, ob sie bei lesbischen oder heterosexuellen Müttern lebten (vgl. Kirkpatrick, Smith & Roy, 1981). – Übrigens ist die Trennung eines Lesbenpaares genauso verstörend für die Kinder wie eine heterosexuelle Trennung (Pennington, 1987). – Auch der Befund, es gäbe *mehr* psychiatrische Auffälligkeiten (z.B. Bettnässen) bei Kindern allein erziehender Heterosexueller als bei Lesben (Golombok, Spencer & Rutter, 1983), ist auf einen Stichprobenfehler zurückzuführen: Während die befragten Heterosexuellen tatsächlich allein erziehend waren, lebten viele der Lesben längst in einer festen Beziehung; dieser mögliche Unterschied war den ForscherInnen aber entgangen, als sie ihre Untersuchung konzipierten. Hatten Mütter nach einer Trennung eine neue Beziehung, fühlten sich in der Tat Kinder sowohl von Lesben als auch von heterosexuellen Frauen wohler (z.B. Gottman, 1990, in Kirkpatrick, 1996).

Welche allgemeinen Konsequenzen könnten die Persönlichkeitsstruktur und das Umfeld, das Lesben und Schwule bieten, für Kinder haben? „Kompetent" äußerte sich hierzu der amerikanische Prediger Reverend Maurice Gordon, Lovingway United Pentecostal Church, Denver, Colorado, USA: „Kinder, die bei Homosexuellen leben, sind nächtelangen Orgien und dem Anblick von Transvestiten ausgesetzt." Weitere Befürchtungen sind, pointiert ausgedrückt: Lesben und Schwule sind krank, Lesben haben keine Muttergefühle, sind abgestoßen von ihrer eigenen Weiblichkeit und männlich identifiziert, Schwule sind selbst verliebte Narzissten, alle wollen nur Sex und haben keine Zeit für Kinder, außer dass sie oder ihre FreundInnen sie missbrauchen. Eine Erörterung dieser Punkte ist wohl unnötig.

Andere Befürchtungen sind weniger hanebüchen. So reagierte die Verwandtschaft einer allein erziehenden bisexuellen Frau, die eine lesbische Beziehung begann, mit der Bemerkung: „Dann musst Du *jetzt* dafür sorgen, dass die Kinder genügend Kontakt zu Männern haben!" Dies verdeutlicht einen Forschungsbefund, der zunächst überraschend erscheint: Lesbische Mütter achten mehr als heterosexuelle Alleinerziehende darauf, dass die Kinder Beziehungen zu Männern (Hare & Richards, 1993; Kirkpatrick et al., 1981; Patterson, 1995) und zum Vater (Golombok et al., 1983) haben. Offenbar machen heterosexuelle Mütter – wie oben zitierte Verwandtschaft – sich nicht bewusst, dass eine enge männliche Bezugsperson vielleicht dauerhaft im Leben ihrer Kinder fehlt, sondern vertrauen darauf, dass eine zukünftige Beziehung dieses Fehlen ausgleichen wird. Lesben dagegen, die ebenso wie heterosexuelle Frauen glauben, eine männliche Identifikationsfigur sei für ihre Kinder wichtig, bemühen sich um eine solche (vgl. auch McCandlish, 1987). Befunde, die darauf hinweisen, dass Entwicklungsmöglichkeiten der Kinder bei Lesben auch eingeschränkt sein könnten, sind Einzelfälle: Beispielsweise beschwerte sich ein Junge über männerfeindliche Bemerkungen, die er immer wieder von radikalfeministischen Freundinnen seiner Mutter hörte (Senatsverwaltung für Schule, Jugend und Sport & Senatsverwaltung für Arbeit, Soziales und Frauen, Berlin, 2001). Auch dies ist natürlich keine zwangsläufige Konsequenz des Lesbischseins der Mutter, und es lässt sich leicht vermeiden.

Viele Studien fanden keine Unterschiede zwischen Regenbogen- und traditionellen Familien. Beispielsweise unterscheidet sich „Mütterlichkeit" (nurturance) nicht zwischen Lesben und heterosexuellen Frauen (Mucklow & Phelan, 1979), beide Gruppen berichten über gleich warme Gefühle für die Kinder (Golombok et al., 1983). Die Kinder unterscheiden sich nicht hinsichtlich ihrer Kontrollüberzeugung, moralischen Urteilsfähigkeit, ihres Selbstwertgefühls (Huggins, 1989), Problemverhaltens (Patterson, 1994), ihrer psychischen Gesundheit (Falk, 1993) sowie Angst oder Depressivität (Stacey & Biblarz, 2001; Tasker & Golombok, 1995).

In einigen Untersuchungen gab es Unterschiede, deren Interpretation mangels Replikation uneindeutig ist. Beispielsweise gaben erwachsene Töchter lesbischer Mütter tendenziell ein höheres allgemeines Wohlbefinden an als die heterosexueller Mütter (Schwartz Gottman, 1990). In einer anderen Untersuchung sahen Kinder von Lesben sich als liebenswerter und weniger aggressiv und wurden auch von LehrerInnen und Eltern so gesehen (Steckel, 1985, 1987, nach Patterson, 1992). Oder Kinder von Lesben berichteten von mehr Stress (Angst, Erregung, Ärger) und auch von mehr positiven Gefühlen (fröhlich, zufrieden, selbstzufrieden, Patterson, 1994) in ihrem Alltag:

Möglicherweise hatten diese Kinder früh gelernt, auf ihre Gefühle zu achten und darüber zu sprechen – positive wie negative.

Interessante Ergebnisse zeigte eine Untersuchung, die vor allem wegen der geringen Stichprobengröße dringend der Replikation bedarf (Huggins, 1989). Hauptergebnis war zunächst, dass Söhne und Töchter geschiedener Lesben sich im Selbstwert nicht von Kindern geschiedener heterosexueller Frauen unterschieden. Weiterhin fielen die neun untersuchten Töchter lesbisch lebender Mütter in zwei Extremgruppen, eine mit erstaunlich hohem Selbstwert und eine mit deutlich niedrigerem. Einen geringeren Selbstwert hatten die Mädchen, die das Lesbischsein der Mutter negativ sahen, deren Mutter keine Beziehung hatte, die erst spät davon erfahren hatten und deren Vater das Lesbischsein der Mutter offen ablehnte. Diese Ergebnisse klingen unmittelbar einleuchtend: Das Lesbischsein der Mutter war genau dann problematisch für die Kinder, und die Kinder waren „schwieriger", wenn die Mutter selbst mit ihrer lesbischen Identität Schwierigkeiten hatte und damit nicht psychisch gefestigt war (vgl. Patterson, 1995), wenn sie ihre Sexualität in ihrem eigenen Zuhause heimlich zu leben versuchte, was als extreme Störung der Familienbeziehungen zu betrachten ist (Baptiste, 1987, Green, 1978), wenn ihr Umfeld ihre sexuelle Orientierung bekämpfte und wenn sie keine funktionierende Beziehung hatte. Am Rande: Der letzte Punkt sollte, was seine direkten Auswirkungen angeht, eher dazu führen, dass ihr Lesbischsein weniger relevant wäre – weil es ja gerade nicht sichtbar gelebt wurde, wenn sie keine Beziehung hatte. Die psychische Gesundheit lesbischer Mütter in fester Beziehung ist jedoch durchschnittlich höher als die Alleinerziehender.

Auswirkungen gesellschaftlicher Diskriminierung auf Regenbogenkinder

Die Reaktionen der Umwelt auf Regenbogenfamilien sind bisweilen amüsant bis ärgerlich. So meldeten NachbarInnen immer wieder einem Berliner Jugendamt, dass die Männer, bei denen Pflegekinder untergebracht waren, schwul seien; eine Tatsache, die dem Amt sehr wohl bekannt war. In einer Studie von Hicks (2000) wurde die Reaktion von SozialarbeiterInnen auf lesbische Paare, die Kinder adoptieren wollen, untersucht. Die SozialarbeiterInnen erwarteten, dass lesbische Frauen ihre Kinder zu „Männerhassern" erziehen würden und ihren Kindern nicht genügend männliche Vorbilder geben würden, um eine normale Entwicklung der Geschlechterrollen zu ermöglichen. (Anscheinend hatten diese „Fachkräfte" keine Fortbildung erhalten, in der sie hätten lernen können, dass dieses Vorurteil unbegründet ist.)

Kinder von Lesben und Schwulen müssen lernen, mit zum Teil sehr direkten Formen der Diskriminierung umzugehen: Wie verarbeitet es ein 10jähriger, dass „schwule Sau" das ultimative Schimpfwort ist, um jemanden herabzusetzen, und gleichzeitig bezeichnet sein Vater sich offen und selbstbewusst als schwul? Zum Teil ist die Diskriminierung subtiler, aber damit nicht unbedingt einfacher zu integrieren. Ein Beispiel hierfür findet sich im Band *Regenbogenfamilien* (Senatsverwaltung für Schule, Jugend und Sport & Senatsverwaltung für Arbeit, Soziales und Frauen, Berlin, 2001, S. 70): „...Zum Muttertag hat Steffie für ihre Mutter eine Doppelaxt gemalt und dann zur Lehrerin gesagt: ‚Weißt Du, was das ist? Das ist ein Lesbenzeichen!' Die Lehrerin: ‚Psst, psst, nicht so laut!...'"

Stieffamilien klagen häufig über Schwierigkeiten mit dem anderen biologischen Elternteil (Wright, 1998). So verunsicherten Väter ihre Kinder immer wieder damit, „der" (Lebensgefährtin der Mutter) müssten sie ja nicht gehorchen. Positive Veränderungen berichteten viele Lesben, die sich ihren Kinderwunsch erfüllten, dagegen in der Beziehung zu ihren Eltern: Großeltern finden sich wohl oder übel mit ihren missratenen Sprösslingen ab, um auf ihre wundervollen Enkel nicht verzichten zu müssen (Mulholland, 1997). Unter solchen Umständen lernten einige Kinder sogar, sich Mitleid und Vorteile zu verschaffen, indem sie immer wieder auf ihre schwierige häusliche Situation hinwiesen.

Allgemein zeigen Forschungsarbeiten, dass Regenbogenkinder gute soziale Beziehungen zu Gleichaltrigen und Erwachsenen haben (Golombok et al., 1983; Tasker & Golombok, 1991), die Beliebtheit der Töchter von Lesben war in einer Untersuchung sogar höher als die anderer Kinder (Hotvedt & Mandel, nach Fthenakis, 2000). Das Schauerbild des einsamen, sozial ausgegrenzten Kindes können wir damit getrost beiseite schieben. Dennoch berichteten Kinder häufig von ihrer Angst vor Ausgrenzung (Paul, 1986, in Schwartz Gottman, 1989; Lewis, 1980, in Falk, 1993). Kinder Schwuler befürchten beispielsweise, selbst für schwul gehalten zu werden (Bozett, 1989, nach Patterson & Chan, 1996). Schwule scheinen insgesamt vorsichtiger mit ihrem Coming-out in Kinderzusammenhängen zu sein als Lesben und berichten von negativeren Reaktionen der Kinder und mehr Diskriminierung (Bozett, 1993). Offen Schwule hatten aber bessere Beziehungen zu ihren Kindern als versteckt lebende (Bigner & Bozett, 1989). Und es gibt auch Hinweise, dass weibliche Teenager mehr Schwierigkeiten mit Lesbischsein der Mutter haben als männliche (Pennington, 1987). Das Coming-out der Eltern ist für Jugendliche eindeutig schwieriger als für andere Altersgruppen (Lewis, 1980, in Falk, 1993), besonders am Anfang der Pubertät (Paul, 1986, in Patterson, 1995). Häufig ist jedoch die Homosexualität der Eltern kein großes Thema für Kinder. Die Mutter wurde vor allem als Mutter, nicht als Lesbe gesehen (Saffron, 1998). Die meisten Kinder reagierten trotz großer Angst der Eltern positiv (Bozett, 1993). Erwachsene Kinder lesbischer Mütter geben eher als Kinder allein erziehender heterosexueller Mütter an, stolz darauf zu sein, wie ihre Mutter ihr Leben geführt hat (Tasker & Golombok, 1995). Beide Gruppen von Kindern erinnerten sich an Hänseleien, die Kinder von Lesben an mehr Hänseleien wegen sexueller Orientierung. – Fatalistisch formuliert: Kinder hänseln andere, und Kinder werden gehänselt. Niemand kann verhindern, dass auch die eigenen Kinder Opfer des Spotts der anderen werden – wenn nicht wegen des Lesbischseins der Mutter, dann vielleicht wegen der Ökoschuhe, auf denen diese besteht, oder wegen der Zahnspange. Das einzige, was Eltern tun können, um ihre Kinder zu schützen, ist ihnen beizubringen, wie sie mit solchem Spott umgehen können.

Kinder sind sehr früh in der Lage, die Homophobie der Gesellschaft und nicht die Homosexualität als Problem wahrzunehmen. Wiederum positiv anzumerken ist hier, dass solche Kinder vielleicht später besser in der Lage sind, unabhängige moralische Überzeugungen zu bilden (Falk, 1993). Viele Kinder üben Verhaltenskontrolle aus (Pennington, 1987), indem sie beispielsweise alle Schwulenzeitschriften aus dem Wohnzimmer räumen, wenn der Fußballclub zu Besuch kommt, oder dem Vater verordnen, seinen Lebensgefährten nicht vor dem besten Freund abzuknutschen. Die meisten Kinder hatten ferner das Gefühl der Kontrolle, wem sie was mitteilen, und kamen mit diesem selektiven Coming-out gut zurecht. Viele Kinder (in einer Untersuchung 14 von 19) erzählten ihren FreundInnen von der Homosexualität der Eltern (siehe auch Philipp, in diesem Band), nur wenige Reaktionen waren zunächst negativ und noch weniger blieben dauerhaft negativ (Tasker & Golombok, 1995). Viele Kinder beschweren sich auch darüber, für ihre Eltern lügen zu müssen, und wünschen sich mehr Mut auf deren Seite. Viele Eltern verfolgten in Kinderzusammenhängen die Taktik, die Art ihrer Beziehung nicht explizit zu thematisieren, aber auch nicht aktiv zu verheimlichen (Mulholland, 1997). Manche Kinder aus lesbischen Familien waren sogar so selbstsicher, befremdete Reaktionen der Kinder aus traditionellen Familien seltsam zu finden (Mulholland, 1997) – wie kann auch jemand *nicht* wissen, dass manche Kinder zwei Väter haben?

Damit ist bei Kindern die ganze Bandbreite an Reaktionen anzutreffen, von selbstbewusstem Eintreten für das totale Coming-out und die Veränderung der Gesellschaft bis zu Wünschen nach Heimlichkeit und hetero-normativer gesellschaftlicher Normalität. Auch in Bezug auf Kontakte zu anderen Regenbogenkindern sind die Kinder mannigfaltig: Viele wünschen sich solche Kontakte (Senatsverwaltung für Schule, Jugend und Sport & Senatsverwaltung für Arbeit, Soziales und Frauen, Berlin, 2001), können ihr Normalitätsbedürfnis stillen, wenn sie sehen, dass sie keine Einzelfälle sind (Schmauch, 2001). Hier ist es oft sinnvoller, ein niedrig schwelliges Angebot wie das monatliche Regenbogenfamilienpicknick am Abenteuerspielplatz anzubieten, als ein teures Wochenendseminar, auf dem Probleme diskutiert werden. Beispielsweise ist in der schwul-lesbischen Hochburg Provincetown in den USA einmal jährlich Familienwoche, wo neben Paraden und Veranstaltungen einfach die Möglichkeit besteht, sich am Strand anzufreunden. Manche Kinder – für die Homosexualität ohnehin ein problematisches Thema ist – wehren sich aber heftig gegen alle derartigen Unternehmungen und wollen mit „solchen" Familien nichts zu tun haben (Pennington, 1987).

Entsprechend befragt, berichten Kinder auch von einer ganzen Reihe von Vorteilen des Aufwachsens mit lesbischen Müttern (Saffron, 1998): Ihre Einstellung zur Homosexualität ist eine tolerantere, und ein eigenes Coming-out wäre leichter. Ihnen wurde weibliche Unabhängigkeit und die gleichberechtigte Arbeitsteilung in einer Partnerschaft vorgelebt. Ihnen gefällt das offene, soziale Familienkonzept, das an sie herangetragen wurde, sie zeichnen sich durch Akzeptanz von Vielfältigkeit und Minderheiten aller Art aus. Der Zusammenschluss gegenüber einer manchmal feindseligen Umwelt führte zu einer Festigung der Familienbande, an Reaktionen auf das Coming-out konnten „wahre Freundschaften“ erkannt werden und die Kinder hätten auf diese Weise Charakterstärke lernen können (Pennington, 1987).

Zusammenfassung zum Umfeld von Regenbogenkindern

Lange Zeit wurde propagiert, es gebe keine Unterschiede zwischen Regenbogenkindern und Kindern in traditionellen Familien. Dies ist höchst unplausibel (Stacey & Biblarz, 2001), da Lesben und Schwule sich von der Durchschnittsbevölkerung nicht nur durch sexuelle Aktivitäten unterscheiden. Sie nehmen auch Einfluss auf ihren Wohnort und haben andere Werte und Normen. So sind Lesben unabhängiger, selbstbewusster und dominanter als heterosexuelle Frauen sowie weniger depressiv, submissiv und ängstlich (Falk, 1993; Kershaw, 2000). Zu erwarten ist, dass dies Auswirkungen auf das Erziehungsverhalten hat. Beispielsweise erbrachte eine Studie, dass lesbische Mütter, im Gegensatz zu heterosexuellen, eher erklären, als zu verbieten oder die Situation zu verändern. Konkret: Wenn ein Kind mit einem Spielzeugschwert wild herumfuchtelte, erklärten die lesbischen Mütter häufiger, was daran gefährlich sei, als verbale Macht auszuüben („Lass sofort das Schwert liegen!“) oder es ihm wegzunehmen (Miller, Jacobsen & Bigner, 1981). Anzuzweifeln ist, ob sich dieses Ergebnis replizieren lässt, wenn parallele Stichproben von Lesben und Heterosexuellen befragt werden, die sich nur in der sexuellen Orientierung unterscheiden.

Über Unterschiede im Bildungsstand der Eltern und andere Faktoren hinaus sind überdurchschnittlich viele Regenbogenkinder Wunschkinder, „Unfälle“ sind eine Seltenheit. Wenn man nicht von einer – zurückzuweisenden – Defizithypothese ausgeht, gibt es wenig Grund für den Vergleich von Regenbogen- und traditionellen Familien. Interessanter sind Unterschiede zwischen Familienformen, Fragen wie: Spielt die Konstanz der Bezugspersonen eine Rolle? Ihre Zahl? Können Kinder es gut verkraften, an zwei Orten, in zwei Familien aufzuwachsen? Insgesamt haben Familienstrukturen einen geringen Einfluss auf die kindliche Entwicklung, entscheidend sind Prozesse (Patterson, 1992), das heißt, die Qualität der Beziehungen. Ist das Zuhause von Fürsorge und Liebe geprägt, ist die Kontinuität enger Bezugspersonen gegeben (Kershaw, 2000), dann können Lesben und Schwule Kindern wunderbare Familien bieten (vgl. auch Rauchfleisch, 1997; Puryear, 1983, in Schwartz Gottman, 1990). So wird in einem Überblicksartikel zusammenfassend die beeindruckende psychische Stärke der Kinder von Lesben und Schwulen hervorgehoben (Stacey & Biblarz, 2001).

Die Erwachsenen

Was sind die „Geheimnisse“ glücklicher Regenbogenfamilien? Die Befunde sind auch von traditionellen Familien bekannt: Gleich berechtigte Arbeitsaufteilung, größere Beziehungszufriedenheit, weniger Konflikte und weniger elterlicher Stress führt dazu, dass alle Beteiligten einschließlich der Kinder glücklicher sind (Patterson, 1995, Chan et al., 1998, beide in Tasker & Golombok, 1998).

Ein Teil der Regenbogenfamilien lässt sich am besten so beschreiben, dass es ein allein erziehendes Elternteil gibt, das eine homosexuelle Beziehung lebt. Zwischen den Kindern und den PartnerInnen entsteht in dieser Konstellation häufig Eifersucht (Bigner & Bozett, 1989). Eltern begegnen der Eifersucht häufig, indem sie die Beziehung herunterspielen und ihren Raum einschränken, und die Kinder tragen willig dazu bei (Pennington, 1987). Je mehr die PartnerInnen in die Familie einbezogen waren, um so zufriedener waren andererseits sowohl die Kinder als auch die Väter (Crosbie-Burnett & Helmbrecht, 1993, nach Patterson, 1995; Patterson & Chan, 1996). Eine klare, explizite Definition von Kompetenzen und Autorität hilft, Konflikte zu vermeiden (Pennington, 1987).

Eine andere Situation ist gegeben, wenn beide PartnerInnen gemeinsam elterliche Verantwortung tragen, aber eine „Blutsverwandtschaft" (Patterson, 1995) nur zwischen einem der Elternteile und den Kindern besteht. Einzelfallberichte zeigen immer wieder, dass die rechtliche Anerkennung der Beziehung zwischen dem sozialen Elternteil und den Kindern psychologisch wichtig ist (z.B. McClellan, 2001). Einige der Befragten waren unsicher, ob sie sich „Mutter" nennen dürfen, fühlten sich einerseits immer wieder ein wenig wie Hochstaplerinnen, hatten auf der anderen Seite Verlustangst im Falle von Trennung oder Tod der biologischen Mutter. Einige Befragte, denen die Adoption der Kinder möglich wurde, berichteten, dass damit auch eine frühere emotionale Zurückhaltung deutlich wurde. Vollmachten und entsprechende Absicherungen verhalfen zu mehr Selbstsicherheit beispielsweise in schulischen Zusammenhängen.

Eine erste Einzelfallstudie zu Regenbogenfamilien stammt von McCandish (1987). Bei den meisten der von ihr befragten Lesbenpaare wollte die nicht-biologische Mutter zunächst keine Kinder, hat aber den Wunsch der Partnerin nach Nachwuchs respektiert. Während der Schwangerschaft nahmen viele, die vorher eine gleich berechtigte Partnerschaft gelebt hatten, ein beginnendes Ungleichgewicht wahr (vgl. auch Jacobs, in diesem Band; Mulholland, 1997): Die soziale Mutter war für die Umwelt unsichtbar, die Schwangere sonnte sich dagegen in gesellschaftlicher Anerkennung, das Umfeld sah die soziale Mutter nicht als werdende Mutter an (es mag sogar sein, dass die NachbarInnen sich nun fragten, ob sie doch unrecht hatten mit ihren Spekulationen über die Art der Beziehung zwischen diesen Frauen!). Rollen- und Machtunterschiede waren unvermeidlich. Bei der Geburt waren die sozialen Mütter selbst überrascht, dass sie eine sofortige Bindung an das Neugeborene zeigten. Damit begann gleichzeitig die ängstliche Suche nach Zeichen für die Bindung auf Seiten des Babys. Eine solche wurde in allen Fällen irgendwann beruhigt festgestellt. Jeweils beide Mütter berichteten von einer engen Beziehung und mütterlichen sowie fürsorglichen Gefühlen für das Kind. Ab dem Alter von etwa 14 Monaten fokussierten die meisten Kleinkinder auf die nicht biologische Mutter und erreichten damit den in traditionellen Theorien wichtigen Entwicklungsschritt der Ablösung von der primären (stillenden) Bezugsperson. McCandish hat damit gezeigt, dass das Geschlecht dieser zweiten Person, der Vorhersage traditioneller Theorien widersprechend, keine Rolle spielt. Die biologische Mutter reagierte auf diese Entwicklung entweder mit Eifersucht, oder sie genoss die größere Freiheit, die sie auf diese Weise erhielt. Die befragten „Pionierlesbenfamilien" bezeichneten sich als Familien, die soziale Mutter wurde in den meisten Fällen vom Kind mit dem Vornamen angeredet. Die Zufriedenheit der beiden Mütter war am höchsten, wenn sie effektive Kommunikationsformen gefunden hatten und die fürsorglichen Aufgaben zwischen ihnen gleich verteilt waren. Manche Kinder hatten sich einen „Ersatzvater" im Bekanntenkreis gesucht. Abschließend soll der Befund nicht ausgelassen werden, dass viele der befragten Lesben von langfristig gestörter sexueller Intimität und langfristigem hohen Stress berichteten.

In manchen Regenbogenfamilien ist ein weiterer Elternteil erst später hinzugekommen. Dies gelingt im allgemeinen um so leichter, je jünger die Kinder sind; Probleme tauchen vor allem mit Jugendlichen auf (Hare & Richards, 1993). Positiv zu werten ist die einheitliche Befundlage, dass solche „Stiefmütter" in lesbischen Familien eine engere und bessere Beziehung zu den Kindern hatten als „Stiefväter" in heterosexuellen Familien (Tasker & Golombok, 1995; Stacey & Biblarz, 2001).

Hiermit deckt sich die Befundlage dazu, dass Lesbenpaare bessere elterliche Fähigkeiten haben als heterosexuelle Paare (Flaks, Ficher, Masterpasque & Joseph, 1995). Dies wurde darüber erfasst, wie differenziert Eltern auf Fragen wie die folgende antworteten: „Wie würden Sie reagieren, wenn Ihr 3jähriges dem 8jährigen immer wieder sein Spielzeug wegnimmt? Was sollte dabei berücksichtigt werden?" [Die richtige Antwort kennen wir immer noch nicht, sie ist in dem Artikel nicht angegeben.] Die gefundenen Unterschiede lagen allein darin begründet, dass die heterosexuellen Männer schlechter abschnitten als die drei Gruppen von Frauen (die heterosexuellen Mütter, die lesbischen biologischen Mütter und die lesbischen sozialen Mütter). Auch die Paarbeziehung (subjektive Angaben zu Konsens, Zufriedenheit etc.) war bei Lesben tendenziell besser als bei heterosexuellen Paaren und bei Lesbenpaaren mit Kindern besser als bei denen ohne (Patterson, 1995). Schwule Paare waren ebenfalls zufriedener mit ihrer Beziehung als heterosexuelle Paare und teilten Aufgaben gleichberechtigter (McPherson, 1993, in Patterson, 1995; Patterson & Chan, 1996). Soziale Mütter erfüllten mehr elterliche Aufgaben als Väter – sogar als „soziale" Väter, die Kinder durch künstliche Befruchtung bekommen hatten, während diese mehr Aufgaben als biologische Väter wahrnahmen (Tasker & Golombok, 1998). Die sozialen Mütter spielten genauso viel mit ihren Kindern wie die biologischen, waren genauso oft zärtlich zu den Kindern und wurden genauso oft von den Kindern liebkost wie die biologischen. Lesbenpaare sind als Eltern besser koordinierte Teams als heterosexuelle Paare und sehen ihre Kinder ähnlicher (Stacey & Biblarz, 2001; Tasker & Golombok, 1998).

Weniger Untersuchungen stellen schwule Väter in den Mittelpunkt. Die meisten schwulen Väter leben nicht mit ihren Kindern zusammen, da es eine doppelte Voreingenommenheit beim Sorgerecht sowohl gegen Männer als auch gegen Schwule gibt (Patterson, 1995). Dabei geben schwule Väter häufiger als heterosexuelle Väter an, ihren Kindern konsequent Grenzen zu setzen, Regeln zu erklären und Aktivitäten mit ihren Kindern zu planen (Bigner & Jacobsen, 1989, nach Patterson & Chan, 1996), Kinder bei Entscheidungen einzubeziehen und ein offenes Ohr für die Probleme der Kinder zu haben. Sie sind damit in mancherlei Hinsicht bessere Väter als heterosexuelle. Schwule Väter – durchschnittlich weniger „traditionell männlich" als heterosexuelle – legten im Vergleich zu heterosexuellen Vätern mehr Wert auf liebevolles Umsorgen und weniger auf bloße finanzielle Versorgung (Bigner & Jacobsen, 1989, nach Patterson & Chan, 1996). Ein weiterer Unterschied war, dass schwule, aber nicht heterosexuelle Väter, den Austausch von Zärtlichkeiten vor den Kindern einschränkten. Schwule Väter haben ähnliche Geschlechtsrollen wie andere Schwule, aber ein eher höheres Selbstbewusstsein (nach Patterson, 1995; Bozett, 1993). Die Unvereinbarkeit der Welten, in denen schwule Väter leben, wird in der Forschung häufig betont (Bigner & Bozett, 1989), die schwule Welt – im Gegensatz zur Elternwelt – sei jung, frei, autonom, ohne (finanzielle) Verpflichtungen (für andere) und anonym.

Regenbogenpaare können davon profitieren, dass es keine gegebene stereotype Rollenaufteilung gibt (Kirkpatrick et al., 1981). Diese Freiheit von Einschränkungen impliziert natürlich gleichzeitig Verhandlungs- und Koordinationsbedarf; damit scheinen aber viele Paare sehr gut zurecht zu kommen. Die Vorteile, die eine solche wenig stereotype Umgebung für Kinder beinhaltet, werden mehr von Lesben als von Schwulen gesehen (Harris & Turner, 1986; Turner et al., 1990). Dies könnte daran liegen, dass Lesben unter stereotypen Geschlechtsrollen mehr gelitten haben als Schwule und sich mehr davon befreit haben. Eine Potenzierung männlicher und weiblicher Schwächen mag ein – noch zu erforschender – Nachteil einer solchen Familienkonstellation sein (Schmauch, 2001).

Insgesamt kann man sich somit auf der Zunge zergehen lassen: Kinder profitieren emotional sowohl von einer lesbischen sozialen Mutter als auch von einem schwulen Vater mehr als von einem heterosexuellen Vater, und Lesbenpaare und Schwulenpaare würden im „Elternqualifikationstest" deutlich besser abschneiden als durchschnittliche heterosexuelle Paare. Allerdings ist wiederum zu bedenken, dass eine direkte kausale Beziehung von der Schlafzimmeraktivität zur elterlichen Fähigkeit unwahrscheinlich ist, so dass „moderne Männer" wohl auch gute Väter sein können, obwohl sie heterosexuell veranlagt sind. Dies zeigt sich zunächst bei Vätern, deren Kinder über künstliche Befruchtung geboren wurden: Auch diese sozialen Elternteile sind bessere Eltern als die entsprechenden biologischen, wohl weil ihr Kinderwunsch ausgeprägter war und sie weniger zufällig in die Vaterrolle gestolpert sind. Schließlich ist festzuhalten: Lesben und Schwule sollten sich nicht zu viel Druck machen, „überkompensierende Supereltern" zu werden (vgl. Pennington,

1987): Eltern müssen nicht perfekt sein, wie sollen die Kinder sonst irgendwann lernen, sich abzulösen?

Resümee

Immer noch, und besonders in Europa, sind es PionierInnen, die Forschung zu Regenbogenfamilien betreiben. Leider zeigt sich dies unter anderem daran, dass kleine und schlechte Untersuchungen berühmt werden: In etablierten Forschungsgebieten würden solche Studien entweder ignoriert oder verrissen, in Bezug auf Regenbogenfamilien müssen wir uns auf diese verlassen, weil es keine anderen gibt. Dennoch nutzen wir sie gerne zu dem Schluss, dass es nur einen wesentlichen Nachteil für Kinder in Regenbogenfamilien gibt: Die fehlende rechtliche Anerkennung dieser längst real existierenden Familien benachteiligt die Kinder unter anderem finanziell – eine Tatsache, die wir für nicht vereinbar mit dem Grundgesetz halten. Anstatt Forschungsarbeiten in Auftrag zu geben, um festzustellen, ob Regenbogenfamilien ein geeignetes Umfeld für Kinder bieten könnten, sollte der Gesetzgeber daher besser ihren einzigen wirklichen Nachteil beseitigen: den finanziellen, für den er verantwortlich zeichnet.

Literatur

Bigner, J. J. & Bozett, F. W. (1989). Parenting by gay fathers. Marriage and Family Review, 14, 155-175.

Bozett, F. W. (1993). Gay Fathers: A Review of the Literature. In L. D. Garnets & D. C. Kimmel (Ed.), *Psychological Perspectives on Lesbian and Gay Male Experiences* (pp. 437-457). New York: Columbia University Press.

Falk, P. J. (1993). Lesbian mothers: Psychosocial assumptions in family law. In L. D. Garnets & D. C. Kimmel (Ed.), *Psychological Perspectives on Lesbian and Gay Male Experiences* (pp. 420-436). New York: Columbia University Press.

Flaks, D. K., Ficher, I., Masterpasqua, F., & Joseph, G. (1995). Lesbians choosing motherhood: A comparative study of lesbian and heterosexual parents and their children. *Developmental Psychology, 31*, 105-114.

Fthenakis, W. E. (2000). Gleichgeschlechtliche Lebensgemeinschaften und kindliche Entwicklung. In K. J. H. J. Basedow, H. Kötz & P. Dopffel (Hrsg.) (Ed.), *Die Rechtsstellung gleichgeschlechtlicher Lebensgemeinschaften* (pp. 351-389). Tübingen: Mohr Siebeck.

Golombok, S., Spencer, A., & Rutter, M. (1983). Children in lesbian and single-parent households: Psychosexual and psychiatric appraisal. *Journal of Child Psychology and Psychiatry and Allied Disciplines, 24*, 551-572.

Green, R. (1978). Sexual identity of 37 children raised by homosexual or transsexual parents. *American Journal of Psychiatry, 135*, 692-697.

Hare, J. & Richards, L. (1993). Children raised by lesbian couples: Does context of birth affect father and partner involvement? *Family Relations: Interdisciplinary Journal of Applied Family Studies, 42*, 249-255.

Harris, M. B. & Turner, P. H. (1985/1986). Gay and lesbian parents. *Journal of Homosexuality, 12*, 101-113.

Hicks, S. (2000). 'Good lesbian, bad lesbian . . .': Regulating heterosexuality in fostering. *Child and Family Social Work, 5*, 157-168.

Hoeffer, B. (1981). Children's acquisition of sex-role behavior in lesbian-mother families. *American Journal of Orthopsychiatry, 51*, 536-544.

Huggins, S. L. (1989). A comparative study of self-esteem of adolescent children of divorced lesbian mothers and divorced heterosexual mothers. *Journal of Homosexuality, 18*, 123-135.

Kirkpatrick, M. (1996). Lesbians as parents. In R. P. Cabaj & T. S. Stein (Ed.), *Textbook of Homosexuality and Mental Health* (pp. 353-370). Washington, DC: American Psychiatric Press, Inc.

Kirkpatrick, M., Smith, C., & Roy, R. (1981). Lesbian mothers and their children: A comparative survey. *American Journal of Orthopsychiatry, 51*, 545-551.

Kweskin, S. L. & Cook, A. S. (1982). Heterosexual and homosexual mothers' self-described sex-role behavior and ideal sex-role behavior in children. *Sex Roles, 8*, 967-975.

Mucklow, B. M. & Phelan, G. K. (1979). Lesbian and traditional mothers' responses to Adult Response to Child Behavior and self-concept. *Psychological Reports, 44*, 880-882.

Mulholland, L. A. (1997). The world outside. In K. Griffin & L. A. Mulholland (Eds.), *Lesbian motherhood in Europe* (pp. 41-52). London: Cassell.

Patterson, C. J. (1992). Children of lesbian and gay parents. *Child Development, 63*, 1025-1042.

Patterson, C. J. (1994). Children of the Lesbian Baby Boom: Behavioral Adjustment, Self-Concepts, and Sex Role Identity. In B. Greene & G. M. Herek (Ed.), *Lesbian and Gay Psychology. Theory, Research, and Clinical Applications* (pp. 156-175). Thousand Oaks, CA: SAGE.

Patterson, C. J. (1995). Families of the Lesbian Baby Boom: Parents' Division of Labor and Children's Adjustment. *Developmental Psychology, 31*, 115-123.

Patterson, C. J. a. C., R. W. (1996). Gay Fathers and Their Children. In R. P. Cabaj & T. S. Stein (Ed.), *Textbook of Homosexuality and Mental Health* (pp. 371-393). Washington, DC: American Psychiatric Press, Inc.

Rauchfleisch, U. (1997). *Alternative Familienformen*. Göttingen: Vandenhoeck & Ruprecht.

Saffron, L. (1998). Raising children in an age of diversity-advantages of having a lesbian mother. *Journal of Lesbian Studies, 2*, 35-47.

Schmauch, U. (2001). *Was ist kompetentes Handel im Umgang mit Lesbischen/Schwulen bzw. Regenbogenfamilien* [17.09.02]. Tagung: Familie im Wandel - Neue Formen des Zusammenlebens: Lesbische und Schwule Familien mit Kindern, Philipp-Jakob-Spencer-Haus, Dominikanergasse 5, Frankfurt.

Schwartz Gottman, J. (1989). Children of gay and lesbian parents. *Marriage and Family Review, 14*, 177-196.

Senatsverwaltung für Schule, Jugend und Sport & Senatsverwaltung für Arbeit, Soziales und Frauen, Berlin (Ed.). (2001). *Regenbogenfamilien. Wenn Eltern lesbisch, schwul, bi- oder transsexuell sind.* Berlin: Oktober-Druck.

Stacey, J. & Biblarz, T. J. (2001). (How) does the sexual orientation of parents matter? *American Sociological Review, 66*, 159-183.

Tasker, F. & Golombok, S. (1995). Adults raised as children in lesbian families. *American Journal of Orthopsychiatry, 65*, 203-215.

Tasker, F. & Golombok, S. (1998). The role of co-mothers in planned lesbian-led families. *Journal of Lesbian Studies, 2*, 49-68.

Tasker, F. a. G., Susan. (1991). Children raised by lesbian mothers. *Family Law, may*, 184-187.

Tasker, F. a. G., Susan. (1997). *Growing up in a Lesbian Family: Effects on Child Development*. New York: The Guilford Press.

Turner, P. H., Scadden, L., & Harris, M. B. (1990). Parenting in gay and lesbian families. *Journal of Gay and Lesbian Psychotherapy, 1*, 55-66.

Wright, J. M. (1998). *Lesbian step families: An ethnography of love.* New York, NY, USA: Harrington Park Press.

Ise, M. (2003). Lesben und Schwule zwischen Abgrenzung und Zusammenarbeit. In M. C. Steffens & M. Ise (Hrsg.), *Jahrbuch Lesben – Schwule – Psychologie*. Lengerich: Pabst.

TEIL II

DOKUMENTATION DES VLSP-KONGRESSES 2001

Lesben und Schwule zwischen Abgrenzung und Zusammenarbeit

Michaela Ise

„Es gibt noch viel zu entdecken, Jungs". So der aufmunternde Einwurf einer lesbischen Kongressteilnehmerin an die schwulen Kollegen. Auf der VIII. Fachtagung des Verbands lesbischer Psychologinnen und schwuler Psychologen e.V. (VLSP) vom 31.3. bis 1.4.2001 in Hannover wurde deutlich, daß die Kommunikationskultur zwischen Lesben und Schwulen noch stark ausbaufähig ist. Ein Beitrag zur Förderung dieser Kultur sind die Artikel der WorkshopleiterInnen und Vortragenden in diesem Band.

Christina Schenk, lesben- und schwulenpolitische Sprecherin der PDS-Bundestagsfraktion, stellt einen Trend fest zum „Anything Goes" in der individuellen Lebensgestaltung, auch in Bezug auf Sexualität und Identität. Daraus schließt sie, daß eine Minderheitenpolitik für Lesben und Schwule wenig Sinn macht, da zum Beispiel von einem Gesetz zur eingetragenen Lebenspartnerschaft nur wenige profitieren. Statt dessen fordert sie von einer zukunftsfähigen Politik die Formulierung von übergreifenden Prinzipien, die die Gleichheit vor dem Gesetz zur Geltung kommen lassen.

Hans Hengelein, Schwulenreferent im niedersächsischen Ministerium für Frauen, Familie und Soziales, beantwortet die Frage nach der aktuellen beruflichen Diskriminierung von homosexuellen Psycholog/innen mit einem klaren „Jein". Homosexualität wird immer seltener pathologisiert, stattdessen findet das Thema überhaupt keine Beachtung mehr. Positive Entwicklungsmodelle der Homosexualität haben bisher kaum Einzug in die psychologische und psychoanalytische Lehre gefunden.

Am Samstag verteilten sich die Kongressteilnehmer/innen auf die zahlreichen Workshops. Hier wurde das Thema „Abgrenzung und Zusammenarbeit" aus den unterschiedlichsten Perspektiven betrachtet.

Rachel Herwig resümiert in ihrem Vortrag über lesbische und schwule Jüdinnen und Juden, dass wir heute, ob Juden oder Nichtjuden, die mehr wissen als die Vorfahren, nicht mehr an den alten Normen festhalten dürfen, wenn wir nicht an der Wirklichkeit – und religiös gesprochen: an der realen Schöpfung Gottes – vorbei in die Irre gehen wollen. Die Wirklichkeit richtet sich nicht nach unseren Normen und Vorschriften, sondern die Normen und Vorschriften müssen sich nach der Wirklichkeit richten.

Elisabeth Tuider und Lüder Tietz widmen sich der Herausforderung, *Queer Theory* verständlich darzustellen und tragen damit erheblich zur Klärung eines Begriffes bei, der in den letzten Jahren vermutlich viel häufiger verwendet als verstanden wurde.

Margret Reipen und Thomas Heinrich bearbeiten das Thema „Weiblichkeit und Männlichkeit in der Lesben- und Schwulenberatung". Sie machen unter anderem deutlich, dass die eigene Haltung des Beraters/der Beraterin gut reflektiert und bewusst sein sollte, da sie die Beurteilung dessen, was als normales Verhalten und Erleben der KlientInnen eingeschätzt wird, bestimmt.

Mit Betroffenheit wurden von den schwulen Teilnehmern die Ergebnisse einer Studie von Philipp Hammelstein aufgenommen. Demnach sind die Klischees von Schwulen über Lesben in Bezug auf Weiblichkeit und Männlichkeit ausgeprägter als umgekehrt. Daraus folgte die Erkenntnis, daß die Frauen- und Lesbenfeindlichkeit von Schwulen aufgearbeitet werden muss, wenn ein konstruktives Miteinander entstehen soll. „Bevor wir zusammenarbeiten können, müssen wir uns erst einmal richtig kennen lernen", so Hammelstein.

Am Abend zum Erzählcafé „Sappho auf Homolulu", moderiert von Regina Meyer, fanden sich die meisten wieder zusammen und lauschten den Erinnerungen der beiden ProtagonistInnen, den Unterschieden und Parallelen einer lesbischen und einer schwulen Lebensgeschichte.

Im Psychodramaworkshop bei Sylvia Schramm und Jörg Böttner hatten die TeilnehmerInnen Gelegenheit, sich als anders männlich, anders weiblich zu erleben – und die Grenze zur „internalisierten Heterophobie" auszuloten.

„Lesben und Schwule reden miteinander über Sex" war einer der begehrtesten Workshops auf dem Kongress: „Es war phantastisch, wir haben nur ein paar Fragen gesammelt, den Rahmen abgesteckt. Sehr schnell entstand ein offener und lebendiger Austausch zwischen Lesben und Schwulen nach dem Motto: „Was ich immer schon mal wissen wollte, aber nicht zu fragen wagte", berichten Walter Berger und Manuela Torelli.

In seinem Bericht über die Arbeitsgruppe zu Forschungsarbeiten stellt Ulli Biechele fest, dass es wahrscheinlich kein Zufall ist, wenn solche Arbeiten, die auf klare Identitätszuschreibungen verzichten, eher im außeruniversitären Rahmen stattfinden. Der Umgang mit den daraus entstehenden Widersprüchen braucht einen geeigneten Raum.

Das Schwule Forum Niedersachsen, vertreten durch Thomas Wilde, führte in Zusammenarbeit mit der Beratungsstelle für Homosexuelle Hannover, der Niedersächsischen AIDS-Hilfe und der Hannöverschen AIDS-Hilfe im Rahmen des VLSP-Kongresses fünf Worksshops durch. Zielsetzung des Vorhabens war, Perspektiven für Beratungsarbeit schwuler Männer sowohl bezüglich der Inhalte als auch der Strukturen zu gewinnen. Die Workshops „Wie leben schwule Männer in Niedersachsen" (mit Christoph Schmidtpeter, Michael Bochow, Klaus-Dieter Walther und Jörg Lühmann), „Spezifische Umgangsformen schwuler Männer aus *einfachen Verhältnissen*" (Pascal Belling und Stefan Zacharias) und „*Queer Theory* verständlich" stellten dabei Grundlagen für die Einschätzung des Stellenwerts von Beratung zur Verfügung. Darauf aufbauend boten zwei weitere Workshops den TeilnehmerInnen Einblicke in unterschiedliche Möglichkeiten der Umsetzung von Beratungsarbeit in Nordrhein-Westfalen und den Niederlanden sowie im Vergleich mit der Beratung heterosexueller Menschen im Kontext von Arbeit mit Paaren.

Clemens Sindelar reflektiert in seinem Beitrag über das Menschenbild der DAH, wie das Verhütungsdilemma auch eine philosophische Grenze darstellt: Wieviel Freiheit vertragen wir und wieviel Freiheit gestehen wir unseren Klienten zu?

Silke Eggers und Ulli Claum arbeiteten schließlich unmittelbar am Thema des Kongresses. In ihrem moderierten Workshop erarbeiten sie mit den TeilnehmerInnen eine Reihe von Ideen, unter anderem die Entwicklung eines „Klischeetages" in lesbisch-schwulen Projekten.

Spätestens im Lauf der Abschlussdiskussion wurde deutlich: Es braucht beides, abgegrenzte Räume für Lesben und für Schwule und gemeinsame Projekte. So können sich viele Schwule zum Beispiel gemischte Coming-out- Gruppen nicht vorstellen. Lesben brauchen Frauen/Lesbenräume, um ihre eigenen Anliegen zu verfolgen. Dann, gleichsam als zweiter Schritt, wird die Zusammenarbeit von Lesben und Schwulen interessant. Dort zum Beispiel, wo sie die gleichen Interessen haben. Und dort, wo sie gegenseitig voneinander profitieren können.

Und auch das ist inzwischen klar: Sich gemeinsam als Opfer gesellschaftlicher Diskriminierung zu fühlen, führt nicht zusammen. Viel mehr braucht es gemeinsame Ziele, um Bündnisse zu schließen und Ergebnisse zu erzielen. Die Tagung selbst (ein Kooperationsprojekt des VLSP mit schwulen und gemischten Projekten in Niedersachsen) hat gezeigt, daß es funktioniert. Lesben, Schwule und Heterosexuelle können interdisziplinär zusammenarbeiten. Und wie immer auf VLSP-Kongressen: Lesben und Schwule können miteinander Spaß haben und genießen!

Schenk, Chr. (2003). Über die politischen Folgen von Entgrenzungen und Grenzverschiebungen. In M. C. Steffens & M. Ise (Hrsg.), *Jahrbuch Lesben – Schwule – Psychologie*. Lengerich: Pabst.

Über die politischen Folgen von Entgrenzungen und Grenzverschiebungen

Christina Schenk

Auf dieser Tagung soll die Frage „Abgrenzung – Zusammenarbeit – Wo geht es hin?" hinsichtlich Geschlecht, sexueller Identität und Lebensweise diskutiert werden. In meinem Beitrag möchte ich dieses Thema aus bundespolitisch-parlamentarischer Sicht beleuchten.

Ich bin davon überzeugt, dass sich hier gravierende Veränderungen vollziehen werden. Die bisherigen Bezugspunkte politischen Engagements – die Lebensweise, das Geschlecht, die sexuelle Orientierung[6] – beginnen unbrauchbar zu werden, und politische Übereinstimmungen respektive Gemeinsamkeiten lassen sich immer weniger an solchen Identitäten wie „Frau", „Mann", „homo" oder „hetero" festmachen. Wir erleben gegenwärtig die ersten Anzeichen einer Entwicklung von einer heterozentrisch strukturierten Welt hin zu einer, die mit dem Begriff „Queer"[7] gut zu beschreiben ist. Das hat Folgen insofern, als sich die Anlässe und Motivationen für Zusammenarbeit einerseits und Abgrenzung andererseits verschieben werden. Dies will ich im folgenden erläutern und am Beispiel der Eingetragenen Lebenspartnerschaft vertiefen.

Zugleich möchte ich angesichts der sich dabei bietenden Aussichten auf durchaus auch erfreuliche Veränderungspotentiale vor der eventuell aufkommenden Erwartung warnen, dass sich das, was ich hier benennen will, gleich morgen bruchlos in allen Facetten des alltäglichen Lebens wiederfinden wird. Auch werde ich Ihnen hier kein ausgefeiltes Ideengebäude anbieten, sondern

---

[6] Hier verstanden als Richtung des sexuellen Begehrens.
[7] Der Begriff *Queer* wird hier verwendet als Gegensatz zu gesellschaftlichen Normierungen hinsichtlich Geschlecht und Sexus und den sie erzwingenden und reproduzierenden Politiken, deren konstitutives Moment Ausgrenzungen bzw. Privilegierungen von Gruppen entlang eben dieser Normierungen sind.

lediglich erste Gedankenskizzen zu den meiner Meinung nach zu erwartenden politischen Prozessen – erste Denkversuche auf noch neuem Terrain.

Das Ende aller Klarheiten

Früher schienen die Verhältnisse geordnet, einfach und übersichtlich zu sein. Das Zusammenleben von Menschen war hinsichtlich seiner Grundkoordinaten von drei scheinbar unumstößlichen Gewissheiten geprägt:

- Es gibt ausschließlich Männer und Frauen.
- Menschen sind von Natur aus heterosexuell.
- Nur in der auf Lebenszeit geschlossenen Ehe mit Kindern finden Mann und Frau ihre Erfüllung im Miteinander und die Kinder die bestmöglichen Bedingungen vor.

Ersteres scheint durch den bloßen Augenschein trivial, ist aber dennoch unzutreffend, wie noch zu zeigen sein wird; das Zweite ist ein inzwischen als solcher erkannter Irrtum und Letzteres war schon immer ein Mythos, der nichtsdestotrotz in Deutschland – vor allem in seinem westlichen Teil – noch immer hoch im Kurs steht.

Seit längerem schon schwindet die Macht dieses Mythos. Unbestreitbar sind gravierende Wandlungen im Gange: Verheiratetsein ist längst kein Muss mehr, und viele Ehen sind gewollt kinderlos. Immer mehr Menschen leben ganz bewusst auch ohne Trauschein zusammen – mit oder ohne Kinder. Es ist inzwischen als Binsenweisheit anerkannt, dass das Wohlergehen der Kinder nicht davon abhängt, ob ihre Eltern mit oder ohne Trauschein zusammenleben. Es wächst die Zahl der sogenannten Patchworkfamilien, in denen es meine, deine und unsere Kinder gibt. Die Zahl der Kinder, die von Co-Müttern und -Vätern mitbetreut werden, wächst. Auch die überkommene Erwartung eines Zusammenlebens auf Lebenszeit wird kaum noch wirklich ernst genommen. In der Regel hat man nicht mehr nur eine Beziehung im Leben, sondern es folgen mehrere nacheinander (bei Zweierbeziehungen ist die Rede von „serieller Monogamie“). Oftmals sind die besten Freundinnen oder Freunde eine wichtigere Konstante im Leben als die Liebesbeziehung.

Sowohl eheliche als auch nichteheliche Lebensgemeinschaften werden nicht nur auf herkömmliche – intimere Kontakte zu Dritten ausschließende – Art gelebt, sondern als offene Beziehung praktiziert. Hier werden Nebenbeziehungen oder auch nur das Ausleben von Sexualität außerhalb der Hauptbeziehung hingenommen oder sogar begrüßt[8]. Einige Menschen leben zu mehreren zusammen, aus ökonomischen Gründen (Wohngemeinschaften) und/oder wegen der engen Bindung, die die Beteiligten zueinander haben. Letzteres kann sexuelle Beziehungen

---

[8] z.B. Martina Rellin: Ich habe einen Liebhaber – Frauen berichten von ihren Begegnungen mit dem ganz besonderen Mann. Schwarzkopf u. Schw. Berlin 2001

einschließen, muss es jedoch nicht. Andererseits ist ein gemeinsamer Haushalt heutzutage nicht mehr so selbstverständlich wie noch vor Jahren. So sind die vermeintlichen Singles im Regelfall nicht allein, sondern sie leben mit ihren Liebsten und Nächsten nur nicht in einem gemeinsamen Haushalt. Auch die Sexualmoral hat sich deutlich verändert. Das Dogma der Heterosexualität hat seine Wirkung weitgehend verloren[9]. Viel selbstverständlicher als je zuvor wird homo- oder bisexuell gelebt – entweder als Paar oder zu mehreren oder allein, mit Kind/ern oder ohne.

Kurzum: Die Dominanz der ein Leben lang mit demselben Partner bzw. derselben Partnerin geschlossenen Ehe mit eigenen Kindern ist abgelöst worden durch eine Vielfalt an Lebensformen. Für die einen manifestiert sich in dieser Entwicklung das Ende der Familie im Besonderen und darüber hinaus der Untergang des Abendlandes im Allgemeinen.[10] Für die anderen bringt sie die Befreiung von Zwängen und somit die Chance, Individualität authentisch zu leben. Dies ist verbunden mit der Notwendigkeit, Familie neu zu definieren – nicht als Realisierung einer von außen kommenden Norm, der sich Menschen unabhängig von ihren Bedürfnissen anzupassen haben, sondern als Ausdruck eben dieser Bedürfnisse.

Nun ist zu fragen, ob die in Sachen Lebensweise sichtbar gewordene Entwicklung auch bezüglich des Geschlechts, das bislang ausschließlich bipolar gedacht worden ist, stattfindet. In jüngerer Zeit scheint nun auch diese letzte Gewissheit einer normativ konstruierten Welt in Bewegung zu geraten. Die Vorstellung von der Bipolarität des Geschlechts kollidiert ganz offensichtlich mit der Wirklichkeit. Zwar hat es WanderInnen und PendlerInnen zwischen den Polen „männlich" und „weiblich" schon immer gegeben, sie sind jedoch erst unter den heutigen liberalisierten Bedingungen als *Transgender* und Intersexuelle öffentlich sichtbar.

Wer wie eine Frau aussieht, muss sich nicht notwendigerweise als solche verstehen, auch bei biologischen Männern ist der Schluss vom Phänotyp auf das empfundene Geschlecht nicht mehr so ohne weiteres möglich. Wenn sich die überkommenen Gewissheiten über den Zusammenhang zwischen biologisch gegebenem Körper und der empfundenen Geschlechtszugehörigkeit auflösen, ergibt sich folglich auch die sexuelle Orientierung nicht mehr so ohne weiteres aus dem Augenschein. Auf ihn ist kein Verlass mehr. Mehr noch – es kann durchaus sein, dass die „Eindeutigen" sogar in der Minderheit und die zwischen den Polen in der Mehrheit sind – eine bislang völlig abwegige Vorstellung. Während die Lebensweise und die sexuelle Orientierung Themen sind, die inzwischen ohne große Erregung öffentlich diskutierbar sind, wird wohl in Bezug auf das Geschlecht noch eine längere Zeit vergehen, bis sich auch hier die Auffassung von Normalität ändert.

---

[9] Ulrich Beck: Das Zeitalter des eigenen Lebens. In: Aus Politik und Zeitgeschichte B29/2001 vom 13.6.01

[10] Elisabeth Beck-Gernsheim: Was kommt nach der Familie? Einblicke in neue Lebensformen. München 1998

Generell lässt sich dennoch sagen, dass wir in einer Zeit leben, in der die durch soziale Normierung und Kontrolle erzwungene Homogenität verschwimmt und abgelöst wird durch Vielfalt. In der individuellen Lebensgestaltung ist „Anything Goes“ zum dominierenden Trend der Gegenwart geworden. Dieser Wandel hat stattfinden können, weil die ökonomischen Verhältnisse sich soweit verändert haben, dass eine Vielfalt an Lebensentwürfen auch tatsächlich individuell lebbar ist und korrespondierend dazu die Bindungswirkung überkommener Moralvorstellungen nachgelassen hat.

Die Möglichkeiten, die eigene geschlechtliche Identität und die eigene sexuelle Verortung jenseits der bislang angebotenen Bipolaritäten Frau/Mann bzw. Hetero-/Homosexualität zu finden und zu leben, haben sich erweitert – wenn auch erst in Ansätzen und mit starken Unterschieden zwischen Stadt und Land. Die Folge ist, dass die Verschiedenheit der Individuen, die bisher unter der Oberfläche der Konventionen verborgen geblieben war, nun zu Tage tritt. Weder die Wahrnehmung des eigenen Körpers noch das empfundene soziale Geschlecht oder die sexuelle Orientierung ergeben sich aus den jeweils übrigen beiden Aspekten, jede Kombination ist möglich. Zudem sind nicht mehr nur das Eine oder das Andere, sondern auch intermediäre Zustände benennbar geworden. Die Verwirrung ist komplett.

Im halböffentlichen Raum der Subkultur oder gar in der Öffentlichkeit ist inzwischen eine Kommunikation über diese – individuell erlebte – Differenz zur Norm möglich. Eine Distanz zur Norm wird heutzutage immer seltener zur persönlichen Katastrophe, sie wird immer öfter einfach gelebt. Auf der Ebene des Politischen führt sie zu einem kritischen Blick auf die herrschenden Normalitätsvorstellungen, der schließlich in der Forderung mündet, diese zu revidieren.

Diese Vorgänge sind durchaus ambivalent. Einerseits sind sie faszinierend, da sie einen Zuwachs an Freiheit bedeuten, andererseits sind sie beängstigend, da sie zugleich eine Bedrohung sind für die zum Teil mühsam gefundene Zugehörigkeit zu einer Gruppe, deren Existenz es ermöglicht, sich nicht allein und pervers fühlen zu müssen. Wenn sich die Kategorien auflösen, ist Heimat durch bloße Zuordnung zu diesen nicht mehr zu finden. Bisher sicher geglaubte Grenzen und Abgrenzungen werden durchlässig – bis zur Unbrauchbarkeit. Es wird nun schwieriger, Gemeinsamkeiten zu definieren und die jenseits von Kategorien zu findenden neuen Möglichkeiten zu nutzen. Der drohende Verlust des Vertrauten wird neue Verfestigungen erzeugen, aber auch neue emanzipatorische Energien freisetzen.

Politische Implikationen der Vielfalt

Von Anfang an gibt es im politisch engagierten Teil der lesbisch-schwulen Community zwei grundlegend voneinander verschiedene politische Ansätze: Der bürgerrechtliche begreift Benachteiligung oder Diskriminierung als Ausschluss der identitätspolitisch definierten Gruppe der Homosexuellen von Rechten, die andere haben, und fordert die gleiche Teilhabe am Bestehenden, das seinerseits kritiklos akzeptiert wird. Der andere – emanzipatorische – Ansatz analysiert die Gründe und Mechanismen von Diskriminierungen einerseits und Privilegien andererseits und identifiziert das Bestehende selbst als Kernproblem. Aus dieser Perspektive besteht das Ziel in der Herstellung von gleichen Rechten und gleichen Möglichkeiten für alle – gänzlich unabhängig von Identitäten und darauf basierenden Gruppenzuordnungen.

Am Anfang der öffentlich wahrnehmbaren lesbisch-schwulen Politik war der Aufstand der Mutigen, die radikale emanzipatorische Forderungen artikulierten. Mit zunehmender Toleranz in der Gesellschaft und entsprechend abnehmendem Risiko begann der „gewöhnliche Homosexuelle“[11] zu dominieren, der keineswegs Bürgerschreck sein wollte, sondern sich nichts sehnlicher wünschte als seine Integration in die bürgerliche Normalität. Diese Sichtweise überflutete in der öffentlichen Wahrnehmung die ursprüngliche Radikalität und machte sie nahezu unsichtbar, woraus im übrigen nicht geschlossen werden kann, dass jene schwächer geworden sei. Der Bürgerrechtsansatz, der auf der Identität als „homosexuell“ – in klarer Abgrenzung zu „heterosexuell“ – basiert, gewann im LSVD (Lesben- und Schwulenverband Deutschland) organisatorisch Gestalt. Dessen politische Omnipräsenz in den vergangenen Jahren verdeckte die politischen Differenzierungen in der *Scene* und erweckte so den Eindruck von Homogenität, wo keine war und keine ist. In dem Maße, wie sich die Kategorien auflösen und Identitäten als Frau, Mann, Lesbe, Schwuler usw. relativiert werden[12] durch die öffentliche Präsenz von Zwischenstufen, Übergängen und von Veränderbarkeit, wird der Bürgerrechtsansatz seine Hegemonie wieder verlieren[13].

Politische Gemeinsamkeiten und Übereinstimmungen sind jetzt schon und erst recht künftig nicht mehr entlang der alten Kategorien und Gewissheiten findbar. Zum einen war es schon immer eine (Selbst-)Täuschung, dass sich bestimmten Identitäten quasi automatisch bestimmte Partikularinteressen zuordnen lassen, die zudem nur für diese Gruppe gültig sind. Zum anderen verlieren diese Identitätsbildungen entlang von Kategorisierungen an Bedeutung, weil letztere zu verschwimmen im Begriff sind. Diese Entwicklungen haben, auch wenn sie erst am Anfang stehen und im gesellschaftlichen Diskurs zunächst noch als Randgruppenthema (miss)verstanden werden, Konsequenzen im Politischen. Wenn Identitätspolitik entlang der Kategorien „Geschlecht“ und

---

[11] Martin Dannecker

[12] Hierbei muss die politische von der individuellen Ebene unterschieden werden. Auf letzterer ermöglichen die überkommenen Identitäten eine erste Verortung und sind aus der Sicht des Individuums ein Gewinn an innerer Sicherheit bzgl. des eigenen „Normal“-Seins. Allerdings sollten die Grenzen der solcherart gewonnenen Sicherheiten klar sein – dies ist dann eine Übung für Fortgeschrittene

[13] Dieser Prozess ist mit dem Zustandekommen des Gesetzes über die Eingetragene Lebenspartnerschaft (ELP) nahezu erdrutschartig in Gang gekommen. Die eher oberflächliche mediale Berichterstattung über die ELP hat der Öffentlichkeit suggeriert, die Homo-Ehe sei nun verwirklicht. Das zentrale Thema der Bürgerrechtspolitik, die Öffnung der Ehe für Homosexuelle, gilt jetzt für die breite Öffentlichkeit als „erledigt“. Folglich sind ihre ProtagonistInnen für diese kaum noch interessant; ihre mediale Präsenz hat entsprechend abgenommen. Der Bedeutungsverlust ihrer Politik folgt unmittelbar.

„sexuelle Orientierung" nicht mehr möglich ist, sind politische Gemeinsamkeit immer weniger über gleiche Identität herzustellen, sondern nur noch über gleiche politische Zielvorstellungen. Diese werden nicht mehr gruppenspezifisch formulierbar sein, sondern nur noch *Queer*. Auf der gesetzgeberischen Ebene verliert „Lesben- und Schwulenpolitik" endgültig ihren Sinn.

Das Verständnis von Homosexuellen, Bisexuellen und *Transgender* als Minderheiten, deren Probleme man durch Sonderregelungen lösen muss, wird obsolet. Stattdessen wird Homo- ebenso wie Heterosexualität, wie Bisexualität und *Transgender* nicht als Abweichung vom Normalen, sondern als Variationen des Normalen selbst zu begreifen sein. Dann, leider erst dann, wird auch klarer sein als heute, dass jegliche ungerechtfertigte Ungleichbehandlung kein Minderheitenproblem, sondern eine Verletzung des Gleichheitsgrundsatzes – das konstituierende Moment jeder Form von Demokratie schlechthin – darstellt.

Unter diesen Bedingungen ist eine zukunftsfähige Politik, die spätere Paradigmenwechsel nicht nötig haben wird, nicht mehr als Durchsetzung von Partikularinteressen denkbar. Sie wird stattdessen übergreifende Prinzipien und Interessen zu artikulieren haben, wie zum Beispiel die tatsächliche Gleichheit aller vor dem Gesetz. Statt der Gleichstellung von in eheähnlicher Gemeinschaft lebenden homosexuellen Paaren mit heterosexuellen ist dann die rechtliche Anerkennung für alle Lebensweisen unabhängig von Zahl, Geschlecht und sexueller Präferenz der Beteiligten das eigentliche Ziel. Die Gleichheit vor dem Gesetz ist die Rahmenbedingung für Individualität und dafür, dass Vielfalt auch tatsächlich gelebt werden kann. Bürgerrechtspolitik hat im Gegensatz dazu für das Leben zwischen den Polen „Frau" und „Mann", „heterosexuell" und „homosexuell" keine Idee, da sie lediglich die Einbeziehung bisher Ausgeschlossener in das bipolar normierte Gegebene will.

Dennoch wird der Bürgerrechtsansatz nicht überflüssig. Solange Rechte entlang von Kategorien vergeben bzw. vorenthalten werden, werden Bürgerrechtsansatz und emanzipatorischer Ansatz nebeneinander existieren. Die aus der Konkurrenz und den Machtverhältnissen zwischen den beiden erwachsenden Wechselwirkungen sind mitentscheidend für die letztlich entstehende Politik in diesem Punkt (siehe hierzu Exkurs „Wie Politik entsteht").

Die Entkopplung von politischem Interesse und Identität hat nicht nur Konsequenzen für das politische und das gesetzgeberische Herangehen, sondern auch für die Bildung politischer Bündnisse zur Durchsetzung von Forderungen. Die bisherigen – entlang politischer Identitäten gebildeten – werden zerbröseln; die gemeinsame Identität führt nicht zwangsläufig zu politischer Interessenübereinstimmung; dies um so weniger, je eher Vielfalt gelebt wird und sich das politische Selbstverständnis individualisiert. Stattdessen werden neue Bündnisse möglich: Ehekritische Lesben und Schwule werden sich eher mit Heteros ähnlicher Sichtweise verbünden als Lesben mit Schwulen zum Zwecke der Abgrenzung zu Heterosexuellen.

Die Erosion der Kategorien und Identitäten bedeutet allerdings nicht zwangsläufig, dass eine Zusammenarbeit über bisherige Grenzziehungen hinaus einfach wird. Schon unter den vergangenen – klareren – Verhältnissen in der alten Bundesrepublik hat es zwischen Lesben und Schwulen fast ausschließlich Abgegrenzung und kaum Zusammenarbeit gegeben.[14] Der wohl nirgendwo sonst so strikt praktizierte Separatismus setzt die Bezugnahme auf Identitäten voraus und zementierte diese. Eine Kommunikation, geschweige denn eine Verständigung zwischen beiden Seiten fand nicht wirklich statt. So kann es kaum verwundern, dass funktionierende politische Koalitionen von Lesben und Schwulen nur in sehr begrenztem Maße zu Stande gekommen sind.[15] Will man nicht der Illusion einer identitätsbezogenen Konsensfindung hinterherjagen und die zwangsläufig immer wieder folgenden Enttäuschungen erleben, bedarf es einer vorrangig am Gegenstand oder Thema orientierten Suche nach denjenigen, mit denen politische Gemeinsamkeiten bestehen. Demgegenüber haben die Identitäten der Beteiligten für die Tragfähigkeit eines Bündnisses, das politische Ziele verfolgen will, nur eine untergeordnete Bedeutung. Vermutete oder reale Gemeinsamkeiten hinsichtlich der Identität können allerdings die Kontaktaufnahme und auch die Gewährung eines Vertrauensvorschusses und somit das Zustandekommen eines Bündnisses sehr erleichtern. Dieses wird dennoch nur so lange bestehen bleiben, wie der inhaltliche Gegenstand der Zusammenarbeit aktuell ist.

Die Eingetragene Lebenspartnerschaft (ELP)

Deutschland ist das einzige Land in Europa, das in seiner Verfassung der Ehe eine so hervorgehobene Stellung zuspricht. Noch immer wird daraus ein Anspruch auf Privilegierung abgeleitet. Dieser soll nicht, wie oft angenommen wird, die Heterosexualität in besonderer Weise fördern und schützen, sondern die Reproduktion, für die nach gängiger verfassungsrechtlicher Auslegung – und in völliger Verkennung der Realität – der Ehe eine exklusive Bedeutung zugesprochen wird.[16] Von daher hat in Deutschland die Öffnung der Ehe für Lesben und Schwule derzeit keine Chance, eine Mehrheit zu finden.

In dieser Situation gab es für die Regierungskoalition aus SPD und Grünen zwei Möglichkeiten: Entweder man schafft ein gesondertes Gesetz speziell für homosexuelle Paarbeziehungen, das sich kritiklos an der Ehe orientiert, aber deutlich weniger Rechte beinhaltet als diese, oder aber man entwickelt ein neues Rechtsinstitut neben der Ehe, das Homo- sowie Heterosexuellen

---

[14] z.B. Sabine Hark, Stefan Etgeton: Freundschaft unter Vorbehalt. Querverlag Berlin 1997

[15] Die interessante Frage, inwieweit dies unter den im europäischen Vergleich doch reichlich patriarchalen Verhältnissen der alten Bundesrepublik überhaupt möglich gewesen wäre, kann im Rahmen dieses Textes leider nicht untersucht werden.

[16] In Ostdeutschland werden gegenwärtig ca. 50 % der Kinder von nichtverheiraten Müttern geboren, in Westdeutschland sind es ca. 25%.

gleichermaßen offensteht und nur die wenigen notwendigen Dinge regelt, die nicht notariell zwischen den Beteiligten vereinbart werden können, weil sie in die Kompetenz der Bundesgesetzgebung fallen (z.B. Pflichtteile im Erbrecht, das Zeugnisverweigerungsrecht oder das Zuzugsrecht für Nicht-EU-AusländerInnen). Auf die Rechte und Pflichten, die einem gleichberechtigten Zusammenleben entgegenstehen (z.B. Unterhaltspflicht und deren steuerliche Geltendmachung oder Ehegattensplitting), kann dabei ohne weiteres verzichtet werden. Dies würde zudem der überfälligen Reform des Eherechts einen neuen Impuls geben. Eine solches Rechtsinstitut könnte und sollte außerdem so konstruiert sein, dass es – im Unterschied zur Ehe – flexibel an individuelle Bedürfnisse und Notwendigkeiten angepasst werden kann.

Ein erster Schritt in diese Richtung wäre ein Vertragspaket nach dem Modell des französischen Zivilpakts (PACS) gewesen. Dort hat jede Zweiergemeinschaft unabhängig von der sexuellen Orientierung gleiche Möglichkeiten der rechtlichen Ausgestaltung. Auch hierzulande würden Verrechtlichungsmöglichkeiten in den wesentlichsten Aspekten, wie zum Beispiel das gemeinsame Sorgerecht, das Nachzugsrecht für Nicht-EU-AusländerInnen, das Zeugnisverweigerungsrecht, das Mitbestimmungsrecht im Krankheitsfall, der Angehörigenstatus im Strafrecht und eine Gleichstellung mit Verheirateten im Erbrecht und bei der Erbschaftssteuer, die schwerwiegendsten Probleme sowohl für homo- als auch für heterosexuelle Paare gleichermaßen lösen. Ein solches „unterhalb" der Ehe etabliertes Rechtsinstitut wäre, da von der sexuellen Orientierung unabhängig, nicht dem Vorwurf ausgesetzt, Homosexuelle zu diskriminieren. Es hätte zudem die Perspektive einer schrittweisen Erweiterung auf alle Lebensformen eröffnet.

Die rot-grüne Koalition hat sich für die erste – die bürgerrechtliche – Variante entschieden und ein Gesetzeskonvolut im Bundestag verabschieden lassen, das aufgrund der derzeitigen verfassungsrechtlichen Situation zwangsläufig nur ein Recht zweiter Klasse sein konnte. So fehlen zum Beispiel die Gleichbehandlung im Einkommens- und Erbschaftssteuerrecht, im Beamtenrecht sowie in der Hinterbliebenenversorgung sowie das gemeinsame Sorgerecht für die bereits in der Beziehung lebenden Kinder, das Recht auf Insemination und auf gemeinsame Adoption. Nach der Ablehnung der zustimmungspflichtigen Teile des Gesetzes im Bundesrat ist vom ohnehin schon Unzureichenden nur noch ein Torso übriggeblieben, bei dem das schon vorher bestehende Missverhältnis zwischen Rechten und Pflichten noch einmal drastisch verstärkt worden ist. Von der ELP haben lediglich binationale Paare einen realen Vorteil, da nunmehr die PartnerInnen aus dem Nicht-EU-Ausland jetzt einen Rechtsanspruch auf Zuzug haben.

Das Fatale an der jetzigen Situation ist, dass diejenigen, zu deren Lebensverhältnissen das Modell der Ehe nicht passt oder die dieses aus politischen Gründen ablehnen, auch weiterhin rechtlos bleiben. Es wird lange Zeit dauern, bis sich der Gesetzgeber wieder diesem Thema zuwenden wird. De facto hat die rot-grüne Bürgerrechtspolitik die an heiratsunwillige Heterosexuelle adressierte Erziehungsdiktatur in die Community hinein verlängert: Wer die vorgefundenen Muster nicht will, bleibt von wichtigen Rechten ausgeschlossen. Individuelle Selbstbestimmung und die Pluralität der Lebensentwürfe werden mit der ELP nicht geschützt, sondern der moralischen Delegitimierung preisgegeben, indem Beziehungsmustern, die sich nicht am Modell der Ehe orientieren, ein geringeres Maß an Verantwortung unterstellt wird. Die ELP hat die Sonderstellung der Ehe ausgerechnet zu einem Zeitpunkt einen zusätzlichen Legitimationsschub verliehen, als deren Fragwürdigkeit bereits öffentlich Thema war. Dass die Einführung der ELP die in Deutschland bereits vor geraumer Zeit in Gang gekommene politische Befassung mit der Entprivilegierung der Ehe und der Anerkennung anderer Lebensweisen nun ausgebremst hat, ist keineswegs nur ein Kollateralschaden.

Die ELP, für die sich die Grünen so verkämpft haben, ist für die meisten Lesben und Schwulen völlig uninteressant – nicht nur in praktischer, sondern auch in symbolischer Hinsicht. Das war angesichts der Ergebnisse der Bamberger Studie[17], die von Rot-Grün im Diskussionsprozess um die Eingetragene Lebenspartnerschaft völlig ignoriert worden ist, auch zu erwarten. Etwa zwei Drittel der Befragten befürworten eine gesetzliche Form, die ihnen die Möglichkeit der flexiblen Ausgestaltung ihrer Beziehungen gibt. Sie fordern eine Reform des Familienrechts, die die tatsächliche Vielfalt an familiären Lebensformen und die daraus entstehenden Regelungsbedürfnisse in den Blick nimmt. Die meisten der Befragten lehnten eine Regelung ab, die – wie die ELP – für Homosexuelle deutlich weniger Rechte als die Ehe vorsieht. Lesbisches, schwules, bisexuelles, *transgender* und sonstiges Leben war schon immer sehr viel vielfältiger, als dass es sich in das Korsett des Rechtsinstituts Ehe mitsamt seinem antiquierten Ballast an Pflichten und ungerechtfertigten Privilegien pressen ließe. Auch unter denjenigen, die heterosexuelle Beziehungen bevorzugen, sinkt inzwischen die Bereitschaft, sich den Rahmenbedingungen, Folgewirkungen und nicht zuletzt auch den Eigendynamiken der Ehe zu unterwerfen.

Zwar hat der Bürgerrechtsansatz im Streit um die Verbesserung der rechtlichen Situation bislang Ausgeschlossener obsiegt – nur will dessen „Errungenschaften" kaum jemand haben. Ein deutlicheres Indiz für die These, dass der Bürgerrechtsansatz seine Hegemonie zu verlieren beginnt, ist kaum vorstellbar.

Die Konstruktion der ELP und die Akzeptanz dieses Rechtsinstituts bei denen, für die es geschaffen worden ist, illustrieren die Begrenztheit einer Bürgerrechtspolitik, die sich als identitätspolitische Interessenvertretung von Lesben und Schwulen versteht. Dass die Community die ELP mehrheitlich ablehnt und gleichzeitig die Ehe für heterosexuell Lebende kontinuierlich an Attraktivität verliert, zeigt, dass es an der Zeit ist, identitätsübergreifende Allianzen zu schmieden. Im Politischen verläuft die Trennlinie eher zwischen dem Bürgerrechts- und dem emanzipato-

---

[17] Endbericht zum Projekt „Benachteiligung gleichgeschlechtlich orientierter Personen und Paare", vorgelegt von der Sozialwissenschaftlichen Forschungsstelle (SOFOS) an der Otto-Friedrich-Universität Bamberg, Januar 2000

rischen Ansatz und weniger zwischen Menschen unterschiedlicher sexueller Orientierung. In Kultur, Subkultur und beim Sex hingegen werden – das sei zur Beruhigung gesagt – ganz sicher auch künftig identitätsbezogene Gemeinsamkeiten eine größere Rolle spielen als die politischen.

Exkurs: Wie im politischen Raum Veränderung entsteht – der Streit um die Strategie

Der Disput ist so alt wie die Community selbst: Wie bewegt man etwas in der Gesellschaft? Was bringt eher eine Verbesserung des alltäglichen Lebens für Lesben und Schwule: die Forderungen nach gleicher Teilhabe am Bestehenden oder die nach Gleichheit durch grundlegende Veränderung des Bestehenden? Homo-Ehe oder gleiche Rechte für alle, Anpassung oder Gesellschaftskritik, Integration oder Emanzipation – das ist die permanente Frage.

Die einen wollen die Homo-Ehe, also die volle Teilhabe an allem, was auch Heteros dürfen, wobei man gegebenenfalls auch bereit wäre, an den Punkten die Fortsetzung der Diskriminierung hinzunehmen, für die sich gerade keine Mehrheit finden läßt – zum Beispiel beim gemeinsamen Sorgerecht und beim Adoptionsrecht. Man ist der Auffassung, dass sich politische Bemühungen an möglichen politischen Mehrheiten in den zuständigen Institutionen orientieren müssten. Radikale Forderungen seien abschreckend und gefährdeten selbst geringe Fortschritte. Zuerst müsse man um das Naheliegende kämpfen und erst dann um das Grundsätzliche.

Die anderen hingegen kritisieren das Bestehende selbst als Quelle der Diskriminierung und fordern eine Politik, die keine der Formen des Zusammenlebens oder der Nähe gegenüber anderen privilegiert oder diskriminiert. Die Ehe müsse als Rechtsinstitut abgeschafft werden. Jede und jeder solle ihre/seine Beziehungen nach eigenem Gusto rechtlich regeln dürfen. Beide Sichtweisen sind legitim: Selbstverständlich gibt es keinen Grund, Lesben und Schwule von Rechten auszuschließen, die andere haben. Allerdings hebt die Teilhabe am Bestehenden die Diskriminierung als solche nicht auf. Dies kann nur durch die Gleichstellung *aller* Lebensweisen geschehen.

Bürgerrechtspolitik orientiert sich unmittelbar und kritiklos am *Mainstream*, weil politische Mehrheiten nur dort zu finden sind. Emanzipatorische Politik hingegen zielt auf die Veränderung eben dieses *Mainstream* – durch Denkanstöße, durch Provokationen in Gestalt grundsätzlicher Vorschläge, durch fundierte Kritik am Bestehenden und dessen Wirkungen. Sie ist grundsätzlich nicht mehrheitsfähig[18], jedoch kann nur sie längerfristig zu neuen Mehrheiten für weitergehende Reformen führen. Ohne die radikalen Forderungen, die langfristig das Denken in einer Gesellschaft verändern, bewegt sich nichts.

---

[18] Die Befürchtung, dass emanzipatorische Politik die sogenannten kleinen Schritte blockieren würde, ist somit grundlos.

Letztlich resultiert die politische Entwicklung aus der Aufgeschlossenheit und dem Interesse in der Gesellschaft an Veränderung und dem aktuell zwischen beiden Sichtweisen bestehenden Kräfteverhältnis. Insofern hängt es unter anderem auch vom Einfluss beider Seiten auf die Öffentlichkeit ab, ob und in welcher Weise die geforderten Veränderungen politisch umgesetzt werden. Es kann daher nicht verwundern, dass die Auseinandersetzung zwischen den ProtagonistInnen der beiden Grundansätze zuweilen recht verbissen geführt wird.

Die beiden Ansätze stehen zueinander in einem konkurrenten Verhältnis, was die gegenseitige Abneigung der jeweiligen ProtagonistInnen erklärt. Schließlich zementiert die Forderung nach Homo-Ehe die gesetzlich fixierte Differenzierung zwischen den verschiedenen Lebensformen durch Teilhabe daran und unterläuft damit – ob gewollt oder nicht – die grundlegende Kritik am Bestehenden, was wiederum den Kampf um die Veränderung des *Mainstream*-Denkens erschwert. Die emanzipatorische Politik ihrerseits stört wiederum den Bürgerrechtsansatz, indem sie kritisiert, was dieser sich so sehnlichst wünscht.

Über dieses Kräftespiel sind beide Seiten miteinander verkoppelt – ihr Wechselverhältnis bestimmt Art und Umfang der konkreten, unmittelbar praktischen Veränderungen. Langfristig wandelt sich in diesem Prozess auch die Sicht des *Mainstream* auf die Dinge. So belebt die Debatte um die Homo-Ehe auch die um die Gleichstellung aller Lebensweisen, während letztere – ganz ungewollt – die Schritte zu ersterer befördert.

Der Streit zwischen beiden Sichten wird der Community mit Sicherheit erhalten bleiben; Sympathiewallungen füreinander sind auch künftig nicht zu erwarten. Aber vielleicht ist es ja zu schaffen, dass diese ewige Diskussion – eben im Bewusstsein der darin versteckten Arbeitsteilung – fairer und ohne die gegenseitige Beschuldigung, den Fortschritt zu verhindern, geführt wird.

Hengelein, H. (2003). Fallen die letzten Berufsverbote für Lesben und Schwule? In M. C. Steffens & M. Ise (Hrsg.), *Jahrbuch Lesben – Schwule – Psychologie*. Lengerich: Pabst.

Fallen die letzten Berufsverbote für Lesben und Schwule?

Hans Hengelein

Sehr geehrter Herr Dr. Kleine, liebe Christina Schenk, Meine sehr geehrten Damen und Herren, liebe Kolleginnen und Kollegen, liebe Organisatorinnen, liebe Organisatoren,

im Namen des Niedersächsischen Ministeriums für Frauen, Arbeit und Soziales möchte ich Sie alle ganz herzlich hier in der Landeshauptstadt willkommen heißen. Es freut mich ganz besonders, dass so viele ausgewiesene Expertinnen und Experten nach Hannover gekommen sind, um sich getrennt oder gemeinsam auf den Weg durch die verschlungenen Pfade der Psychologie zu machen.

Unter dem Motto: „Abgrenzung – Zusammenarbeit – wo geht es hin?“ sind Sie hier zur VIII. Fachtagung des VLSP (des Verbandes lesbischer Psychologinnen und schwuler Psychologen) zusammengekommen. Als mich Michaela Ise fragte, mit welchem Schwerpunkt ich mich auf dem VLSP-Kongress gerne beschäftigten möchte, sagte ich ganz spontan: Ich würde mich gerne mit der Frage „Fallen die letzten Berufsverbote für Lesben und Schwule?“ – Psychologie/Psychotherapie zwischen staatlicher Antidiskriminierungspolitik und Richtlinien der Institute – auseinandersetzen, und so steht es auch im Programm.

Nach zahlreichen Recherchen, Telefonaten und Gesprächen mit Expertinnen und Experten ist die Antwort auf die Frage ein lautstarkes „Jein“. Der Schwerpunkt des Vortrages lautet eher: „Zum Stand der Schwierigkeit der Psychologie mit ihren Lesben und Schwulen“.

Für die Jüngeren unter Ihnen ist der Begriff „Berufsverbot“ sicher nicht so emotional besetzt wie für die Vertreter und Vertreterinnen der 68er Generation. Vor genau 25 Jahren (am 28.01.1972) trat der so genannte Radikalenerlass in Kraft. Als Folge kam es zu 11.000 Berufsverbotsverfahren, 1.250 Nichteinstellungen im öffentlichen Dienst, 2.200 Disziplinarverfahren und 256 „Entfernungen aus dem Dienst". Dies sind handfeste Belege, die leicht zu recherchieren sind – die menschlichen Schicksale, die sich dahinter verbergen, aber weitgehend nicht. Hieraus ergibt sich die Verknüpfung zur heutigen Situation schwuler Psychologen, lesbischer Psychologinnen, schwuler Psychotherapeuten und lesbischer Psychotherapeutinnen.

Es ist kein Gesetz, kein Erlass, keine Dienstvorschrift, die das Berufsleben schwuler Psychologen, lesbischer Psychologinnen einschränkt, sondern es sind die Theorien zur menschlichen Sexualität, es sind die Weltbilder und Menschenbilder, die hinter den diversen Therapieformen selbst stehen. Die beruflichen Einschränkungen, die Diskriminierungen, die sich daraus für KlientInnen und PsychologInnen ergeben, sind sozusagen „hausgemacht".

Ich zitiere: „Werden Selbstbefriedigung, Homo- und Heterosexualität als in sich gleichermaßen normale Wege gesehen, deren Sinn das Kennenlernen, Zärtlichkeit, Vertrauen und Selbstversicherung im Umgang mit dem eigenen Körper oder mit dem eines anderen Menschen ist (Dörner, Teller) und – wird ein jeder Mensch als teils unveränderbar, teils veränderbar in seinem Weg des Liebens betrachtet, wäre die Welt, in der lesbische Klientinnen und schwule Klienten, lesbische Psychotherapeutinnen und schwule -therapeuten agieren, eine leicht überschaubare, eine allzu leicht verständliche. Denn Therapieziel wäre dann zum Beispiel für den ersteren Teil, sich anzunehmen, für den zweiten, sich zu ändern. Diskriminierungen von schwulen Therapeuten und lesbischen Therapeutinnen als auch von Klienten und Klientinnen wären leicht auszumachen und dementsprechend abzustellen."

Dass dem nicht so ist, dafür gibt es mehrere Gründe. Einige davon möchte ich benennen. Zunächst zum Sexualstrafrecht. Dazu ein kurzer Ausflug durch die Geschichte des Sexualstrafrechts. Der unter den Nationalsozialisten verschärfte §175 RStGB behält in Westdeutschland bis 1969 seine Gültigkeit. Entschädigungen können schwule KZ-Opfer nicht in Anspruch nehmen, gelten sie doch nicht als Verfolgte im Sinne des Bundesentschädigungsgesetzes.

Auch in dem Beschluss des Bundestages vom Mai 1998, der die Aufhebung aller Unrechtsurteile aus der Zeit der NS-Herrschaft zwischen 1933 und 1945 zum Gegenstand hat (NS-Unrechtsaufhebungsgesetz), verweist das Gesetz für Homosexuelle lediglich auf eine Einzelfallprüfung. 55 Jahre nach Ende des II. Weltkrieges entschuldigt sich der Bundestag am 07.12.2000 bei den Lesben und Schwulen und bedauert, dass Lesben und Schwule in der Vergangenheit schweren Verfolgungen ausgesetzt waren und auch heute noch mit Diskriminierungen konfrontiert werden. Sowohl die kollektive Entschädigung der Homosexuellen als auch die Homosexuellenverfolgung nach 1945 bleiben weiterhin in der Debatte.

Auf dem Gebiet der sowjetischen Besatzungszone wird im Oktober 1949 die Deutsche Demokratische Republik gegründet. Der unter den Nationalsozialisten verschärfte §175 wird außer Kraft gesetzt und die Fassung von vor 1935 wieder eingeführt. Ohne öffentliche Debatte kommt es

1968 zur Streichung des alten Homosexuellenparagrafen. Trotz dieser Liberalisierung bleibt in der DDR das Organisations- und Publikationsverbot für Homosexuelle bestehen. Die Volkskammer hebt im Dezember 1988 den §151 auf. In der DDR gilt daraufhin ein allgemeines Schutzalter von 16 Jahren. Am 10. März 1994 hebt der Deutsche Bundestag nach 123 Jahren den §175 StGB endgültig auf, das heißt, erst ganze sieben Jahre liegt diese deutsche Sondergesetzgebung nun hinter uns.

Begründet, aufrechterhalten und unterfüttert wurde diese Gesetzgebung immer auch mit Hilfe der Theorien zur (Entstehung von) Homosexualität. Noch 1962 wurde die Strafrechtsdiskussion mit dem „berüchtigten" Entwurf 62 geführt, der bezogen auf Homosexualität alle Vorurteile enthielt, die gegen eine Liberalisierung des Sexualstrafrechts sprachen.

„... dass homosexuelles Verhalten, seiner Natur nach die Tendenz in sich trägt, auf Dritte überzugreifen und damit die Anfälligkeit dafür im Volke auszubreiten ... wo die gleichgeschlechtliche Unzucht um sich gegriffen und großen Umfang angenommen hat, war die Entartung des Volkes und der Verfall seiner sittlichen Kräfte die Folge."

Nun einiges zum Lebenspartnerschaftsgesetz: Die Entscheidung über die Richtung eines zukünftigen Partnerschaftsgesetzes fällt für Lesben und Schwule letztendlich bereits im Jahre 1993. Die von vielen erhoffte Reform der Artikel 3 und 6 Grundgesetz scheitert an der dafür notwendigen Tweidrittelmehrheit des Bundestages. Nur zwischen 1991/1993 gibt es kurzfristig in der gemeinsamen Verfassungskommission von Bund und Ländern wirklich eindeutige parlamentarische Mehrheiten und auch den politischen Willen zu entsprechenden Änderungen und Reformen des Grundgesetzes.

Insbesondere der ergänzende Satz zu Artikel 6 Grundgesetz „Dieser Schutz umfasst auch andere auf Dauer angelegte Lebensgemeinschaften", ist in der politischen Auseinandersetzung weitgehend in Vergessenheit geraten. Seit dieser Zeit hat eine breite Debatte über eine Ergänzung oder Modernisierung des Artikels 6 Grundgesetz nicht mehr stattgefunden, das heisst, ob gewollt oder nicht, die strukturkonservative Richtung des Lebenspartnerschaftsgesetzes wird aus diesen Vorgaben heraus bestimmt. Dies muss nicht weiter verwundern, treffen die rechtlichen Angleichungen für Minderheiten (Lebenspartnerschaftsgesetz, Staatsbürgerschaftsrecht, Antidiskriminierungsgesetz für Behinderte) antizyklisch immer wieder auf die nach wie vor nicht vollzogene Gleichstellung von Frau und Mann.

Dennoch – unabhängig davon:

- ob der Lesbenring „den Sekt im Kühlschrank lässt, weil er auf ein Sondergesetz nicht anstoßen möchte",
- ob der LSVD „die Hochzeitsglocken schon klingen lässt",
- Volker Beck „ein bisschen stolz ist",

- die EKD „mit Spannung leben lernen muss“,
- die bayerische Staatsregierung durch eine einstweilige Anordnung beim BVG die demografische Schieflage beim Kinderkriegen in Deutschland wieder dadurch in den Griff kriegen möchte, dass sie Lesben und Schwulen Rechte verweigert,

beginnt mit dem Lebenspartnerschaftsgesetz, welches zum 01.08.2001 in Kraft treten wird, ein neuer Abschnitt im Leben von Lesben und Schwulen. Der vorgegebene Weg geht Richtung Ehe, solange nicht andere Reformvorhaben zum Beispiel im Nichtehelichenrecht, zum Familiensplitting oder im Erbrecht auf den Weg gebracht werden. Lesben und Schwule allein können parlamentarische Mehrheiten zur Modernisierung und für Reformen nicht herstellen.

Zur selben Zeit erlässt der Generalinspekteur der Bundeswehr am 20.12.2000 eine Führungshilfe für Vorgesetzte im Umgang mit Sexualität. „Vor dem Hintergrund der weiteren Öffnung der Streitkräfte für Frauen, der Änderung der bisherigen Haltung der Bundeswehr gegenüber Soldatinnen und Soldaten mit gleichgeschlechtlicher Orientierung und den Problemen der Soldatinnen und Soldaten im Einsatz mit dem Thema „Umgang mit Sexualität“ soll diese Führungshilfe zum Abbau von Verhaltensunsicherheiten beitragen. Die Verpflichtung zur Kameradschaft gebietet Toleranz gegenüber anderen nicht strafbewehrten sexuellen Orientierungen, dementsprechend auch für gleichgeschlechtlich veranlagte Soldatinnen und Soldaten. Die eigenen Lebensentwürfe dürfen nicht zum Maßstab für andere gemacht werden. Unabhängig davon, welche moralische Einstellung der Einzelne hat, muss von ihm die Toleranz erwartet werden, Kameraden ein anderes als das eigene Sexualverhalten zuzugestehen, solange dadurch Ausbildung und Einsatz nicht gefährdet werden.“ Diesmal gelten diese neuen Vorschriften sogar zeitgleich für alle Geschlechter und Orientierungen.

Der Gesetzgeber kommt sowohl mit dem Lebenspartnerschaftsgesetz als auch mit der Führungshilfe für Soldatinnen und Soldaten in der Gegenwart an. Diese Reformen sind allerdings nach innen gerichtet und schaffen erst die Voraussetzungen für Modernität. Antidiskriminierungsgesetze und BürgerInnenrechte stehen dabei im Mittelpunkt. Große gesellschaftlich relevante Reformen im Bereich des menschlichen Miteinanders stehen im Moment nicht im Zentrum politischen Handelns. Hochkonjunktur hat das konservativ Bewahrende.

Was haben nun das Lebenspartnerschaftsgesetz, die Bundeswehr und das Sexualstrafrecht mit der beruflichen Situation von lesbischen Psychologinnen und schwulen Psychologen zu tun? Vieles – meine ich: Während in allen drei – oben genannten – Bereichen der Normalisierungsprozess für Lesben und Schwule auch nach außen hin sichtbar wird, gilt dies für die berufliche Situation von lesbischen Psychotherapeutinnen und schwulen Psychotherapeuten nur bedingt. Da es zu diesem Thema weder Selbstverpflichtungen noch allgemeingültige Rahmenbedingungen gibt, lässt sich vieles nur vermuten.

Günter Reisbeck schreibt in einem 1995 erschienen Artikel „Schwuler Marsch durch die Psychoinstitutionen“: „Wir haben es in der Psychologie mit einer Veränderung zu tun, eine Abschwächung der Pathologisierung der Homosexualität, die aber auch zur Ignorierung führt, das heißt also – in den psychologischen Lehrbüchern und in der Klinischen Psychologie ist das Thema größtenteils verschwunden.“

Martin Dannecker kritisiert in einem gerade erschienenen Artikel „Probleme der männlichen homosexuellen Entwicklung“ die immer noch nicht überwundene Tendenz zur Psychopathologisierung der Homosexualität innerhalb der Psychoanalyse und plädiert stattdessen für eine Gleichursprünglichkeit von heterosexueller und homosexueller Objektwahl und für eine Theorie der Homosexualität, die das Begehren des Vaters auf Seiten des jungen Homosexuellen und einen Feminitätsschub, der zu einer anderen Legierung von Weiblichkeit und Männlichkeit im Homosexuellen führt, sowie die durchaus ambivalente Beziehung des Homosexuellen zur Mutter thematisiert.

Nun könnten uns beide Aussagen egal sein, gäbe es nicht seit Juni 1998 ein „Gesetz über die Berufe des psychologischen Psychotherapeuten und des Kinder- und Jugendlichen-Psychotherapeuten – kurz Psychotherapeutengesetz – und seit Dezember 1998 eine entsprechende Ausbildungs- und Prüfungsverordnung. Darüber hinaus für Niedersachsen Merkblätter für die Anerkennung als Ausbildungsstätte und Hinweise für Ausbildungsstätten.

In den Hinweisen für Ausbildungsstätten heißt es unter Punkt 4: „Als wissenschaftlich anerkannte psychotherapeutische Verfahren im Sinne des §6 PsychThG werden die in den Psychotherapie-Richtlinien als Behandlungsformen genannten Verfahren, denen ein umfassendes Theoriesystem der Krankheitsentstehung zu Grunde liegt und deren spezifische Behandlungsmethoden in ihrer therapeutischen Wirksamkeit belegt sind (Psychoanalytisch begründete Verfahren, Tiefenpsychologisch fundierte Psychotherapie, Verhaltenstherapie), angesehen. Die Gesprächspsychotherapie ist dem Wissenschaftlichen Beirat Psychotherapie zur Begutachtung vorgelegt worden. Über die wissenschaftliche Anerkennung weiterer psychotherapeutischer Verfahren wird auf der Grundlage eines Gutachtens des Wissenschaftlichen Beirats Psychotherapie entschieden.“

Von den bisher in Niedersachsen 19 anerkannten Ausbildungsstätten handelt es sich folglich ausschließlich um verhaltenstherapeutische, tiefenpsychologisch fundierte und psychoanalytisch begründete psychotherapeutische Schulen.

Da ich mich im Rahmen meines Psychologiestudiums in Erlangen hauptsächlich mit tiefenpsychologisch fundierten Verfahren beschäftigt habe und alle meine GesprächspartnerInnen AnalytikerInnen waren, beschränke ich mich im weiteren Vortrag auf diese Schulen. Ich würde mich sehr freuen, wenn Sie – nach meinem Vortrag – Ergänzungen zu anderen Ausbildungsstätten geben könnten. Ich zitiere Dörner, Teller:

„Nachdem 1973 die amerikanischen Psychiater Homosexualität aus dem Katalog psychiatrischer Störungen gestrichen haben und (in Deutschland) mit der Strafrechtsreform 1969 die bedingte, nach der deutschen Einheit die endgültige Straffreiheit für homosexuelle Handlungen erreicht ist, müssen wir uns fragen, wie weit wir in der Lage sind, Homosexualität als „eine in der menschlichen Anlage bereitliegende Möglichkeit" (Dannecker) wie die Heterosexualität zu akzeptieren.

Gerade für psychiatrisch Tätige gibt es da einige Hindernisse, definiert doch die psychoanalytisch geprägte, gängige Theorie der Sexualentwicklung die genital gelebte Heterosexualität als das zu erreichende Klassenziel und unterstellt homosexuell orientierten Menschen noch immer eine narzisstische Persönlichkeitsstruktur (Loch: Die Krankheitslehre der Psychoanalyse, 1999) und wertet damit die homosexuelle Orientierung als defizitär ab".

Dies gilt gleichermaßen für Psychotherapeuten und Psychotherapeutinnen als auch für Klientinnen und Klient/innen. Alexander Maslow hat einmal gesagt: „Wenn dein einziges Werkzeug ein Hammer ist, neigst du dazu, in jedem Problem einen Nagel zu sehen." Es deutet leider einiges darauf hin, dass manch ein Seelendoktor oder Heilsverkünder dazu neigt, seine Klienten in diesem Sinne zu behämmern respektive festzunageln (zitiert nach Holger Wicht, Siegessäule; März 2001). Dieser Aussage haben wir uns zu stellen. Stellt sich die Psychoanalyse dieser Auseinandersetzung mit derselben Geschwindigkeit, mit der sie sich anderen Gegebenheiten stellt, dürfte auch sie in 30 bis 50 Jahren in der gesellschaftlichen Wirklichkeit angekommen sein. Dies ist um so bedauerlicher, als sie in ihrer Entstehungszeit selbst zur gesellschaftlichen Avantgarde gehörte.

Noch einmal Martin Dannecker: „Es ist, um es kurz zu sagen, für heterosexuelle Psychotherapeuten nicht einfach, ihre homosexuellen Patienten zu verstehen und ihnen jene Sicherheit zu bieten, in deren Schutz neue Erfahrungen gemacht und die negativen Selbstbilder der Patienten aufgelöst werden können. Gleichwohl halte ich die Auffassung, homosexuelle Patienten sollten, eine gleich gute Ausbildung vorausgesetzt, nur von homosexuellen Therapeuten behandelt werden, nicht für produktiv. Eine solche Lösung wäre auch nicht praktikabel, weil es an gut ausgebildeten homosexuellen Psychotherapeuten mangelt und weil es, wegen der skandalösen Ausgrenzung von offen Homosexuellen aus der psychoanalytischen Ausbildung, homosexuelle Psychoanalytiker eigentlich gar nicht geben kann (vgl. Rauchfleisch, 1994). Überdies würde durch eine solche therapeutische Separation der Homosexualität das Verstehen des Homosexuellen nicht ausgeweitet, sondern bliebe da, wo es ohnehin schon ist."

Zurück zum Anfang meines Vortrags. Fast zeitgleich mit dem Radikalenerlass und der großen Strafrechtsreform hat Rosa von Praunheims „Nicht der Homosexuelle ist pervers, sondern die Situation, in der er lebt" 1971 in den Kinos und 1973 im deutschen Fernsehen Premiere. Während sich das Bayerische Fernsehen ausblendet, ist es inzwischen zum Vorreiter schwuler

Filme geworden, zum Beispiel vorletzte Woche, als die Filme: „In + Out“ und „La vie en Rose“ nacheinander an einem Abend zu sehen waren. „Bavarian television beats psychoanalysis.“

Bleibt die Frage, inwieweit und für welche schwulen Männer hat Danneckers und Praunheims bewusst gewählter Filmtitel heute noch Gültigkeit? Für wen würde der Satz „Nicht der Homosexuelle ist pervers, sondern die Situation, in der er lebt“ heute noch Gültigkeit haben? Ich fürchte fast, die einzigen, die neben den MitarbeiterInnen der beiden christlichen Kirchen übrig bleiben, sind schwule Analytiker und lesbische Analytikerinnen. Dass es auch anders geht und weil ich gerne mit positiven Beispielen meinen Vortrag beenden möchte: Zum Schluss kurz aus dem Arbeitsleben eines schwulen Mannes und einer lesbischen Frau: Manuela Torelli, geschäftsführendes Vorstandsmitglied der Münchner Arbeitsgemeinschaft für Psychoanalyse (MAP) und Armin Traute, Geschäftsführer des Berufsverbandes deutscher Psychologen (BDP).

Beide kamen natürlich wegen ihrer Fähigkeiten in ihre Ämter. Mit Armin Traute, der alle hier herzlich grüßen lässt und gerne dabei gewesen wäre, habe ich mich kürzlich über seine neue Funktion beim BDP unterhalten. Er merkt an, dass sein Schwulsein Thema des Vorstellungsgesprächs mit dem Präsidium war und durchaus positiv bewertet wurde. Andererseits gab es zum Thema „Homosexualität“ generell noch keine offene Debatte beim BDP. Dies zeigt sich auch daran, dass es zwar Arbeitskreise für Psychologinnen, Ausländische PsychologInnen und zu AIDS gibt/gab. Eine Arbeitsgruppe für lesbische Psychologinnen und schwule Psychologen existiert zur Zeit noch nicht. Wäre ja vielleicht für die hier im Saal anwesenden Mitglieder des BDP eine interessante Herausforderung. Liebe Manuela, da Du ja selbst hier auf der Konferenz eine Veranstaltung anbietest, und somit die TeilnehmerInnen Information aus erster Hand erhalten können, nur soviel: dass die MAP eine offen lebende Lesbe in den Vorstand wählt, spricht für die Fortschrittlichkeit des Institutes, auf andere lässt dies zum jetzigen Zeitpunkt keine Rückschlüsse zu.

Denn zeitgleich mit Manuelas Ernennung erscheint im Springer Verlag das neuaufgelegte Standardwerk „Psychotherapie“ von Rudolf Klussmann, in dem Homosexualität im Kapitel „sonstige Persönlichkeitsstörungen“ als „Perversion“ bezeichnet wird. Fest steht allerdings auch, dass der Unterschied zwischen eigener Schere im Kopf, vorauseilendem Gehorsam und Zivilcourage, so klein er oft sein mag, häufig noch ausreicht, um eigenes Nichthandeln zu legitimieren. Und diese Erkenntnis gilt natürlich auch für Psychologinnen und Psychologen.

Liebe Kolleginnen, liebe Kollegen, mir ist klar, dass viele von ihnen in ganz anderen Feldern arbeiten und dass ich nur einen ganz kleinen Ausschnitt aus der therapeutischen Wirklichkeit beleuchten konnte. Mir ist allerdings bei der Vorbereitung auch bewusst geworden, wie wichtig es ist, die Diskussion voranzubringen. Deshalb schwebt mir eine Kontaktaufnahme mit dem wissenschaftlichen Beirat Psychotherapie und der neu gegründeten Psychotherapeutenkammer

Niedersachsen in Zusammenarbeit mit unserem aufsichtsführenden Referat im Hause vor. Sobald es Positives zu vermelden gibt, können Sie dies in Ihrer Verbandszeitung nachlesen.

Liebe Freundinnen und Freunde, nach diesem kleinen Ausritt durch lesbisch-schwules Leben und Psycholeben im Besonderen möchte ich euch/Ihnen schöne, ereignisreiche 48 Stunden im gegen- und miteinander wünschen. Fürs Auge und die Ohren zunächst die unvergleichlichen Puschelettes und danach Gaumenfreuden. Und ganz zum Schluss nicht zu vergessen ein herzlicher Dank an die Organisatorinnen und Organisatoren dieser Veranstaltung.

Herzlichen Dank für Ihre Aufmerksamkeit.

Herweg, R. & Ben-Chanan, F. (2003). Judentum und Homosexualität. In M. C. Steffens & M. Ise (Hrsg.), *Jahrbuch Lesben – Schwule – Psychologie*. Lengerich: Pabst.

Judentum und Homosexualität

Rachel Herweg & Felice Ben-Chanan

Wir wissen wohl alle, was „schwul" und „lesbisch" ist, – aber was ist „jüdisch"? Noch vor 200 Jahren hätte jeder Jude oder jede Jüdin auf die Frage, was „jüdisch" sei, geantwortet: jüdisch ist eine Lebensweise, die auf den Normen und Vorschriften beruht, die in der Tora enthalten sind: Normen und Vorschriften, die nach jüdischer Überzeugung Gott selbst seinem Volk gegeben hat und die darum für alle Ewigkeit gelten. – Erweitert, ausdifferenziert, lebbar gemacht durch die mündliche Tora/fortlaufende Offenbarung (... Propheten, Schriften, Talmud, rabbinisches Schrifttum....).

Diese Definition klingt ungewohnt für Menschen, die christlich erzogen oder zumindest in einer Umwelt aufgewachsen sind, die christlich geprägt war. Denn Christen definieren sich nicht über Normen und Vorschriften, sondern über einen Glauben, den Glauben an den Christus. Auch dieser Glaube hat natürlich Konsequenzen für das Verhalten des gläubigen Christen, auch er kennt Normen und Vorschriften. Aber ob eine Christin ist oder nicht, das entscheidet sich nicht an dem Verhalten gegenüber diesen Normen und Vorschriften, es entscheidet sich an der Stellung zu Christus. Daraus folgt wiederum, daß für Juden und Jüdinnen die überlieferten Normen und Vorschriften eine vielfach größere Bedeutung und stärkere Bindungskraft haben als ein gemeinsamer Glaube, auch wenn einige wenige Glaubensüberzeugungen den meisten Juden und Jüdinnen gemeinsam sein mögen. In erster Linie gehört dazu die Überzeugung, daß es nur einen Gott gibt, und daß diesem *einen* Gott *eine* einzige reale Wirklichkeit entspricht – was wiederum zur Folge hat, daß Juden und Jüdinnen keinen Dualismus, keine antagonistische Aufspaltung in gute und böse Mächte, Gott und Teufel oder dergleichen kennen und anerkennen. Und noch etwas gehört natürlich dazu: dass das jüdische Volk Gottes Volk ist, von ihm erwählt, um eine besondere Aufgabe in der Welt zu erfüllen. Und diese besondere Aufgabe ist nach jüdischer Überzeugung eben die Erfüllung der von Gott gegebenen Normen und Vorschriften, die ein Modell für menschliches Leben schlechthin bilden.

Es gibt noch einen zweiten gravierenden Unterschied: Jude oder Jüdin wird ein Mensch durch Geburt, sofern die Mutter Jüdin ist; Reformjuden erkennen heute vielfach auch den jüdischen Vater als Begründer einer Zugehörigkeit zum Judentum an. Christ oder Christin wird Mensch dagegen durch einen besonderen Akt, die Taufe. Es ist auch möglich, zum Judentum zu konvertieren, also durch einen freiwilligen Schritt jüdisch zu werden, wenngleich dieser Übertritt nicht einfach ist. In beiden Fällen, durch Geburt und Übertritt, übernimmt der jüdische Mensch die Verpflichtung, sich lebenslang an die Normen und Vorschriften zu halten, die in ihrer Gesamtheit „das Judentum" ausmachen. Diese Normen und Vorschriften umfassen und regeln das gesamte menschliche Leben. Sie legen bis ins kleinste Detail fest, was ein jüdischer Mensch essen darf, wen und wie er lieben soll, wie arbeiten und wie feiern. Sie schreiben genau vor, wie das Zusammenleben in der jüdischen Gemeinschaft gestaltet werden soll und was zu tun ist, wenn jemand dagegen verstößt. Judentum ist deshalb weit mehr als eine Religion, in der es ja um die Beziehung zwischen Mensch und Gott geht. Judentum ist eine Kultur, eine Zivilisation, und seine Normen und Vorschriften halten alle, die dazu gehören, zusammen – über Länder und Meere hinweg auf der ganzen Erde, und über die Zeiten hinweg von den Anfängen bis heute. Dieses alle zusammenhaltende Netz von Vorschriften und Normen hat das Überleben des jüdischen Volkes über die Jahrhunderte und Erdteile hinweg ermöglicht. Selbst wer als Jude oder Jüdin heute nicht mehr an Gott glaubt, kann, wenn auch sicher mit kritischer Distanz zu manchen dieser Normen und Vorschriften, sein Leben im Sinne dieser Zivilisation jüdisch gestalten. Somit verlieren selbst atheistische Jüdinnen und Juden ihre jüdische Identität nicht, wenn sie für sich nur die ethischen und sozialen Normen des Judentums akzeptieren – eine Möglichkeit, die für Christinnen und Christen undenkbar wäre. Die klassisch-christliche Grundfrage lautet: „Was glaubst Du?", die zentral-jüdische dagegen immer: „Wie lebst Du?"

In den letzten 200 Jahren hat sich das Judentum, das bis dahin im wesentlichen in allen Fragen des durch jene Normen und Vorschriften geregelten Lebens einig gewesen war, in viele einzelne Richtungen, Strömungen und Nuancierungen aufgespalten. Heute gibt es das orthodoxe – bis hin zum ultraorthodoxen – Judentum, das konservative, liberale und Reformjudentum. Sie alle unterscheiden sich nicht in der Grundüberzeugung, daß „jüdisch sein" eine Lebensform nach überlieferten Normen meint – eben in erster Linie keinen Glauben, sondern eine Zivilisation. Aber sie unterscheiden sich ganz wesentlich darin, daß sie die überlieferten Normen und Vorschriften als unveränderbar, weil ursprünglich von Gott selbst offenbart, und somit als ewig gültig ansehen, oder daß sie diese als zeitgebunden und darum immer wieder reformbedürftig betrachten und damit auch verändern oder umdeuten – und in welchem Ausmaß sie dies tun. Die Orthodoxen verkörpern die strenge, die Ultraorthodoxen die radikale bis fundamentalistische Richtung im Judentum, die Konservativen eine gemäßigt traditionelle, das Liberale- und Reformjudentum eine in sich wieder stark variierende, je nachdem, was die einzelne Gruppierung für wesentlich und was für aufgebbar oder veränderungsbedürftig hält. Die meisten Orthodoxen sprechen den anderen Gruppen ihr authentisches Jüdischsein ab und erkennen auch Übertritte, die in diesen Richtungen vollzogen werden, nicht an. Aber dass „jüdisch“ immer vor allen Dingen eine Lebenspraxis ist und Judentum primär keine ideologische, sondern eine soziale Größe mit klar festgelegten Normen und Vorschriften, darin sind sie sich alle einig.

Das ungeheuer belastende Problem für jüdische Schwule und Lesben besteht nun darin, daß die Normen und Vorschriften, auf denen das traditionelle Judentum gründet, homosexuell lebende Menschen ausschließen, ihr Daseinsrecht leugnen. Damit zwingen sie jede jüdische Lesbe und jeden schwulen Juden, in einer ständigen Spannung zu leben, mit einer gespaltenen Identität.

Die klassischen jüdischen Normen und Vorschriften, die homosexuell lebende jüdische Menschen betreffen, sollen gleich näher dargestellt werden, damit deutlich wird, wo die Probleme liegen und welche Schärfe sie haben. Vorausschicken möchten wir, daß Sexualität als solche, wieder im Unterschied zum stark griechisch beeinflussten Christentum, im Judentum nie negativ gewertet wurde oder gar ein Tabu war, ganz im Gegenteil. Sie war und wird auch heute außerordentlich hoch geschätzt. Der Talmud kann so weit gehen, zu sagen: „Schabbat, Sonne und Beischlaf sind Vorboten der kommenden Welt.“ Und er ermahnt die Männer, ihren Frauen jede Lusterfüllung im Bett zu verschaffen, das Ehebett soll ein Ort der größten Freude sein. Aber eben: das Ehebett! Alle sexuelle Lust ist der Ehe vorbehalten, und Ehe gibt es nur zwischen Mann und Frau. Mit der gleichen Kraft, mit der die alten Lehrer Israels die eheliche Sexualität preisen, verbieten sie die außereheliche. Und die homosexuelle ist die verbotenste von allen.

In der Tora heißt die bindende Vorschrift: „Du sollst nicht mit einem Mann schlafen, wie man mit einer Frau schläft; ein Greuel ist das.“ (Lev 18, 22). Und, zwei Kapitel weiter, wird es noch schärfer wiederholt: „Wenn ein Mann mit einem Mann schläft wie mit einer Frau – ein Greuel haben beide verübt, sterben, ja sterben sollen sie, ihr Blut komme über sie!“ (20, 13). Das ist schon alles, was wir an Vorschriften über homosexuelle Akte von Männern finden. Beide Verbote stehen nicht isoliert für sich; sie sind jeweils eingebettet in eine ganze Reihe von Vorschriften, die die verschiedensten sexuellen Praktiken verbieten. Die eben zitierte Vorschrift ist nicht eindeutig. Denn es wird nicht näher erläutert, was der Ausdruck: „wie mit einer Frau“ meint. Wörtlich genommen kann ein Mann mit einem anderen ja schon aus anatomischen Gründen nicht schlafen, wie er – wenigstens für gewöhnlich – mit einer Frau schläft. Und was heißt: „ein Greuel“? Ist damit nur so etwas wie jener subjektive Ekel gemeint, den viele Homophobe auch heute empfinden, wenn das Stichwort „schwul“ fällt? Oder bekommen Männer, die miteinander schlafen, so etwas wie eine neue, negative Qualität, die sie von den „Normalen“ für immer trennt? (Zu der hier angedrohten Todesstrafe wird es damals – wenn überhaupt – nur sehr selten gekommen sein, denn dazu mußten zwei Augenzeugen für die Tat gefunden werden, und die waren naturgemäß gerade bei diesem intimen Vorgang kaum aufzutreiben; das Geständnis eines der Beteiligten genügte nicht. Aber dass homosexuelles Verhalten im Judentum nicht geduldet werden darf, ist unmissverständlich klar.)

Die Mischna, die erste große Sammlung jüdischer verbindlicher Lehre aus dem Anfang des dritten Jahrhunderts, bekräftigt denn auch folgerichtig die biblische Androhung der Todesstrafe durch Steinigung für den sexuellen Verkehr zwischen zwei Männern (Sanhedrin 7, 4). Unter den veränderten politischen Verhältnissen jener Tage hatte das nur noch symbolische Bedeutung, denn Juden hatten zu jener Zeit nicht mehr die Souveränität im Land Israel und durften gar keine Todesurteile mehr verhängen. Es zeigt jedoch deutlich die anhaltende Schärfe der Verurteilung: Homosexuelle Akte wiegen so schwer wie andere todeswürdige Verbrechen – etwa wie Mord. Sie gehören zu den schlimmsten überhaupt.

Der Talmud, die abschließende und für alle Zukunft autoritativ bindende Sammlung der jüdischen Normen und Vorschriften, die im sechsten Jahrhundert abgeschlossen war, bekräftigt diese Einstellung. Er lehrt: Wenn es sich um zwei erwachsene Partner handelt und sie beide einvernehmlich handeln, müssen beide sterben, andernfalls nur der erwachsene Partner oder der Vergewaltiger (Sanhedrin 54a). Allerdings wurde in der Praxis die Hinrichtung durch Auspeitschung ersetzt. Homosexuelle Akte sind für die klassischen Autoritäten des Judentums ein so undenkbar schweres Verbrechen, daß der Talmud an einer Stelle so weit gehen kann, zu behaupten, solche Akte kämen unter Juden gar nicht vor: Ein prominenter Lehrer hatte einst in der Mischna verboten, daß ein unverheirateter Mann männliche Kinder unterrichte, oder dass zwei unverheiratete Männer unter einer Decke schliefen (Kidduschin 4, 13; 15). Hier knüpft der Talmud lapidar an und sagt, die Mehrheit der Lehrer habe dieses Verbot nicht akzeptiert, denn „in Israel gibt es niemand, der schwule Praktiken (*mischkaw sachur*) betreibt“ (Kidduschin 82a). Mit anderen Worten: wer Jude ist, tut so etwas nicht. Wer es tut, ist kein Jude. Dass es sich hier um ein Beispiel für fromme Verdrängung der Realität handelt, geht schon daraus hervor, daß sich der Talmud an anderen Stellen, wenn auch nicht häufig, durchaus mit dem Thema befasst. Auch in nicht normativen rabbinischen Schriften (Midraschim) finden sich gelegentlich Anspielungen auf schwule Handlungen – missbilligende natürlich.

Weibliche Homosexualität wird in der Bibel nicht erwähnt. Im Talmud wird sie dagegen ebenfalls verworfen, wenn auch nicht so schroff wie die männliche. Ein rabbinischer Midrasch aus der Mischnazeit (2./3. Jahrhundert) bezieht das biblische Verbot in Lev 18 und 20 ausdrücklich auch auf lesbische Praktiken (Sifra 9, 8). Da die Bibel lesbische Liebe nicht erwähnt, wird im Talmud zur Begründung ersatzweise, unter Bezugnahme auf Lev 18, 3, auf die „Sittenlosigkeit“ in Ägypten und Kanaan hingewiesen, zu der auch sexuelle Beziehungen zwischen Frauen gehörten; diese dürfe Israel nicht nachahmen. Der Talmud sieht in Liebesakten zwischen Frauen zwar kein „Greuel“, aber doch eine „Obszönität“ (*perizuta*, Jewamot 76a, Schabbat 65a) und diskriminiert Lesben damit genauso wie schwule Männer, auch wenn sie Frauen, die sexuell miteinander umgehen, keine Strafen androht. Dieser Befund entspricht dem, der bis heute in sämtlichen Kulturen zu finden ist: Obwohl lesbische Liebe nicht gebilligt, oft sogar verabscheut wird, gibt es kaum Strafandrohungen. Der Grund dafür dürfte ganz allgemein der sein, daß der männliche Stolz – und alle Gesetze wurden ja immer und überall von Männern gemacht! – es nicht zuließ/lässt, in Rechtsbestimmungen offen zuzugestehen, daß Frauen auch ohne sie sexuell glücklich sein können.

Die beiden zitierten Bibelstellen, die männliche homosexuelle Handlungen aufs schärfste verbieten, *begründen* das Verbot nicht. Diese Handlungen werden lediglich als *toewa* (abscheuliches Verhalten) gebrandmarkt, zumindest als ein Verhalten, das „in die Irre führt" (so Nedarim 51a). In der späteren jüdischen Tradition wurde das als unbefriedigend empfunden, und die Rabbinen versuchten, Gründe für die Verurteilung homosexueller Akte zu finden. Vor allem drei haben sie herausgestellt.

1. Homosexuelle Akte seien ein Verstoß gegen die menschliche Natur. Das „Widernatürliche" bestehe in der intimen Vereinigung von Körperteilen, die wegen ihrer anatomischen Beschaffenheit nicht dafür geeignet oder nicht für diesen Zweck geschaffen sind. Zudem sei schon bei der Erschaffung der ersten Menschen festgelegt worden, daß der Mann „an seinem *Weibe* haften" werde (Gen 2, 24). Somit sei eine sexuelle Beziehung zwischen Mann und Mann „widernatürlich" (Sanhedrin 58a), weil nicht im Schöpfungskonzept vorgesehen.

2. Homosexuelle Akte seien verwerflich, weil diese Praxis die Zeugung von Kindern ausschließe und somit schon gegen das erste Gebot verstoße, das die Bibel formuliert: „Seid fruchtbar und vermehrt euch!" (Gen 1, 28). Darum sagt die Mischna: „Kein Mann darf sich der Erfüllung dieses Gebotes entziehen, es sei denn, er habe schon Kinder" (Jewamot 6, 6). Kein jüdischer Mann darf deshalb unverheiratet bleiben. Kinderlosigkeit ist ein Scheidungsgrund. Der Talmud verschärft die Warnung noch: „Wer die Zeugungspflicht nicht erfüllt, ist mit einem Mörder zu vergleichen. Denn es heißt: ‚Wer Menschenblut vergießt, dessen Blut soll wieder vergossen werden' (Gen 9, 6). Aber darauf folgt sofort das Gebot: ‚Seid fruchtbar und vermehrt euch'" (ebd. Vers 7). Dieses biblische Gebot schließe, so wird gefolgert, nicht nur den Analverkehr zwischen Männern aus – Eheleuten ist dieser nicht grundsätzlich verboten, wenn sie auf diesem Weg sexuelle Befriedigung erreichen und nicht lediglich die Zeugung von Kindern verhindern wollen (Nedarim 20a, vgl. Horajot 4a/b). Es untersage darüber hinaus jede sexuelle Handlung, ob allein oder mit anderen ausgeübt, bei der Samen verlorengeht, der doch für die Zeugung bestimmt sei (Jewamot 63b). Diesem Argument gibt die traditionelle Auseinandersetzung mit der männlichen Homosexualität das größte Gewicht. Vermutlich wird weibliche Homosexualität auch deshalb milder beurteilt, weil Frauen ja nicht zeugen, das Zeugungsgebot also nicht ihnen gegeben ist, und weil Frauen zudem diese „widernatürlichen" Praktiken aus anatomischen Gründen ohnehin nicht ausüben können.

3. Homosexuelle Akte werden in der jüdischen Tradition verworfen, weil sie die normale, intakte Familie zerstörten, denn der Mann, der zu solchen Akten neige, verlasse Frau und Kinder, um sich mit einem Mann zu verbinden (Nedarim 51a und mittelalterliche Kommentare dazu).

Eine Stelle im Talmud (Kidduschin 22b) deutet zumindest indirekt an, daß es noch einen vierten Grund gab, weshalb männliche homosexuelle Handlungen in der normativen Literatur des Judentums so entschieden bekämpft oder auch verleugnet wurden. Es ist die Kränkung des männlichen Selbstbildes in einer von Männern beherrschten Gesellschaft, die darin besteht, daß ein Mann sich selbst zur Frau macht, die sich von einem anderen Mann „besteigen" läßt – so auch der Ausdruck im Talmud. Auch die wegen ihrer angeblichen homosexuellen Freizügigkeit viel gerühmte griechische Antike wußte sehr genau zu differenzieren, welche sexuelle Praxis einem freien erwachsenen Mann angemessen war, und beschränkte die *empfangende* Rolle beim Sexualverkehr zwischen männlichen Wesen ausdrücklich auf Knaben und Sklaven. Wer so etwas als freier Mann mit sich machen ließ, stellte sich selbst außerhalb der Gesellschaft der Freien. Das mußt erst recht im Judentum so verstanden werden, das sich in klassischer Weise als ein Volk von Freien verstand, von Gott selbst aus der ägyptischen Sklaverei befreit.

Das nachtalmudische Judentum hat bis in die Neuzeit an diesen schroffen Urteilen und Wertungen homosexuellen Handelns nichts mehr geändert. Im Mittelalter haben große Gelehrte versucht, die sehr ausgebreitete und unübersichtliche normative Tradition der jüdischen Antike systematisch zu ordnen und für den allgemeinen Gebrauch in Kodices zusammenzufassen. Gleichzeitig haben andere Gelehrte die Hebräische Bibel ausgelegt und sich auch mit den zitierten Stellen in Lev 18 und 20 über das Verbot homosexueller Akte befaßt. In ihren Bewertungen sind sie zu keinen neuen Schlüssen gekommen – im Gegenteil: Der wichtigste jüdische Kodifikator, der große Philosoph und Arzt Moses Maimonides (gestorben 1204) hat über Sexualität im allgemeinen und speziell über homosexuelle Akte, auch lesbische, noch engere und rigidere Normen aufgestellt als die Gelehrten im Talmud, weil er stärker als jene auch von griechischem, leibfeindlichen Gedanken beeinflusst war. Maimonides erörtert auch detailliert, ob das Verbot des gleichgeschlechtlichen Verkehrs unter Männern schon übertreten sei, wenn nur der vorderste Teil des Penis in den Anus eingeführt wird, oder ob erst die vollkommene Penetration mit Ejakulation den zu ahndenden Tatbestand erfülle, und verurteilt beides. (Mischne Tora, dazu Mariner S. 121f). Auch fordert er für lesbische Akte die gleiche Strafe der Auspeitschung wie für schwule Handlungen und ermahnt die Männer, in dieser Hinsicht gut auf ihre Frauen aufzupassen.

Dennoch kann auch Maimonides an einer anderen Stelle behaupten (wie die bereits zitierte Talmudstelle), dass Juden eigentlich gar nicht in den Verdacht geraten könnten, solche Akte auszuführen, weil es dergleichen in Israel nicht geben würde (Mariner S. 123). Dem hat sich dann der letzte große Kodifikator Joseph Karo, der zur Zeit der Reformation in Europa sein für das traditionelle Judentum bis heute verbindliche Gesetzeswerk Schulchan Aruch (auf deutsch: Der gedeckte Tisch) geschrieben hat, angeschlossen. Damit war für das traditionelle oder orthodoxe Judentum die Diskussion beendet. Es konnte nicht sein, was nicht sein durfte.

Über die Realität in den jüdischen Gemeinden sagt dies natürlich gar nichts aus. So sind etwa aus dem mittelalterlichen maurischen Spanien wunderschöne, äußerst sinnliche Liebeslieder überliefert, die jüdische Männer, auch berühmte Rabbiner und Religionsphilosophen, an andere Männer gerichtet haben – mit der gleichen Glut und Offenherzigkeit wie ihre arabischen Landsleute. Dagegen war in christlich beherrschten Gegenden Europas äußerste Vorsicht geboten, vor allem, weil die christliche Kirche homosexuelle Akte mit dem Tod bestrafte oder vom Staat bestrafen ließ – bis weit ins 18. Jahrhundert hinein, und Juden, die dort ohnehin seit dem hohen Mittelalter immer schwereren Verfolgungen ausgesetzt waren, sich nicht auch noch dem Verdacht aussetzen durften, solche sexuellen Praktiken zuzulassen. Radikale Verleugnung einer unter Juden existierenden homosexuellen Praxis war also hier auch ein lebensnotwendiger Schutzakt. So erklärt es sich, daß die Diskussion über das ganze Thema im Judentum zum Erliegen kam. Erst in unseren Tagen im Rahmen einer differenzierten Selbstbesinnung über Jüdischsein konnte auch Homosexualität (wieder) offen diskutiert und auch ganz neu bedacht werden.

Dabei darf ein grundlegender Tatbestand nicht ausgeblendet werden, ohne dessen Beachtung die Stellung des traditionellen Judentums zur Homosexualität nicht verstanden werden kann: Die Menschen in der Antike, jüdische wie nichtjüdische, und auch die der auf sie folgenden Epochen der Sexualgeschichte bis in das späte 19. Jahrhundert hinein haben nicht gewusst, daß es so etwas wie „Homosexualität" im heutigen Sinne überhaupt gibt. Bekannt und oft verdammt war der homosexuelle *Akt*, nicht die *Veranlagung*, die schicksalhafte sexuelle Neigung von Menschen zu Partner/innen des gleichen Geschlechts, der sie nicht ausweichen können, ohne einen wesentlichen, zentralen Teil ihres Menschseins zu unterdrücken. Gesehen und verurteilt wurde immer nur der *einzelne* Akt, in dem ein Mann oder eine Frau mit einem anderen Menschen des gleichen Geschlechts Liebe machte. Nicht gesehen, erkannt und verstanden wurde die über diesen einzelnen sexuellen Akt hinausgehende ganzheitliche Liebesbeziehung zwischen zwei Frauen oder Männern. Anerkannt wurde nur die heterosexuelle Norm und jede Abweichung von dieser als bedrohlich oder Abscheu erregend verdammt.

Folglich dürf(t)en wir heute – ob Juden oder Nichtjuden – , die mehr wissen als die Vorfahren, nicht mehr an den alten Normen festhalten, wenn wir nicht an der Wirklichkeit – und religiös gesprochen: an der realen Schöpfung Gottes – vorbei in die Irre gehen wollen. Die Wirklichkeit richtet sich nicht nach unseren Normen und Vorschriften, sondern die Normen und Vorschriften müssen sich nach der Wirklichkeit richten.

Jedoch kann ein Judentum, das bis heute an den überlieferten Traditionen buchstäblich festhält, Homosexuelle aus den genannten Gründen nicht akzeptieren. Und hier liegt ein unauflösbarer Konflikt. Denn ein traditionsgebundenes Judentum muß ja auf der grundsätzlichen Voraussetzung beharren, dass alles, was in der Tora steht, unmittelbar verbindliches Gotteswort ist, und dass auch die mündliche Lehre im Talmud, die ebenfalls auf göttliche Offenbarung zurückgeführt wird, nicht irren kann. Darum leben homosexuelle Juden und Jüdinnen nach dieser „orthodoxen“ Auffassung ständig in Sünde und, wenn sie zugleich in diesem Sinn fromme Juden sein wollen, in einem unaufhebbaren Dilemma.

Allerdings hat auch das orthodoxe Judentum hinzugelernt und unterscheidet heute vielfach, wenn auch bei weitem nicht überall, zwischen homosexueller *Veranlagung* und *gelebter* Homosexualität. Homosexualität als *Veranlagung* wird inzwischen von einigen „orthodoxen“ jüdischen Autoren als gegeben anerkannt. Diese Autoren deuten eine solche Veranlagung allerdings als Abweichung von der allein menschgemäßen, also gesunden Norm der Heterosexualität, also als Krankheit. Sie ist *als solche* nicht Sünde und bedeutet als solche nicht schon einen ethischen Defekt. Sie ist eine biologische Abnormität, eine Art seelischer Mißbildung. Ergo dürfen jüdische Homosexuelle nicht verstoßen werden, doch ist von ihnen zu fordern, daß sie sich ärztlich/therapeutisch behandeln lassen. Vor allem aber muß von ihnen verlangt werden, auf jede sexuelle Aktivität mit gleichgeschlechtlichen Partnern zu verzichten; ebenso auf sexuelle Handlungen an sich selbst. Denn krank zu sein, ist keine Sünde. Sünde wäre es jedoch, so sagen diese Autoritäten, nichts gegen sie zu tun oder gar, wie immer wieder befürchtet wird, andere damit „anzustecken“.

Zeitgenössische „orthodoxe“ Autoren, die sich in den letzten Jahrzehnten auf der Grundlage der Tradition ausführlich zu dem Thema geäußert haben und sich durchaus bemühen, dem homosexuellen jüdischen Menschen gerecht zu werden, ohne allerdings Konzessionen auf Kosten der Tradition zu machen, gestehen auch zu, daß die „Sündhaftigkeit“ homosexueller Praktiken nicht schärfer bewertet werden dürfe als andere Sünden gegen die überlieferten Gebote. Zudem gebe es in jeder Gemeinde weit schlimmere Sünden als diese, die die jüdische Gemeinschaft auch stärker belasten würden: etwa den Bruch der Schabbatruhe, die Mißachtung der Speisegesetze und soziales Fehlverhalten wie Steuerhinterziehung oder Vernachlässigung der Armen und Kranken. Diese Beurteilung bedeutet zweifellos einen Fortschritt gegenüber der früher herrschenden, unreflektierten Homophobie. Denn sie relativiert die „Sündhaftigkeit“ der *praktizierten* Homosexualität, indem sie diese nicht mehr als schlechthin „abscheulich“ hinstellt, sondern in ihr eine Übertretung unter anderen sieht. Eine generelle *Akzeptanz* der Homosexualität als legitim menschlich neben Heterosexualität bleibt jedoch auch für diese modernen „orthodoxen“ Autoren ausgeschlossen. Die lesbische Jüdin, der schwule Jude gehören weiterhin zur Gemeinde. Sie werden nicht ausgeschlossen. Doch als Homosexuelle stehen sie, sofern sie ihre Homosexualität auch leben, weiterhin unter dem Verdikt der Sünde.

Die ungelehrten Mitglieder „orthodoxer“ jüdischer Gemeinden, also die große Mehrheit, werden diese feinen Unterscheidungen auch kaum zur Kenntnis nehmen. Schwule und Lesben werden in solchen traditionellen Gemeinden weiter unter dem schweren Druck der Homophobie leben müssen. Sich offen zu ihrer oder seiner Homosexualität zu bekennen, wird hier niemand wagen, der Ausschluss aus der Gemeinde (via Abbruch sozialer Kontakte; Ausgrenzungen etc.) wäre unvermeidlich. Die Ängste, Selbstzweifel und neurotischen Störungen bei den jüdischen Lesben und Schwulen, die auf Grund ihrer Lebensgeschichte und ihrer dadurch geformten seelischen Struktur dennoch in einer „orthodoxen" Gemeinde ihre Heimat sehen, oder die am Ort, an dem sie leben, nur Mitglied einer solchen orthodoxen Gemeinde sein können, kennen die Psychotherapeut(innen). Erschütternd sind auch die Lebensberichte schwuler und lesbischer Kinder fromm jüdischer Eltern, die schildern, wie es zuging, als sie ihr Coming-out erlebten und nicht nur auf die von der allgemein herrschenden, unreflektierten Homophobie bestimmten Widerstände stießen, sondern in den Augen dieser orthodoxen Eltern zu verlorenen Söhnen und Töchtern wurden, mit denen sie nichts mehr zu tun haben wollten, weil sie ein identitätsstiftendes Tabu verletzt hatten (*Kaddisch*/Totengebet auf lesbische Töchter und schwule Söhne; Hinweis auf den unlängst im Rahmen der Berliner Filmfestspiele vorgestellten Film: *Trembling before G-D* von Sandi Simcha DuBowski, der das Dilemma von orthodoxen jüdischen Homosexuellen zeigt).

Die zweite große Gruppe im heutigen religiös definierten Judentum, die vor allem in den USA großen Einfluss hat, die „konservative", urteilt in ihren Worten milder, kaum jedoch in der Sache. Auch sie empfiehlt ihren jüdischen homosexuellen Mitgliedern den Verzicht auf ein sexuelles Leben als einzig legitime Lösung. Allerdings sind sich die Autoritäten dieser Gruppe nicht ganz einig. Einer von ihnen, Rabbi Elliott Dorff, nennt die Aufforderung an Schwule und Lesben zu sexueller Enthaltsamkeit sogar „unglaublich grausam", ist damit aber in seiner Gruppe die Ausnahme.

Die dritte große Gruppe, die der „reformierten" Juden und Jüdinnen, hat zur Homosexualität – diese immer *ganzheitlich*, also auch als gelebte Praxis verstanden! – keine einheitliche Meinung. Sie teilt jedoch überwiegend nicht mehr den rigiden Standpunkt der „Orthodoxen" und der meisten „Konservativen". Denn sie akzeptiert schon deren Voraussetzung nicht, daß schriftliche und mündliche Tora unveränderbar und darum auch von heutigen Menschen so hinzunehmen seien, wie sie überliefert wurden. Vielmehr seien Tora und rabbinische Tradition zunächst *geschichtlich* zu sehen, das heißt: im Licht der Zeit, in der sie entstanden sind. Bei neuen Erkenntnissen (und Anforderungen!) müssten alte Urteile (Normen und Werte) revidiert werden (was durchaus im Sinne einer auch orthodox verstandenen fortlaufenden Offenbarung ist!). Demnach müssten die eigenen religiösen Traditionen und Überzeugungen mit den Informationen und Einsichten moderner Wissenschaft, auch der modernen Sexualwissenschaft, in Einklang gebracht werden und dürften sich der Realität nicht in dogmatischer Starre verschließen.

Diese Prinzipien ermöglichten vielen Reformgemeinden auch eine weitherzigere Einstellung gegenüber Lesben und Schwulen. In den USA und Großbritannien gibt es mittlerweile sogar Reformgemeinden, die offen schwul oder lesbisch lebende Rabbiner(innen) angestellt haben. Im spontanen Umgang miteinander stoßen Lesben und Schwule allerdings auch in liberalen und Reformgemeinden gelegentlich auf heftige Äußerungen von Homophobie.

Im Umkreis eines „reformierten" Judentums – und erst recht bei den Vertretern eines säkularen oder „humanistischen" – werden vor allem folgende Argumente für einen freieren Umgang mit Homosexualität vorgebracht: Die neuere Bibelforschung habe gezeigt, daß die beiden Bibelverse, die vor allem eine jüdische Verurteilung der Homosexualität begründen sollen, keineswegs eindeutig sind, sondern viele Probleme aufwerfen, die der Diskussion bedürfen. So lege der Zusammenhang, in dem diese Verse stehen, die Vermutung nahe, es handele sich hier um ein Verbot der einst in der kanaanäischen Umwelt blühenden männlichen Tempelprostitution im Vollzug fremder Götterkulte, von der Israels Männer sich, um der „Heiligkeit" des Volkes willen, fernzuhalten hatten. Homosexualität im heutigen Sinn sei in diesen Versen gar nicht gemeint, und darum das Verdikt nicht mehr aktuell. Das, was heute „Homosexualität" genannt wird, sei mehr als nur eine sexuelle Praxis; es ist vielmehr eingebettet in einen viel größeren anthropologischen, psychosozialen und kulturellen Zusammenhang und kann nur in diesem gesamten Kontext beurteilt werden (s.o.).

Auch für homosexuelle Menschen gelte die übergeordnete biblische Aussage, daß jeder Mann und jede Frau nach dem Bild und Entwurf Gottes geschaffen wurde (Gen 1, 27). Dass diese Aussage die zentrale Aussage der Tora sei, das wichtigste Gebot, von der her alle anderen interpretiert werden müßten, hat schon ein antiker rabbinischer Lehrer, Ben Azzai, bekräftigt, wenn er lehrt: „Als Gott den Menschen erschuf, machte er ihn in seinem Ebenbild" (Sifra Kedoschim II, 4, 12). Dann dürfe auch der homosexuelle Mensch, Mann wie Frau, sich auf diese gleiche Würde berufen und habe als ein von Gott so geschaffener Mensch Anspruch auf sein volles Lebensrecht. Demnach dürfe Homosexualität nicht mehr als „widernatürlich" diffamiert werden, sondern sei vielmehr eine gleichwertige Variante der menschlichen Sexualität, die dieselbe Akzeptanz fordern dürfe wie die heterosexuelle.

Auch eine schwule und lesbische Partnerschaft sei prinzipiell, also von der Tendenz der Beteiligten her, auf dauerhafte und ganzheitliche Liebe angelegt und somit eine Variante der Erfüllung des Hauptgebotes: „Du sollst deinen Nächsten lieben wie dich selbst" (Lev 19, 18).

An diesen wichtigsten Argumenten, die jüdische Lesben und Schwule heute für sich in Anspruch nehmen können, ist vor allem bedeutsam, daß sie aus unserer eigenen Tradition geschöpft sind. Wir müssen unser Schwul- und Lesbischsein als Juden und Jüdinnen also nicht mit Gründen von außerhalb verteidigen. – Solche Gründe würden die Frage nach unserer Ganzheit als *jüdische und zugleich homosexuelle* Menschen nicht beantworten können. Wir müssen uns also die Rechtfertigungsgründe – in erster Linie vor uns selbst mitten in einer homophoben Umwelt, aber auch innerhalb unserer jüdischen Gemeinschaft – nicht von anderswo borgen. Unsere eigene jüdische Überlieferung gibt uns die Freiheit, zu sein, wie wir sind. Wir können authentische

Juden/Jüdinnen sein, auch wenn wir schwul, lesbisch, bi- oder transsexuell sind, das heißt: wir können den Riß, der durch unsere zugleich schwule oder lesbische und jüdische Identität geht, heilen, wir können ganz sein.

Doch brauchen wir nicht nur defensiv zu argumentieren. Die von den heutigen Verfechter(innen) der Tradition immer noch vorgebrachten drei Hauptargumente gegen die Homosexualität (s.o.) können leicht widerlegt werden, ohne daß wir dabei den Boden des Judentums verlassen müssen: Der erste Einwand, Homosexualität sei „gegen die menschliche Natur", hält einer Prüfung im Licht heutiger sexualkundlicher Erkenntnisse ebensowenig stand wie die Behauptung, es handele sich um eine Krankheit. Diese letztere Ansicht wurde gegen Ende des vorigen Jahrhunderts (von Krafft-Ebing 1893) zuerst vertreten und war seitdem weit verbreitet, bis sie von der modernen Sexualforschung widerlegt wurde. Wir wissen heute, daß es eine einzige, „natürliche" Form menschlicher Sexualität nicht gibt und nie gegeben hat. Immer hat es nicht nur viele Varianten sexuellen Verhaltens gegeben; wir erleben auch fließende Übergänge von einer Variante zur anderen in ein- und demselben Menschen, zeitlich nacheinander wie gleichzeitig nebeneinander. Die erwähnte Auffassung „orthodoxer" Autoren von der Homosexualität als einer *krankhaften* Abirrung der Geschlechtlichkeit, die vermutlich dem jüdischen Schwulen und der jüdischen Lesbe entgegenkommen soll, stellt uns in Wirklichkeit auf eine Stufe mit tatsächlich kranken Triebtätern und anderen psychisch schwer gestörten Sexualneurotikern. Sie hilft niemandem, sie beleidigt nur. Nicht die Homosexuellen bedürfen der Heilung, sondern die Homophoben, hinter deren starren, tief verwurzelten Vorurteilen sich auch viele neurotische Verdrängungen eigener lustvoller Wünsche verbergen.

Dass homosexuelle Paare gegen eigene Nachkommenschaft eingestellt seien, wird von vielen Schwulen und Lesben widerlegt, die miteinander Kinder aus einer früheren Ehe eines Partners oder einer Partnerin aufziehen oder solche adoptiert haben oder gern adoptieren würden, wenn die Gesetze dies erlaubten. Und ein Mensch, der seine Homosexualität erst nach der Eheschließung entdeckt, manchmal erst Jahre später, und deshalb meint, seine Ehe aufgeben zu müssen, ist nicht typisch für Schwule oder Lesben. Denn in heterosexuellen Beziehungen kommt es aus ganz anderem Grund doch nicht seltener zum vorzeitigen Bruch, etwa infolge einer langsamen Entfremdung, einer plötzlich eintretenden Orientierung auf eine andere Partner(in) oder infolge der körperlichen oder seelischen Krankheit einer Partner(in), die vom anderen nicht mehr ertragen wird.

Abschließend wird deutlich: Jüdische Schwule und Lesben stehen unter einem vielfachen Druck, als einzelne wie als Paare. Jeder und jede von ihnen hat, wenn sie sich als schwul oder lesbisch entdeckt, nicht nur mit den Schwierigkeiten zu kämpfen, die wir alle durchmachen, wenn wir an unserem Coming-out arbeiten. Wir jüdische Schwule und Lesben müssen darüber hinaus mit den Konflikten umgehen, die die von uns selbst in unserer traditionell jüdischen Erziehung verinnerlichten negativen Wertungen in uns auslösen und die unsere Identität als Juden und Jüdinnen aufs Schwerste in Frage stellen können, um so schwerer, je intensiver traditionell wir erzogen wurden. Wir müssen uns auch, wenn wir nicht lebenslang versteckt bleiben wollen, mit unserer jüdischen Gemeinschaft, in die wir hineingeboren wurden, auseinandersetzen und nicht selten in Kauf nehmen, daß sie uns keinen Raum zu einem offenen schwulen oder lesbischen Leben läßt, sondern uns allenfalls als Außenseiter misstrauisch duldet. Wir müssen uns drittens, wie alle Jüdinnen und Juden, gegen den überall latenten oder offen ausgesprochenen Antisemitismus unserer Umwelt wehren, einen Antisemitismus, auf den man in den USA, aber auch in Deutschland, sogar in schwulen oder lesbischen Gruppen stoßen kann, wenn man als jüdischer Mensch erkannt wird. Und wir müssen viertens, wie alle Schwule und Lesben dieser Welt, wenn sie nicht, etwa durch ihren Beruf als Selbständige oder Künstler(innen) privilegiert sind, sondern in sozialen Abhängigkeitsverhältnissen zu leben und zu arbeiten gezwungen sind, den Druck aushalten, der von homophoben Kollge(innen), Nachbar(innen), Mitschüler(innen) und anderen ausgeht.

Deshalb ist es für uns als jüdische Lesben und Schwule ganz besonders wichtig, nicht allein zu bleiben, sondern uns zu größeren Gemeinschaften zusammenzuschließen. Dieses Bedürfnis, nicht allein zu bleiben, sondern sich mit anderen Juden und Jüdinnen zusammen zu tun, entspringt aber nicht nur der Notwendigkeit, sich in größeren Gemeinschaften gegenseitig besser zu schützen, zu ermutigen und Solidarität zu erfahren. Es ist ein Teil der jüdischen Identität selbst, sich niemals nur als Individuum zu begreifen, sondern immer auch als Teil eines größeren Ganzen, das in der Bibel „*Am* [Volk] *Jisrael*" heißt. Die meisten jüdischen Gebete und anderen liturgischen Lebensäußerungen sind auf Gemeinschaft angelegt, auf ein „Wir".

In den USA und auch in Großbritannien gibt es schon seit den siebziger Jahren in Großstädten mit vielen jüdischen Homosexuellen eigene schwul-lesbische Synagogengemeinden. Diese entstanden, als klar wurde, dass Schwule und Lesben in den allermeisten bestehenden Gemeinde niemals voll anerkannt werden würden. Die erste wurde 1972 in Los Angeles gegründet und hieß *Bet Chajjim chadaschim*, Haus des neuen Lebens. Ihr folgten bald andere in New York und anderswo in den USA. Im Judentum gibt es – das ist wiederum ein Unterschied zum Christentum – keine festgelegten und alle im Bereich Wohnenden zusammenschließenden Pfarrgemeinden, wie es auch keine übergeordneten Strukturen wie Landeskirchen, Bistümer oder gar eine zentrale Behörde wie den Vatikan. Jede Gruppe, die stärker ist als zehn Menschen – wobei Orthodoxe nur Männer zählen, Reformierte auch Frauen – kann eine eigene Gemeinde gründen. Jede jüdische Gemeinde ist autonom und regiert sich selbst mit frei gewählten Vorständen. Sie muß natürlich über ein Minimum an Geldmitteln verfügen, auch wenn sie nur einen Raum in einem fremden Haus mietet. Eine Rabbiner(in) ist dazu nicht nötig – die jüdischen Gemeinden sind seit jeher und überall Laiengemeinden.

In New York, San Francisco, Los Angeles und auch in London – es mag noch andere geben, die mir nicht bekannt sind – existieren heute solche jüdisch-homosexuellen Gemeinden. Einige haben tausend Mitglieder, andere sind wesentlich kleiner, aber alle sind, gerade weil sie nur aus freiwillig Hinzugekommenen und sehr bewussten Juden und Jüdinnen bestehen, auch aus solchen, die durch ihre eigene Biographie dazu erzogen worden waren, nach neuen Ufern zu suchen, sehr lebendig. Natürlich wird niemand gefragt, der dazu gehören will, ob er/sie schwul oder lesbisch ist. Aber Schwule und Lesben können sich hier frei bewegen, die Atmosphäre, die Formen und Inhalte der Liturgien und Predigten nach ihren Bedürfnissen gestalten, und die anderen sind, wenn sie es wollen, ihre Gäste und nicht umgekehrt. Alle diese Gemeinden bemühen sich, die Tradition zugleich zu bewahren und mit neuen Inhalten zu erfüllen, die Erkenntnisse, die die schwul-lesbisch-jüdische Bewegung in ständiger Konfrontation mit der Überlieferung wie mit der Umwelt und mit der anthropologischen und sexualkundlichen Wissenschaft gewonnen hat, zu neuen Formen schwul-lesbisch-jüdischer Identität zu verschmelzen. Diese Synagogengemeinden verstehen sich immer zugleich als Teil der allgemeinen schwul-lesbischen Weltgemeinschaft wie auch als Teil der jüdischen Gemeinschaft. In ihnen finden sich jüdische Menschen ganz verschiedener Herkunft zusammen, aus orthodoxen, aus reformorientierten und auch aus säkular-atheistischen Ursprüngen. Ihr soziales Engagement besteht in hohem Maße in der Sorge um AIDS-Kranke in der Gemeinde selbst und darüber hinaus.

Wo aber keine schwul-lesbischen Gemeinden gegründet werden können, weil dazu die materiellen und auch die geistigen Voraussetzungen fehlen, also in den meisten Ländern der Welt, werden jüdische Schwule und Lesben sich nach Möglichkeit wenigstens zu informellen Gruppen zusammenschließen. Solche Gruppen haben für uns eine doppelte Bedeutung. Sie geben einmal uns allen den Schutzraum, den wir brauchen, um nicht in der Isolation unsere Identität, mehr noch: unsere Kraft zur Selbstbehauptung, zu verlieren, um voneinander zu lernen und einander zu ermutigen. Und sie dienen dazu, unseren Anspruch auf das Lebensrecht als jüdische Homosexuelle innerhalb der jüdischen Gemeinschaft sichtbar zu machen und – wenn auch im Laufe beiderseitiger langer Lernprozesse – auch durchzusetzen, was wir als isolierte Einzelne niemals könnten. Immerhin haben wir auf diese Weise zum Beispiel in Berlin schon erreicht, daß der Vorstand der jüdischen Gemeinde uns Räume für unsere Veranstaltungen zur Verfügung stellt. In Deutschland gab und gibt es solche Gruppen in den Städten mit großen jüdischen Gemeinden: Berlin, Frankfurt, München, Hamburg, Köln. Die erste entstand schon vor vielen Jahren in Köln und nannte sich *Jachad*, auf deutsch: „Miteinander", was auch bedeutet, daß Schwule *und* Lesben in solchen Gruppen zusammen sind. Auch die anderen haben sich nach diesem Vorbild *Jachad* genannt.

Wenngleich in fast jeder Gruppe auch ausländische Mitglieder mitmachen, die auf Zeit oder auf Dauer hier leben und arbeiten, israelische und amerikanische vor allem, so bestehen die Gruppen hier natürlich aus Juden, deren Muttersprache und Wurzeln in Deutschland liegen. Homosexuelle Jüdinnen und Juden aus dem Osten sind bisher nur selten zu uns gestoßen, obwohl Juden und Jüdinnen, die von dort stammen, heute einen großen Teil der jüdischen Gemeinden bilden. Aber unsere deutsch-jüdischen oder jüdisch-deutschen Gruppenangehörigen haben sich nicht nur damit auseinanderzusetzen, daß sie zugleich schwul oder lesbisch und jüdisch sind. Nicht wenige sind auch Kinder oder schon Enkel von Menschen, die die Schoah überlebt haben, und sind belastet mit allen Problemen, die daraus erwachsen. Die menschlichen Komplikationen, die Juden und Jüdinnen als Angehörige einer ohnehin oft negativ qualifizierten kleinen Minderheit belasten und auch nicht selten zu schwierigen Mitmenschen machen, sind nach Auschwitz in Deutschland noch weit gravierender geworden. Das bedeutet für jüdische schwul-lesbische Gruppen in Deutschland gelegentlich besondere Gefährdungen, sich aus erhöhter Verletzlichkeit einzelner Mitglieder verhältnismäßig schnell wieder zu spalten oder aufzulösen; für andere wiederum, den Anschluß an eine solche jüdische Gruppe zu meiden, und ihre Homosexualität lieber privat oder in Gruppen anderer Art zu leben, wo sie sich dann meist als Jüdinnen und Juden auch nicht zu erkennen geben.

Literatur

Es gibt derzeit kein Buch in deutscher Sprache zu unserem Thema.

Arthur Hertzberg (1996). *Judaismus. Die Grundlagen der jüdischen Religion.* Reinbek. S. 165ff. bietet immerhin eine kurze, informative Übersicht über die verschiedenen jüdischen Standpunkte.

Für eine eingehende Beschäftigung mit unserem Thema kann nur auf englischsprachige Bücher zurückgegriffen werden: folgend einige wichtige Werke, in denen jeweils auch auf weitere Literatur verwiesen wird:

Einen guten sachlichen Überblick ohne ideologische Wertungen gibt:

Eron, Lewis John (1993). Homosexuality and Judaism. In Arlene Swidler (Hrsg.), *Homosexuality and World Religions* (S. 103-134). Valley Forge/Pennsylvania; interessant auch wegen des Darstellung der Konzepte in den anderen Religionen.

Der „orthodoxe" Standpunkt wird knapp und klar dargestellt in:

Lamm; Norman (1974). Judaism and the Modern Attitude to Homosexuality. *Encyclopaedia Judaica Yearbook,* 194-205.

Für die Behandlung der Sexualität im Talmud ist lehrreich:

Boyarin, Daniel & Israel, Carnal (1993). *Reading Sex in Talmudic Culture.* California University Press.

Biale, Rachel (1995). *Women in Jewish Law. The Essential Texts, their History and their Relevance for Today.* New York. enthält auch das gesamte rabbinische Material zur weiblichen Homosexualität.

Eine ausführliche Darstellung der Rolle von Sexualität im Judentum von der Bibel bis zur Gegenwart mit knappen Hinweisen zur Homosexualität gibt:

Biale, David (1997). *Eros and the Jews.* New York.

Ausführliche Aufsätze zur Homosexualität von Männern und Frauen, sowohl vom traditionellen wie vom reformierten Standpunkt aus und auch aus dem Selbstverständnis von jüdischen Schwulen und Lesben enthält der wichtige Sammelband:

Magonet, Jonathan (Hrsg., 1995). *Jewish Exploring of Sexuality.* Providence/USA.

Für unser Nachdenken über uns selbst als jüdische Schwule und Lesben schwer entbehrlich ist schließlich der Sammelband:

Balka, Christie & Rose, Andy (Hrsg., 1989): *Twice blessed. On Being Lesbian or Gay and Jewish.* Boston: Beacon Press.

Ein interessantes Buch mit vielen Einblicken in das Leben und Denken der Mitglieder über die schwul-lesbische Synagogengemeinde *Bet Simcha* (deutsch: Haus der Freude) gibt das Buch von:

Shaked, Moshe (1995). *A Gay Synagogue in New York.* New York: Columbia University Press.

Homosexuelle Liebeslieder jüdischer Autoren aus dem spanisch-maurischen Mittelalter sind in großer Zahl enthalten in der Anthologie von:

Williams, James G. (1995). *Gay and Lesbian Poetry from Sappho to Michelangelo.* New York/London: Garland.

Tuider, E. & Tietz, L. (2003). Queer Theory verständlich – Kritik der Identitätspolitik. In M. C. Steffens & M. Ise (Hrsg.), *Jahrbuch Lesben – Schwule – Psychologie*. Lengerich: Pabst.

Queer Theory verständlich – Kritik der Identitätspolitik

Elisabeth Tuider & Lüder Tietz

wenn eine frau sich, wenn sie mit einer anderen frau schläft als mann identifiziert, ist sie dann ein heterosexueller mann, eine lesbische frau oder eine heterosexuelle frau? Ist ein mann, während er sich selbst befriedigt, schwul? Oder zur hälfte eine frau und dann heterosexuell?

Ist eine transvestitin, die mit frauen sex hat, heterosexuell?
(AG LesBiSchwule Studien Hamburg, 1999, S. 5)

„‚Mann' und ‚Frau' sind theatralisch produzierte Effekte, die als Grundlage, als Original, als normatives Maß des Realen posieren."
(Butler, 1996, S. 27)

„Das Identitätszeichen, das ich heute benutze, erfüllt zwar heute seine Zwecke, aber es ist unmöglich vorherzusagen oder zu kontrollieren, für welche politischen Ziele es in Zukunft wird herhalten müssen. ... Durch das Bekenntnis zur strategischen Vorläufigkeit des Zeichens (statt zu dessen strategischem Essentialismus) kann Identität zu einem Schauplatz der Anfechtung und der Revision werden..."
(Butler, 1996, S 23-24)

„Die Parodie besetzt gleichsam den Raum zwischen den Geschlechtern, beleuchtet ihn und verschiebt dadurch die Grenzen zwischen hegemonialer Repräsentation und space-off."
(Hark, 1993, S. 105)

„Die Konzepte der Materie und des Körpers zu dekonstruieren heißt nicht, sie zu verneinen oder abzulehnen. Vielmehr beinhaltet die Dekonstruktion dieser Begriffe, dass man sie weiterhin verwendet, sie wiederholt, subversiv wiederholt, und sie verschiebt bzw. aus dem Kontext herausnimmt, in dem sie als Instrument der Unterdrückungsmacht eingesetzt wurden."
(Butler, 1993, S. 52)

„Wenn die Sexualität eines Menschen enthüllt werden soll, was wird dabei als echtes, bestimmendes Element ihrer Bedeutung angenommen: die Phantasiestruktur, der Akt, die Öffnung, die Geschlechtsidentität oder die Anatomie?"
(Butler, 1996, S. 20)

„Wer war ich jetzt – Frau oder Mann? Diese Frage würde nie beantwortet werden, solange dies die beiden einzigen Möglichkeiten blieben; sie würde nie beantwortet werden, solange sie gestellt werden musste."
(Feinberg, 1996b, S. 338)

„Vorher wusstest du nicht, ob ich lesbisch ‚bin', jetzt weißt du nicht, was es heißt, dass ich es bin."
(Butler, 1996, S. 18)

Frau-Sein und Mann-Sein sei, so lautet zumindest die weitverbreitete Meinung, eindeutig, naturhaft und unveränderbar. Mit einer Selbstverständlichkeit wird davon ausgegangen, dass es „Frauen" und „Männer" gibt, die eine „weibliche" *oder* „männliche" Identität ausbilden und das entsprechend „andere" Geschlecht begehren. Und diese ursächliche Beziehung von Geschlecht, Identität und Sexualität sei deswegen ganz normal, weil es dem Sinn und Zweck des menschlichen Lebens – und der liege in der Fortpflanzung – entspreche.

Queer Theory betont, dass Geschlechter, Körper, Subjekte und Lüste soziale Effekte sind, die in Kleinstarbeit als solche fortwährend hergestellt werden müssen. Sie sind eine gesellschaftliche Anweisung an die Menschen, die diesem normativen Ideal aber nie entsprechen können. *Queer* heißt übersetzt aus dem Englischen soviel wie: schräg, verkehrt, gefälscht, leicht verrückt und fragwürdig. Ursprünglich wurde *Queer* als Schimpfwort für Homosexuelle verwendet, bis seine Bedeutung in den USA Anfang der 90er Jahre positiv besetzt und darüber umfunktioniert wurde. Diese Umdeutung basierte zum einen auf den nordamerikanischen Frauen- und Homosexuellenbewegungen[19] der 70er und 80er Jahre sowie der Theorie des sozialen Konstruktivismus. Diese verweist unter anderem darauf, dass sexuelle Identitäten historisch entstanden und spezifisch für bestimmte Gesellschaften und Zeiten sind. Beispielsweise erblickte das Konzept des „Homosexuellen" erst Ende des 19. Jahrhunderts das Licht der Welt.[20] *Queer Politics* kritisieren insbesondere klassische feministische, lesbische und schwule identitätsbasierte Minderheitenpolitiken der 80er und 90er Jahre, deren Grundlage essentielle homogene Gruppenidentitäten waren oder sind. Statt wie diese aus marginalisierten Positionen politisierte Identitäten zu bilden und für diese gleiche Rechte zu fordern, wollen *Queer Theory* und *Queer Politics* die Diskurse sowie die kulturellen Konstruktionen und sozialen Praxen, die diese marginalisierten Positionen überhaupt erst erzeugen, kritisieren und dadurch verändern.[21]

---

[19] In Nordamerika ist die *Queer*-Bewegung kurz vor Erscheinen der frühen Texte der *Queer Theory* entstanden, nämlich Ende der 80er Jahre. *Queer* als politische Praxis begann als militanter Protest von Gruppen wie *ACT UP!* (*Aids Coalition to Unleash Power*) – insbesondere gegen die ausbleibende Hilfe der US-Regierung angesichts der HIV/Aids-Krise und gegen Pharmafirmen – z.B. in Form von *Die-ins*, Blockaden oder Boykotten, aber auch vielfältiger Aktionskunst (siehe Crimp 1987, Crimp & Rolston 1990). Aids-AktivistInnen bildeten eine Regenbogenkoalition aus Teilen der Schwulen-, Frauen/Lesben-, und Schwarzen-Bewegungen sowie von DrogengebraucherInnen und SexarbeiterInnen (vgl. Hofmeister 2001) und gaben damit ein Vorbild für die Forderung nach neuen politischen Bündnissen. Andere frühe Gruppen wie *Queer Nation* machten seit 1990 Demonstrationen in Form von *Shop-ins*, *Kiss-ins* oder anderen *Direct-Actions* (vgl. Browning 1994: 26-54).

[20] Der französische Philosoph Michel Foucault hat mit der Infragestellung allgemeingültiger Theorien die Geschichtlichkeit scheinbar objektiver Begriffe wie „Sexualität", „Familie", „Körper", „Wissenschaft" und „Subjekt" offengelegt (Foucault 1977, 1984). Dies hat die sozialkonstruktivistische Forschung stark geprägt, wenn auch seine Periodisierung inzwischen teilweise bestritten wird.

[21] Schwarze Feministinnen hatten bereits in den 80er Jahren den einseitigen Fokus auf die Thematisierung von Sexismus kritisiert (vgl. Joseph 1993, Schultz 1986), farbige Lesben und Schwule hatten schwule und lesbische Identitäten sowie die schwul-lesbische Gemeinschaft als eine weiße Mittelschichtskonstruktion entlarvt (vgl. Mallon 1991). Diese politischen Gruppen wie auch TheoretikerInnen haben gefordert,

Queer Theory hat sich im Anschluss und als Fortsetzung der poststrukturalistischen, konstruktivistischen und dekonstruktivistischen Forschungs- und Theorieansätze entwickelt. Der Begriff selbst geht auf die US-amerikanische Psychoanalytikerin Teresa de Lauretis (1991) zurück, die auf die Herstellung und das Zusammenspiel der Kategorien „Geschlecht" und „Sexualität" hingewiesen hat.

In Deutschland wird *Queer* in unterschiedlichen Kontexten, von unterschiedlichen Menschen sehr unterschiedlich eingesetzt und definiert.[22] Deswegen kann es vorkommen, dass *Queer* sowohl als Synonym für schwul-lesbisch[23] verwendet oder mit Glitter und Glamour und Travestie verbunden oder als Name für eine Zeitschrift für Schwule und Lesben verwendet wird. Es kann aber auch als eine wissenschaftliche Kategorie für eine explizite Nicht-Identität verstanden werden. Insofern wird *Queer* häufig nicht nur als Sammelbegriff für eine Vielzahl persönlicher und politischer Identitäten verstanden, sondern vor allem als kritische Strategie, die sich in subkulturellen politischen Praxen des lautstarken Aktivismus, des parodistischen Ernstes im Spiel mit Identitäten oder des Nicht-Identifizierens sowie der bewussten Desidentifikation zeigt.

Die politische und theoretische Verwendung des ursprünglich abwertenden Begriffs *Queer* spielt auf die verschiedenen Bedeutungen an und will sie alle durchkreuzen. Die australische *Queer*-Theoretikerin Annemarie Jagose (2001) sieht die Gemeinsamkeit der unterschiedlichen Ansätze darin, dass sie die Stabilität der Beziehungen zwischen *Sex* (dem „biologischen" Geschlecht), *Gender* (dem sozialen Geschlecht) und Begehren/Sexualität hinterfragen. *Queer Theory* geht dabei sowohl über die Fokussierung von Sexualität in den LesBiSchwulen Studien als auch über die feministische Geschlechterzentrierung hinaus. Denn *Queer* stellt die Dichotomien wie Mann/Frau oder Homo/Hetero selbst in Frage und möchte die Logik der Ausgrenzung aufdecken.

Dabei kann und will *Queer* weder festlegen noch festgelegt werden, denn *Queer* ist, wie die Berliner Philosophin Sabine Hark (1993, S. 104) betont, „ein Zeichen, das nichts bezeichnet, da es

---

Sexismus, Rassismus und Homophobie gleichermaßen zu thematisieren – und zwar in der Gesamtgesellschaft wie innerhalb der politischen Bewegungen.

[22] Ein gut lesbarer Überblickstext zur *Queer Theory* ist die Einführung von Annemarie Jagose (2001). Gerade für die deutschsprachige Rezeption ist Judith Butler (1998, 1996, 1995, 1993, 1991) die Schlüsselfigur, andere bekannte frühe VertreterInnen sind z.B. Lauretis (1991), Sedgwick (1993 [1990]) und Seidman (1994). In Deutschland sind zunächst die *Queerstudien* beim Seminar für Kulturwissenschaften an der Humbold-Universität Berlin (vgl. Ferdinand, Pretzel & Seeck 1998) bekannt geworden, dann Vertreterinnen wie Sabine Hark (1996, 1993) und Antke Engel (1996), die sich mit anderen zur Gruppe *quaestio* (2000) zusammengeschlossen haben, sowie Gruppen von Studierenden und DoktorandInnen wie z. B. die *AG LesBiSchwule Studien/Queer Studies* an der Universität Hamburg (vgl. Heidel, Micheler & Tuider 2001).

[23] Im deutschsprachigen Raum wird der Begriff *Queer* häufig verkürzt als subkulturelles Zusammentreffen oder gemeinsames politisches Handeln von Schwulen und Lesben verstanden – wie auch Heidel, Micheler & Tuider (2001) sowie Genschel u. a. (2001) kritisieren – vgl. hierzu auch Etgeton & Hark (1997).

keinen Referenten gibt, auf das es verweist". Die Unbestimmbarkeit, Veränderbarkeit und Vorläufigkeit von *Queer Theory* ist zugleich ihr notwendiges Merkmal und ihr Programm.

Undefiniert: *Queer Theory*

Queer lässt sich nicht definieren und definiert nicht. *Queer* bezieht sich meist auf Praxen, Menschen und Gruppen, die gegen gesellschaftliche Normen – vor allem bezüglich Geschlecht, Sexualität und Körper – verstoßen und/oder dagegen verstoßen wollen. Dies sind unter anderem lesbische, schwule, bisexuelle, sadomasochistische, fetischistische, pansensuelle, *cross-dressed*, transsexuelle, *transgender*[24], *trigender*, multisexuelle[25] und polysexuelle Praxen sowie intersexuelle[26] Menschen oder auch KrüppelInnen, Kanaken[27] und Mitglieder der Lederszene. Die Herstellung von Geschlecht und Sexualität wird in Wechselwirkung mit anderen Normsystemen wie „Rasse" und Ethnizität, Klasse, Alter, „Behinderung" oder dem Immunserostatus gesehen.

---

[24] Der Begriff "Transsexualität" ist als ursprünglich bio-medizinisches und psychiatrisches Konzept auf die "geschlechtsangleichende" Operation fixiert, stellt jedoch auch eine identitätsstiftende Kategorie dar (vgl. Lindemann 1993, Hirschauer 1993). Der amerikanische Begriff *Transgender* kritisiert dieses Konzept und weitet sich zu einem Oberbegriff für eine Reihe heutiger sozialer Identitäten von Personen, die mit oder ohne Einnahme von Hormonen, mit oder ohne Operation an physiologischen Geschlechtsmerkmalen einen Geschlechtswechsel oder eine Position zwischen Männern und Frauen anstreben (Genschel 1998, Califia 1997, Feinberg 1996a). Hierzu gehören z. T. auch *Cross Dressers*/Transvestiten, Tunten, *Drag Kings* und z. T. auch Intersexuelle.

[25] Multisexualität ist weniger eine theoretische Forderung nach subversiver Parodie der Geschlechter und sexuellen Identitäten (wie bei Butler 1991), sondern vielmehr die Beschreibung (subkultureller) Praxen von Personen, die in unterschiedlichen Kontexten unterschiedliche geschlechtliche und sexuelle Rollen inszenieren, dabei zwischen Mann und Frau, Homo, Hetero und Bi, Aktiv und Passiv wechseln und häufig mehrere Beziehungen parallel führen. Der Begriff Multisexualität wird seit Ende der 1980er Jahre vom Amsterdamer Journalisten und Aktivisten Corinna Gekeler verwendet (vgl. Prinzessin Lydla, 1998, Gekeler, 1998, Gekeler & Warffemius, 1994).

[26] Intersexualität ist ein Oberbegriff für alle Formen biologischer Zwischengeschlechtlichkeit (Heldmann, 1997). Besonders bekannt sind Hermaphroditen, die sowohl männliche wie weibliche Gonaden, also zumindest je einen Eileiter und einen Hoden, haben (Masters, Johnson & Kolodny, 1992). In westlichen Kulturen werden Hermaphroditismus, Andrenogenitales Syndrom, Testikuläre Feminisierung etc. als Krankheiten oder biologische Irrtümer betrachtet und seit den 40er Jahren mit „korrigierenden" Hormongaben und Operationen behandelt – diese sollen zu einer Vereindeutigung des zugewiesenen biologischen, psychischen und sozialen Geschlechts führen, haben aber oft zweifelhafte Resultate (Heldmann, 1997). Tatsächlich dienen sie eher der Anpassung an die und die Aufrechterhaltung der Norm der Zweigeschlechtlichkeit und werden von Interessensverbänden von Intersexuellen – wie z. B. der Arbeitsgruppe gegen Gewalt in der Pädiatrie und Gynäkologie (AGGPG) – als gewalttätige Genitalverstümmelung abgelehnt (Reiter 2000).

[27] Der Begriff „Kanaken" wurde v. a. vom sich über Identitäten hinwegsetzenden Zusammenschluss *Kanak Attak* positiv besetzt und so in die deutsche linke Diskussion gebracht. „Kanak Attak fragt nicht nach dem Paß oder nach der Herkunft, sondern wendet sich gegen die Frage nach dem Paß und der Herkunft. Unser kleinster gemeinsamer Nenner besteht darin, die Kanakisierung bestimmter Gruppen von Menschen durch rassistische Zuschreibungen mit allen ihren sozialen, rechtlichen und politischen Folgen anzugreifen. Kanak Attak ist anti-nationalistisch, anti-rassistisch und lehnt jegliche Form von Identitätspolitiken ab, wie sie sich etwa aus ethnologischen Zuschreibungen speisen. [...] Kanak Attak macht keine Lobbypolitik, setzt sich von konformistischer Migrantenpolitik ab und will in Form und Inhalt offensiv eine breitere Öffentlichkeit ansprechen." (Kanak Attak, 2002).

Queer kann und will aber nicht auf Identitäten oder Gruppen beschränkt werden. Denn *Queer* wendet sich gegen jede wesenhafte Identität. Es will auch keine neuen, *queeren* Identitäten, Geschlechter, Sexualitäten oder Normen definieren. *Queer* will vielmehr Räume eröffnen, in dem keineR nur Frau oder Mann sein muss, sondern neue Szenarien des Begehrens erfunden werden können. *Queer Theory* versucht, unterschiedliche sexuelle und geschlechtliche Praxen, Symbolisierungen, Identitäten, Personen und Gemeinschaften kulturell, wissenschaftlich und politisch zu legitimieren – indem sie diese beschreibt und Ausschlussmechanismen untersucht, die diese bisher als kulturell nicht-verständlich, als pervers, abnorm etc. darstellen.

Dabei bieten *queere* Bündnisse und Diskurse die Chance zur Beteiligung von Personen, die in unterschiedlichem Maße von wissenschaftlichen, politischen und subkulturellen Diskursen ausgeschlossen sind. Zugleich beinhalten sie aber die Gefahr des Scheiterns, da ein wissenschaftlicher und politischer Ansatz, der auf Multiperspektivität und Dialogizität beruht, in einer schnellen massenmedial organisierten Öffentlichkeit leicht vereinnahmt werden kann – im Sinne von: je mehr Vielfalt, desto grenzenloser der Konsum. *Queer* versucht das selbstverständliche und eindeutige Verständnis von Geschlecht, Sexualität und Kultur aus dem Kontext zu verschieben, die machtvollen Grenzen offen zu legen – unter anderem mit dem Mittel der Subversion, der Parodie, der Maskerade und der spielerischen Wiederholung. Dabei wirft *Queer* zwar Fragen nach den politischen Möglichkeiten der Geschlechter- und Sexualitäten-Verwirrung auf. Gleichzeitig betonen *Queer*-AktivistInnen aber, dass es sich dabei nicht um willentliche, bewusste Akte des „Anything Goes" handeln kann. Denn Abwertung, Unterdrückung und Gewalt sind reale Erfahrungen. Alles ist auch in und mit *Queer* nicht möglich (vgl. auch Prinzessin Lydla, 1998).

Ob nun einE *GenderNaut*[28] mehr mit einer Geschlechternull oder mit einem/r AstronautIn übersetzt wird, oder ob mit dem/r *Cyborg* (Haraway, 1995) eine per Computer simulierte Entkörperlichung versprochen wird – *GenderNauts* und *Cyborgs* betonen den bisher meist nicht belebbaren Raum zwischen den Polen Männlich/Weiblich, Hetero/Homo, Kultur/Natur, Innen/Außen und Eigen/Fremd (vgl. auch Bauer, 2001).

Begriffsklärungen

Die theoretische Diskussion von *Queer Theory* formiert sich um Begriffe wie Macht, Subjekt, Performativität, *Sex* und *Gender* oder Heteronormativität.

---

[28] GenderNauts ist eine Video-Dokumentation von Treut (1999) über Menschen in San Francisco, die *transgendered*, transsexuell, intersexuell sind/leben. Einige lassen ihr früheres Geschlecht mit Hilfe von Hormonen oder operativen Eingriffen immer weiter hinter sich. Andere befinden sich zwischen den Polen von Männlichkeit und Weiblichkeit.

Machtverhältnissse sind Bestandteil aller sozialen und kulturellen Interaktionen. Macht erfüllt zwei Funktionen: zum einen ist sie einengend und regulierend, zum anderen produktiv und hervorbringend (Foucault, 1984, 1977). Das heißt, Subjekte, Identitäten, Geschlechter und Sexualitäten sind die Effekte von Machtverhältnissen. Macht funktioniert durch die Bildung brauchbarer Subjekte und unbrauchbarer Unsubjekte (sog. „Abjekte“). Die vorherrschende westliche Normalitätsordnung behauptet sich seit 200 Jahren dadurch, dass Körper, Identitäten, Begehren und Politiken, die den gängigen Normen widersprechen, an die Außenbezirke der Gesellschaft verwiesen werden. So wurde und wird „das Unnatürliche“, das „sittlich Verwerfliche“, das medizinisch Sezierte und „das Perverse“ geschaffen.[29] Gleichzeitig wurde die so hergestellte Normalität zur Natur erklärt (oder wie es in der *Queer Theory* heißt: „naturalisiert“). Das heißt, aus der Sicht der *Queer Theory* – wie überhaupt der Postmoderne – werden Subjekte erst durch gesellschaftliche Diskurse, Bezeichnungs-, Regulierungs- und Normierungsverfahren geformt. Somit wird aus dieser Perspektive die Vorstellung eines autonomen, sich selbst bewussten und wissenden Subjekts hinterfragt und teilweise verworfen.

Die zwanghafte Wiederholung von Normen, durch die das Subjekt erst erkennbar wird, bezeichnet die US-amerikanische Philosophin Judith Butler als Performativität.[30] Dabei ist nicht nur *Gender* – das soziale Geschlecht – ein performativer Effekt, sondern auch *Sex* – das sogenannte biologische Geschlecht – ist nur die vermeintlich biologische Grundlage von *Gender*. Das heißt, *Sex* und *Gender* werden entlang historisch und kulturell spezifischer, hierarchischer Unterscheidungen reguliert. Geschlecht sowie Sexualität gehen Kultur nicht voraus, sondern sind gleichursprünglich mit ihr (Butler, 1996).

Zu den normalisierenden Diskursen und den zentralen gesellschaftlichen Strukturierungsprinzipien zählen die Zwei-Geschlechter-Ordnung und die Heteronormativität. Durch die Bindung von Geschlecht an eine entsprechende Identität und ein gegengeschlechtliches Begehren wird Geschlecht zu einer Konstruktion, die Heterosexualität bevorzugt.[31] Aber Heterosexualität ist nicht

---

[29] Vgl. Foucault (1984) und die von Hark (1999) in die Diskussion gebrachte Definition der Devianz.

[30] Sprache ist ein mächtiges Medium, das Subjekte so und nicht anders sein lässt, Ausdrucksfähigkeiten und -möglichkeiten strukturiert und begrenzt. Sprache ist Medium der Subjekt- und Wirklichkeitskonstruktion. “Die meisten performativen Äußerungen sind zum Beispiel Erklärungen, die mit der Äußerung auch eine bestimmte Handlung vollziehen und eine bindende Macht ausüben.“ (Butler 1995, S. 297). Dazu zählen juristische Urteile ebenso wie Taufen, Einführungsriten, Eigentumserklärungen, Ausdrücke des Wünschens und Ausrufe wie z.B. „Es ist ein Mädchen!“.

[31] Michael Warner unterschied 1993 Heteronormativität als politisches und kulturelles Wirken heterosexueller Normen von Heterosexualität als sexueller Praxis (Haller, 2001b). Heteronormativität meint somit die Annahme, dass „Heterosexualität [...] sowohl als sexuelles, wie auch als soziales Verhalten und als essentialisierte Identität die ausschließliche essentielle Grundlage des Menschseins“ sei. Über die Naturalisierung der Heterosexualität wird zugleich die Tabuisierung der Homosexualität erreicht, die als nicht natürlich erscheint (Butler, 1991), woraus sich sowohl Homophobie als soziale und kulturelle Vorurteilsstruktur und Ausgrenzungspraxis (Tietz, 2001b) als auch eine asymmetrische Homo-Hetero-Dichotomie (Atlas, 2001) ergibt.

natürlich, sondern ihre Privilegierung in modernen westlichen Gesellschaften ist Ausdruck kulturspezifischer Machtprozesse. Sie ist eine implizite Norm, das heißt, dass sich Heterosexualität selbst nicht als Identität benennt, sondern explizit Homosexualität als „kulturelles Alter Ego" (Haller, 2001b, S. 94), das heißt als verworfenes Anderes (Butler, 1991), braucht. Die ständig sich wiederholende Konstruktion der Heterosexualität bedarf der Konstruktionen der Homosexualität und der anderen so genannten Perversionen, der Transsexualität und der Intersexualität, als definitorische Grenzen, um die eigene „Normalität" erst bestimmbar zu machen. Oder wie Butler es ausdrückt: „Es gibt keine ‚richtige' Geschlechtsidentität, eine, die zu dem einen statt zu dem anderen Geschlecht gehören würde und die, in welchem Sinn auch immer, dessen kulturelles Eigentum wäre. [...] sondern die Geschlechtsidentität ist eine Imitation, zu der es kein Original gibt; tatsächlich ist sie eine Imitationsform, die als Effekt und Konsequenz der Imitation die Auffassung von der Existenz eines Originals erst produziert. Das Original braucht seine Ableitung, um sich als Original zu bestätigen, denn Originale sind nur insoweit sinnvoll, als sie sich von dem unterscheiden, was sie als Ableitung produzieren. Wenn es also die Vorstellung der Homosexualität als Kopie nicht gäbe, dann hätten wir auch keine Konstruktion der Heterosexualität als Original." (Butler, 1996, S. 31)

Queer Theory und lesbisch-schwule Psychologie

Das theoretische Programm von *Queer Theory* und *Queer Politics* steht in einem Spannungsverhältnis zum affirmativen Paradigma der lesbisch-schwulen Psychologie. Diese wollte und will Homosexualität sowie lesbische und schwule Lebensweisen aus der medizinisch-psychiatrischen oder psychoanalytischen Pathologisierung heraus führen und als eigene Form der Normalität ausweisen.[32] *Queer Theory* führt die Kritik an der Pathologisierung von Homosexualität fort und erweitert sie zu einer Kritik an der Normalisierung von Heterosexualität. Hier passen die Anliegen affirmativer lesbisch-schwuler Psychologie und der *Queer Theory* durchaus zusammen. Andere Ansätze der lesbisch-schwulen Psychologie fokussieren jedoch zentrale Fragen der Ich-Psychologie, die sich um Selbst, Identität, Kohärenz etc. drehen. Damit bedienen sie sich genau derjenigen Kategorien, die *Queer* zu verschieben versucht. Bereits die Auseinandersetzungen französischer (lesbischer) Feministinnen (z.B. Wittig, 1992) mit der strukturalistischen Fassung des psychoanalytischen Gedankengutes Jacques Lacans haben jedoch die Problematik des Nicht-Identisch-Sein-Könnens von Menschen, denen ein Subjektstatus verweigert wird, also beispielsweise Frauen und vor allem Lesben, ausführlich thematisiert (vgl. Runte, 1993). Damit wurde auch die Kritik an der Identitätspolitik in frühen Texten der *Queer Theory* (insbesondere Butler, 1991) beeinflusst.

---

[32] Das affirmative Paradigma wurde Anfang der 80er Jahre im Ansatz der schwulenspezifischen Beratung und Therapie (*Gay Counselling*) entwickelt – vgl. hierzu Winiarski (1994) und Isay (1990) sowie als allgemeinen Überblick Garnets und Kimmel (1993).

Doch stößt gerade die Kritik an den Konzepten lesbischer und schwuler Identitäten, Identitätspolitiken und identitätsstärkender Beratungs- und Sozialarbeit auf große Skepsis bei vielen schwulen und lesbischen PraktikerInnen – bei PsychotherapeutInnen genauso wie bei MitarbeiterInnen in Beratungsstellen und anderen sozialen Einrichtungen für Schwule und Lesben und ebenso bei vielen PolitikerInnen und einigen AktivistInnen. Auch heute noch scheint eine im Coming-out durch mehr oder minder heftige Kämpfe errungene schwule *oder* lesbische „Identität" – was auch immer dies sei – so wertvoll und wichtig, dass selbst Kritik aus Teilen der „eigenen" Bewegung daran als bedrohlich abgelehnt wird.[33]

Kritik an der Identitätspolitik am Beispiel der „Vielfalt"

Der stringente Zusammenhang zwischen Sexualität und Geschlecht und die unhinterfragte Wahrheit der heterosexuellen Gleichung „Penis = Mann = Sex mit einer Frau, Vagina = Frau = Sex mit einem Mann" wurde Ende der 80er Jahre zunehmend zur Diskussion gestellt. In der Thematisierung der *Vielfalt*[34] sollten schwule und lesbische Sexualitäten und Identitäten genauso anerkannt werden wie heterosexuelle. Als Voraussetzung für schwule *oder* lesbische Lebensweisen, Identitäten und Politiken und auch für lesbisch-schwule Zusammenarbeit galten jedoch die Erklärung und das Bekenntnis „dazuzugehören" sowie der symbolische Beitritt zu einer lesbischen *oder* schwulen *Community*, das heißt zu einem gemeinsamen „Wir".[35] In dem so konstituierten „Wir" wurde aber – aus *queerer* Sicht – die Unterschiedlichkeit der Bedürfnisse, der Lebensentwürfe und Biographien nicht erfasst. Denn die Strategie der Vielfalt bezog sich auf eine Differenzdebatte[36], die sich an (geschlechtlichen und sexuellen) Eindeutigkeiten orientierte und die Vielfalt *innerhalb* einer (lesbischen oder schwulen) Identität oder einer Gruppe/Community

---

33 Auch gerade im *Verband lesbischer Psychologinnen und schwuler Psychologen in Deutschland* (*VLSP*) wird heftig um Identität gerungen, wie sich gerade anhand der Diskussion auf dem Kongress 1997 um die Thesen von Sabine Hark (1998b) zu Paradoxien lesbischer Identitätspolitik, von Henning Bech (1988) zur Auflösung schwuler Identität und von Corinna Gekeler (1998) zu multisexuellen Praxen zeigte (vgl. Reisbeck, 1998). Auch beim Kongress 2001 stieß unser 1,5-stündiger Workshop zu *Queer Theory* auf erhebliches Interesse. Dabei konnten wir sehr unterschiedliche Grundhaltungen bemerken, die von einer großen Offenheit gegenüber *queeren* Inszenierungen und Parodien, Erfahrungen mit transsexuellen und *transgendered* KlientInnen, Abschreckung durch die oft abstrakten Formulierungen etlicher *Queer* TheoretikerInnen bis zu unverhohlener Skepsis gegenüber der Identitätskritik reichten.

34 Grundlegend und in Bezug auf die Pädagogik hat Prengel (1993) Vielfalt thematisiert. Zu den Themen Liebe, Beziehung und Familie haben die Arbeiten von Beck und Beck-Gernsheim (1991) und Beck-Gernsheim (1998) zu weit reichenden Diskussionen geführt.

35 Zur kritischen Diskussion der Notwendigkeit einer kollektiven lesbischen Identität und zum Verschwinden bzw. Nie-Vorhanden-Gewesen-Sein derselben siehe Heft 52 der *Beiträge zur feministischen Theorie und Praxis* (1999) sowie Marti, Schneider u. a. (1994) oder *Lustwandeln* (1993). Zur Diskussion der Ausdifferenzierung schwuler Lebensstile und des Verschwindens der schwulen Identität andererseits siehe Hegener (1998).

36 Vgl. dazu vor allem die Veröffentlichungen des Mailänder Frauenbuchladens Liberia delle donne di Milano (1989), die die geschlechtliche Differenz positiv besetzen und eine Aufwertung von Weiblichkeit anstreben, sowie Diotima (1989), die Philosophinnengruppe aus Verona.

ignorierte. Brüchige, veränderte, undefinierte und uneindeutige Identitäten und Existenzweisen bleiben unthematisiert und sind letztlich nicht vorhanden.

In der Formulierung der *Vielfalt* musste also auf identitäre Muster zurückgegriffen werden. Auf diesem Weg wurden Ein- und Ausschlüsse (Wann ist eine „Lesbe" eine „richtige Lesbe"?) wiederholt und erneut hergestellt. Die Kritik von *Queer* an jeglicher Art von Identitätspolitiken rührt daher, dass jede besonders benannte Identität Differenzen herstellt und eine Eingrenzung darstellt, die andere Aspekte von möglichen Identifizierungen gleichzeitig ausgrenzt.

Queer Theory kritisiert jede einheitliche und stabile Identitätsvorstellung und stellt dieser ein Spektrum von Möglichkeiten zu existieren gegenüber. (Geschlechtliche, sexuelle, ethnische usw.) Identitäten werden als Provisorien begriffen (vgl. auch Bauer, 2001) und die Vielfalt und Uneindeutigkeit geschlechtlicher und sexueller Varianten sowie die Unterschiede, die Unabgeschlossenheit und die Weigerung, sich zu definieren, anerkannt. In der *Queer Theory* werden normative Kategorien hinterfragt, und sie zielt darauf, antinormative Bewegungen anzuregen und Geschlechter- und Sexualitätsnormen zu verunsichern. Die ständige Selbstreflexion (eigener) Ein- und Ausschlüsse wird auf diesem Weg zum Programm.

Das Denken und Handeln in festen Identitäten gilt als psychisch wie politisch beschränkend und potenziell leidproduzierend (Hofmeister, 2001). Auch *Vielfalt* schließt nicht automatisch die hierarchische Anordnung der Geschlechter, Körper, Sexualitäten, Nationalitäten usw. aus, sondern kann auch an die Forderung nach Konformität im „Anders-Sein" gekoppelt werden.

Aus diesem Grund ist es notwendig, die Strategie der *Vervielfältigung* mit Strategie der *VerUneindeutigung* und der Vision der Auflösung zu kombinieren. Von einer Strategie der VerUneindeutigung zu sprechen heißt nicht, dass diese Uneindeutigkeit bereits gegeben wäre oder ein absolutes Ziel darstellt (vgl. Engel, 2001) Denn VerUneindeutigung als gegenwärtige Strategie ficht die eingeforderte Stabilität, Eindeutigkeit und Ableitbarkeit von Geschlecht und Sexualität an und möchte in Herrschaftsverhältnisse und in soziale Prozesse eingreifen: *„VerUneindeutigt wird, was zuvor vereindeutigt und stabilisiert worden ist: die Zuweisung eines (medikalisierten oder kriminalisierten, kulturalisierten oder ökonomisierten) sozialen Ortes an die Homos; die Institutionen, die Zweigeschlechtlichkeit durchsetzen und Heterosexualität forcieren; die Geschlechterdiskurse und -praktiken, die entlang einer entweder/oder-Logik funktionieren."* (Engel, 2001, S. 360) Dabei kann sich mensch die Fragen stellen: Was wäre, wenn die gesetzliche Geschlechtermarkierung für alle Menschen aufgehoben würde? Was wäre, wenn ich entscheiden könnte, ob ich unmarkiert, in einem traditionellen Geschlecht oder als Zwitter geführt werden will? Und kann mit der formal rechtlichen Auflösung der Kategorien Geschlecht und Sexualität auch das „Doing Gender" (das heißt die interaktive Herstellung von Geschlecht im Handeln, Sagen und Verhalten), die soziale Anordnung und die Diskriminierung aufgelöst werden? Gehen mit der Auflösung von Geschlecht und Sexualität auch analytische und politische Kategorien verloren?

Kann sich auf diesem Weg eine Norm durchsetzen, deren Differenz und Hierarchie, deren Macht und Herrschaft unbenennbar wird?

Hier sind auch – im Sinne der Reflexivität als Programm – kritische Fragen an die *Queer Theory* zu stellen: Inwieweit werden *Drags* und *Transgenders* nur als parodistische „Entlarvungsfiguren" der hegemonialen Normen eingesetzt? Werden Intersexualität, Transidentität und Multisexualität nur zu Paradigmen für das Nicht-Identische und Nicht-Identifizierbare stilisiert? Wird die Unsichtbarkeit von Intersexuellen, die Existenz intersexueller Körper und deren chirurgische Auslöschung wirklich gesehen? Ist das performativ hergestellte Subjekt nicht wunderbar in den grenzenlosen Konsum des Neoliberalismus integrierbar? Und: In welchem Zusammenhang ist es vielleicht auch weiterhin wichtig, sich als „lesbisch", „schwul", „weiblich" oder „*transgendered*" zu positionieren und zu sprechen?

Wir denken, dass situations- und kontextabhängig geklärt werden muss, in welchem Verhältnis Differenz und Hierarchie zueinander stehen und ob und wie die Differenz in ein Regime der Normalisierung eingebunden ist. Denn nicht jede Differenzierung muss bzw. müsste zu einer Hierarchisierung führen. Denn so werden zusätzlich zur Vielfalt der Identitäten auch jene gesellschaftlichen Praktiken und Kontexte, die Identitäten hervorbringen und stabilisieren, thematisiert. Und dabei werden die analytischen Mittel der Konstruktion und die subversiven Mechanismen der Dekonstruktion miteinander verbunden.

Queer – als Theorie, Politik und kulturelle Praxis – möchte neue Wege zur sozialen Mitgliedschaft und politischen Teilhabe von sowie gesellschaftlichen Gestaltung durch Personen, die nicht-hegemoniale geschlechtliche und sexuelle Existenzweisen leben, suchen. Dabei setzen *Queer Politics* vor allem auf offen-problembezogene Bündnisse (Hofmeister, 2001; quaestio, 2000). Wichtig ist auch weiterhin, Menschen, die aufgrund unterschiedlicher oder sogar mehrfacher Ausgrenzungspraxen im politischen wie theoretischen Diskurs zum Schweigen gebracht wurden, Gehör zu verschaffen.

Das besondere Potential von *Queer Theory* liegt darin, neue Identifizierungen und Desidentifizierungen, Geschlechterkonzepte jenseits der Heteronormativität, Sexualitätskonzepte jenseits der Homo-Hetero-Dichotomie und Homosexualitätskonzepte jenseits des kulturellen Repertoire *Gay* [37] zu ermöglichen.

---

[37] Das kulturelle Repertoire *Gay* entwickelte sich als subkulturelle Praxis seit Ende der 60er Jahre zunächst in Nordamerika und wurde inzwischen fast weltweit verbreitet. Es zeigt sich in stereotypen Bildern nackter Männer, normierten sexuellen Handlungsmustern, spezialisierten Räumen für sexuelle Kontaktaufnahme oder spezifischen Inszenierungen von Männerkörpern, aber auch in Konzepten wie „Coming-out", „Homophobie" oder „*Gay Community*" (Tietz, 2001a).

Literatur

AG LesBiSchwule Studien Hamburg, (1999). Que(e)re-elle – geschlecht und andere schwierigkeiten. In: *Transmitter* (Zeitung des Freien Sender Kombinats Hamburg) Frühjahr 1999, 5-7.

Atlas, Marco, (2001). Zur Herstellung von heterosexueller und schwuler Identität im Feld. In: Haller 2001a (Im Druck).

Bauer, Birgit (2001). Identity is the crisis, can't you see? In Ulf Heidel, Stefan Micheler & Elisabeth Tuider (Hg.), *Jenseits der Geschlechtergrenzen: Sexualitäten, Identitäten und Körper in Perspektiven von Queer Studies* (S. 330-45). Hamburg, Männerschwarmskript.

Bech, Henning, (1998). Fin de siècle. Vom Ende des homosexuellen Zeitalters. In: Biechele, Ulrich (Hg.), *Identitätsbildung, Identitätsverwirrung, Identitätspolitik* (S. 21-31). Berlin, Deutsche AIDS-Hilfe.

Beck, Ulrich, & Elisabeth Beck-Gernsheim, (1991). *Das ganz normale Chaos der Liebe*. Frankfurt/Main: Suhrkamp.

Beck-Gernsheim, Elisabeth (1998). *Was kommt nach der Familie?* München: Beck'sche Reihe.

Beiträge zur feministischen Theorie und Praxis, Heft 52.

Biechele, Ulrich, (Hg.), 1998. *Identitätsbildung, Identitätsverwirrung, Identitätspolitik – eine psychologische Standortbestimmung für Lesben, Schwule und andere. Dokumentation des Fachkongresses 30.10.-1.11.1997 veranstaltet vom Verband lesbischer Psychologinnen und schwuler Psychologen in Deutschland e. V. (VLSP) sowie der Deutschen AIDS-Hilfe e. V. in Mannheim*. Berlin: Deutsche AIDS-Hilfe.

Browning, Frank, (1994) [orig. 1993]. *The Culture of Desire: Paradox and Perversity in Gay Lives Today*. New York, NY: Vintage.

Butler, Judith, (1998) [orig. engl. 1997]. Das ansteckende Wort: Paranoia und „Homosexualität" in der amerikanischen Armee. In: dies., *Hass spricht: Zur Politik des Performativen*. Berlin, Berlin, 150-79.

Butler, Judith, (1996). Imitation und die Aufsässigkeit der Geschlechtsidentität. In: Hark, Sabine, (Hg.) *Grenzen lesbischer Identitäten*. Berlin: Quer Verlag, 15-38.

Butler, Judith, (1995) [orig. engl. 1993]. *Körper von Gewicht. Die diskursiven Grenzen des Geschlechts*. Berlin: Berlin.

Butler, Judith, (1993). Kontingente Grundlagen. Der Feminismus und die Frage der „Postmoderne". In: Benhabib, Seyla u.a. (Hg.), *Der Streit um Differenzen*. Frankfurt am Main: Fischer, S. 31-59.

Butler, Judith, (1991) [orig. engl. 1990]. *Das Unbehagen der Geschlechter*. Frankfurt/Main: Suhrkamp.

Califia, Pat (1997). *Sex Changes: The Politics of Transgenderism*. San Francisco, CA: Cleis.

Crimp, Douglas, (Hg., 1987). *AIDS: Cultural Analysis/Cultural Activism*. Cambridge, MA: MIT/October.

Crimp, Douglas, & Adam Rolston (1990). *AIDSDemoGraphics*. Seattle, WA: Bay.

Diotima (1989). *Der Mensch ist zwei: Das Denken der Geschlechterdifferenz*. Wien.

Engel, Antke (2001). Die VerUneindeutigung der Geschlechter – eine queere Strategie zur Veränderung gesellschaftlicher Machtverhältnisse? In: Heidel, Ulf, Stefan Micheler & Elisabeth Tuider, *Jenseits der Geschlechtergrenzen: Sexualitäten, Identitäten und Körper in Perspektiven von Queer Studies*. Hamburg: Männerschwarmskript, 346-64.

Engel, Antke, 1996, Verqueeres Begehren. In: Hark, Sabine, (Hg.), 1996, *Grenzen lesbischer Identitäten*. Berlin: Quer Verlag, 73-95.

Etgeton, Stefan, & Sabine Hark (Hg., 1997). *Freundschaft unter Vorbehalt: Chancen und Grenzen lesbisch-schwuler Bündnisse*. Berlin: Quer- Verlag.

Feinberg, Leslie (1996a). *Transgender Warriors: Making History from Joan of Arc to Dennis Rodman*. Boston, MA: Beacon.

Feinberg, Leslie (1996b) [orig. engl. 1993], Träume in den erwachenden Morgen. Berlin: Krug & Schadenberg.

Ferdinand, Ursula, Andreas Pretzel & Andreas Seeck (Hg., 1998). *Verqueere Wissenschaft? Zum Verhältnis von Sexualwissenschaft und Sexualreform in Geschichte und Gegenwart.* Münster: Lit.

Foucault, Michel (1984). Warum ich Macht untersuche: Die Frage des Subjekts. In: Hubert L. Dreyfus und Paul Rabinow (Hg.), *Michel Foucault: Jenseits von Strukturalismus und Hermeneutik.* Frankfurt/Main: Beltz.

Foucault, Michel (1977) [orig. franz. 1976], *Der Wille zum Wissen.* Frankfurt/Main: Suhrkamp (= Sexualität und Wahrheit 1).

Gekeler, Corinna (1998). Lieber polymorph als monoton. In: Biechele, Ulrich (Hg., 1998), *Identitätsbildung, Identitätsverwirrung, Identitätspolitik.* Berlin, Deutsche AIDS-Hilfe, 32-4.

Gekeler, Corinna, & Jan Carel Warffemius (1994). Verwirrspiele: Fetisch-Parties boomen in Amsterdam. In: *magnus: das schwule Magazin* 08/1994, 10-5.

Genschel, Corinna (1998). Die Formierung der Transgender-Bewegung in den USA. Von medizinischen Objekten zu politischen Subjekten. In: Ferdinand, Ursula, Andreas Pretzel & Andreas Seeck (Hg.). *Verqueere Wissenschaft? Zum Verhältnis von Sexualwissenschaft und Sexualreform in Geschichte und Gegenwart.* Münster: Lit, 309-20.

Genschel, Corinna, Caren Lay, Nancy Wagenknecht & Volker Woltersdorff, (2001). Anschlüsse (zur deutschen Ausgabe). In: Jagose, Annamarie [orig. engl. 1996], *Queer Theory: Eine Einführung.* Berlin: Quer, 167-194.

Haller, Dieter, (Hg., 2001a). *Heteronormativität.* Sonderband von *kea: Zeitschrift für Kulturwissenschaften* – Im Druck.

Haller, Dieter (2001b). Die Vielfalt des Geschlechtlichen: Chancen und Konsequenzen für die Theorienbildung in der *Anthropology of Gender.* In: Judith Schlehe (Hg.), *Interkulturelle Geschlechterforschung: Identitäten – Imaginationen – Repräsentationen.* Frankfurt/Main: Campus, 86-108.

Haraway, Donna (1995). *Die Neuerfindung der Natur. Primaten, Cyborgs und Frauen.* Frankfurt/Main: Campus-Verlag.

Hark, Sabine (1999). Deviante Subjekte : Normalisierung und Subjektformierung. In: Werner Sohn & Herbert Mertens (Hg.), *Normalität und Abweichung.* Opladen: Westdeutscher Verlag, 65-84.

Hark, Sabine (1998a). Umstrittene Wissensterritorien: Feminismus und *Queer Theory* – Reflexivität als Programm. In: Ferdinand, Ursula, Andreas Pretzel & Andreas Seeck (Hg., 1998). *Verqueere Wissenschaft? Zum Verhältnis von Sexualwissenschaft und Sexualreform in Geschichte und Gegenwart.* Münster: Lit., 13-24.

Hark, Sabine (1998b). Die paradoxe Politik der Identität. Was ist eine „authentische lesbische Identität"?. In: Biechele, Ulrich (Hg., 1998), *Identitätsbildung, Identitätsverwirrung, Identitätspolitik.* Berlin, Deutsche AIDS-Hilfe, 35-55.

Hark, Sabine, (Hg., 1996). *Grenzen lesbischer Identitäten.* Berlin: Quer Verlag.

Hark, Sabine (1993). *Queer* Interventionen. In: *Feministische Studien* 2/1993, 103-9.

Hegener, Wolfgang, 1998 [orig. 1997], Von der schwulen Identität, die nicht aufhört, aufzuhören. In: Ferdinand, Ursula, Andreas Pretzel & Andreas Seeck (Hg., 1998). *Verqueere Wissenschaft? Zum Verhältnis von Sexualwissenschaft und Sexualreform in Geschichte und Gegenwart.* Münster: Lit., 51-60.

Heidel, Ulf, Stefan Micheler & Elisabeth Tuider (Hg. für die AG LesBiSchwule Studien/Queer Studies Universität Hamburg, 2001). *Jenseits der Geschlechtergrenzen: Sexualitäten, Identitäten und Körper in Perspektiven von Queer Studies.* Hamburg: Männerschwarmskript.

Heldmann, Anja (1997). Jenseits von Mann und Frau: Intersexualität als Negation der Zweigeschlechtlichkeit. In: Brigitta Hauser-Schäublin & Birgitt Röttger-Rössler (Hg.), *Differenz und Geschlecht: Neue Ansätze in der ethnologischen Forschung*. Berlin: Reimer, 54-77.

Hirschauer, Stefan (1993). *Die soziale Konstruktion der Transsexualität*. Frankfurt/Main: Suhrkamp.

Hofmeister, Arndt (2001). Queer-Politics – Jenseits der Identitätspolitik. In: Günter Grau (Hg.), *Schwulsein 2000: Perspektiven im vereinigten Deutschland*. Hamburg: Edition Waldschlösschen im Männerschwarmskript, 86-95.

Isay, Richard A. (1990) [orig. engl. 1989]. *Schwul sein: Die psychologische Entwicklung des Homosexuellen*. München: Piper.

Jagose, Annamarie (2001) [orig. engl. 1996]. *Queer Theory: Eine Einführung*. Berlin: Quer.

Joseph, Gloria I., (Hg., 1993). *Schwarzer Feminismus: Theorie und Praxis afro-amerikanischer Frauen*. Berlin: Orlanda.

Kanak Attak, (2002). Manifesto. www.kanak-attak.de/main.html, 3.4.2002

Lauretis, Teresa de, (1991). Queer Theory: Lesbian and Gay Sexualities. An Introduction. In: *differences* 3 (2), III-XVIII

Liberia delle donne di Milano (1989²) *Wie weibliche Freiheit entsteht*. Berlin.

Lindemann, Gesa (1993). *Das paradoxe Geschlecht. Transsexualität im Spannungsfeld von Körper, Leib und Gefühl*. Frankfurt/Main: Fischer.

Lustwandeln (1993). Sonderheft von *IHRSINN: Eine radikalfeministische Lesbenzeitschrift;* 7.

Mallon, Gerald L., (Hg., 1991²). *Resisting Racism: An Action Guide*. San Francisco, CA: The National Association of Black and White Men Together.

Marti, Madeleine: Angelika Schneider u. a. (Hg., 1994). *Querfeldein. Beiträge zur Lesbenforschung*. Bern, Zürich, Dortmund: Verein Feministischer Wissenschaft.

Masters, William H.; Viriginia E. Johnson & Robert C. Kolodny (1992⁴). *Human Sexuality*. New York, NY: HarperCollins.

Prengel, Annedore (1993). *Pädagogik der Vielfalt. Verschiedenheit und Gleichberechtigung in Interkultureller, Feministischer und Integrativer Pädagogik*. Opladen: Leske & Budrich.

Prinzessin Lydla [d. i. Lüder Tietz] (1998). Grenzgänge – oder Zweifel an der Notwendigkeit der Travestie. In: *Schwulen-Info* [Zeitschrift des Schwulenreferats des AStA der Universität Hamburg] Sommersemester 1998, 41-50.

quaestio (d. s. Nico J. beger, Antke Engel, Corinna Genschel, Sabine Hark & Eva Schäfer) (Hg., 2000) *Queering Demokratie: Sexuelle Politiken*. Berlin: Quer.

Reisbeck, Günter (1998). Wozu brauchen Schwule und Lesben eigene Identitäten? In: Biechele, Ulrich (Hg., 1998), *Identitätsbildung, Identitätsverwirrung, Identitätspolitik*. Berlin, Deutsche AIDS-Hilfe, 56-64.

Reiter, Michel (2000). „Ein normales Leben ermöglichen": So lautet die bisher allgemeingültige Zielvorstellung von Medizin, Sexualwissenschaft und Politik in Hinblick auf intersexuelle Menschen ... In: *Gigi* 8 (Juli/August 2000). 8-12.

Runte, Annette (1993). Gegenwärtige Lesbenforschung in Frankreich. In: Rüdiger Lautmann (Hg.), *Homosexualität: Handbuch der Theorie- und Forschungsgeschichte*. Frankfurt/Main usw.: Campus, 318-27.

Schmidt-Becker, Regina, & Gudrun-Axeli Knapp (2000). *Feministische Theorien zur Einführung*. Hamburg: Junius.

Schultz, Dagmar, (Hg.,1986²). *Macht und Sinnlichkeit: Ausgewählte Texte von Audre Lorde und Adrienne Rich*. Berlin: Orlanda.

Sedgwick, Eve K. (1993) [orig. 1990]. Epistemology of the Closet. In: Henry Abelove, Michèle Aina Barale & David M. Halperin (Hg.), *The Lesbian and Gay Studies Reader*. New York, NY: Routledge, 45-61.

Seidman, Steven (1994). From Gay Ethnicity to Queer Theory: The Renewal of Gay Radicalism in the United States. Unveröffentlichter Vortrag auf der Konferenz *Organizing Sexuality: Gay and Lesbian Movements since the 1960s*, Amsterdam 22.-24.06.1994.

Tietz, Lüder (2001a). Jenseits westlicher Identitätskonzepte? Alternative Geschlechter und Sexualitäten bei UreinwohnerInnen Nordamerikas heute. In: Heidel, Ulf; Stefan Micheler & Elisabeth Tuider. *Jenseits der Geschlechtergrenzen: Sexualitäten, Identitäten und Körper in Perspektiven von Queer Studies*. Hamburg: Männerschwarmskript, 62-77.

Tietz, Lüder (2001b). Bend the line back into a circle: Variabilität und Normativität alternativer Geschlechter- und Sexualitätskonstruktionen indigener Kulturen Nordamerikas im kolonialen Wandel. In: Haller, Dieter, (Hg.,). *Heteronormativität*. Sonderband von *kea: Zeitschrift für Kulturwissenschaften* – Im Druck.

Treut, Monika (1999). *Gendernauts*, Dokumentarvideo 86 Min., USA, absolut Medien.

Tuider, Elisabeth (2001). Menschen in Kartons : Geschlechter und Sexualitäten als postmoderne Eventualitäten. In: Heidel, Ulf, Stefan Micheler & Elisabeth Tuider. *Jenseits der Geschlechtergrenzen: Sexualitäten, Identitäten und Körper in Perspektiven von Queer Studies*. Hamburg: Männerschwarmskript, 233-52.

Tuider, Elisabeth (2000). Sexualerziehung – Sexualupplysning – Der Geschlechterdiskurs im Spannungsfeld von Kultur und Subjektivität: Ein Ländervergleich Österreich und Schweden. Unveröffentlichte Dissertation an der Universität Kiel.

Winiarski, Rolf (1994). *Psychoanalytische Theorien zur Homosexualität und Gay Counselling: Entwicklung und Systematik, wissenschaftstheoretischer Diskurs, exemplifizierende Kasuistiken*. Frankfurt/Main usw.: Peter Lang.

Wittig,, Monique (1992) The make of gender. In: dies., *The Straight Mind*. Boston: 76-89.

Heinrich, Th. & Reipen, M. (2003). Weiblichkeit und Männlichkeit in der Lesben- und Schwulenberatung. In M. C. Steffens & M. Ise (Hrsg.), *Jahrbuch Lesben – Schwule – Psychologie.* Lengerich: Pabst.

Weiblichkeit und Männlichkeit in der Lesben- und Schwulenberatung

Thomas Heinrich & Margret Reipen

Der Workshop ist mit über 20 TeilnehmerInnen sehr gut besucht. In der kurzen Vorstellungsrunde zeigt sich auch eine große beraterische und therapeutische Kompetenz der TeilnehmerInnen. Viele bringen Erfahrungen aus der Beratung bzw. Therapie mit schwulen und lesbischen KlientInnen ein. In unserer Arbeit als BeraterInnen von PLUS taucht das Thema in verschiedener Form immer wieder auf, ist aber teilweise nur schwer zu benennen und zu greifen. Beispiele dafür sind für Frauen die Auseinandersetzungen in Coming-out-Gruppen wie, „Muß ich meine Haare abschneiden, um von anderen Lesben akzeptiert zu werden?" oder „Wie kann ich als eher androgyne Frau in der Szene Kontakt finden?" In Einzelfällen berichten Klientinnen von wiederholten massiven Schwierigkeiten und Anfeindungen, wenn sie nicht direkt als Frau zu erkennen sind oder zu androgyn erscheinen. Auf Seiten der Schwulen tauchen Themen auf wie, „ich will nicht tuntig sein müssen, um andere schwule Männer kennenlernen zu können" oder „nur ein Hetero ist ein richtiger Mann". Außerdem zeigt sich im „Pump up yourself" in den Fitnessstudios der Versuch, sich einem traditionellen männlichen Körperideal anzupassen. Als traditionelle Definitionen von Mann- und Frau-Sein lassen sich die folgenden zentralen Punkte feststellen:

Mann ist,	Frau ist,
– wer keine Frau ist	– wer kein Mann ist
– wer mit einer Frau schläft	– wer mit einem Mann schläft
– wer Kinder zeugt	– wer Kinder gebiert
– wer Karriere macht	– wer Kinder und Mann versorgt

Schwule und Lesben fallen aus diesem allgemeinen Konzept heraus: der zweite Punkt trifft gar nicht zu und auch das Kinder zeugen bzw. gebären ist nicht ohne Schwierigkeiten möglich. Sie müssen daher eigene Konzepte entwickeln, was Mann- bzw. Frau-Sein für sie persönlich bedeutet. Dies birgt die Chance, Fähigkeiten und Fertigkeiten zu entwickeln und auszuleben, die in der traditionellen Geschlechterrolle nicht vorgesehen sind. Gleichzeitig besteht aber auch die Gefahr einer Verunsicherung, die auch auf die Geschlechtsidentität übergreift.

Als Einstieg in des Thema bitten wir die TeilnehmerInnen, anhand eines Fragebogen bestimmte Handlungen einzuschätzen, in wie weit diese eigenen Männlichkeits- bzw. Weiblichkeitsbildern entsprechen. (Fragebogen nach Sielert & Keil, 1993, siehe Anhang). Im Anschluß daran stellen wir anhand der gleichen Handlungen kurz die traditionellen Rollenbilder dar. In einem dritten Schritt werden die Normen der schwulen und lesbischen Subkultur ebenfalls anhand der gleichen Handlungsliste dargestellt. Dies erfolgt auf Zuruf der TeilnehmerInnen. Auffällig ist dabei, daß eine recht große Einigkeit zu den einzelnen Punkten bestand. Insgesamt ist diese Übereinstimmung auf Seiten der Schwulen noch stärker ausgeprägt als auf Seiten der Lesben.

Zu den Kategorisierungen und Normen ergibt sich eine lebhafte Diskussion. Nach unserer Einschätzung, die von den TeilnehmerInnen geteilt wird, boten die Normen der schwul-lesbischen Subkultur lange Zeit einen gewissen Ausgleich und eine Art Gegengewicht zu den allgemeinen Normen. Schwule konnten über die „Tuntenrolle" als weiblich betrachtete Erlebens- und Verhaltensweisen integrieren und Stolz darauf entwickeln. Für Lesben gab es mit der Betonung von Stärke und Selbständigkeit eine Möglichkeit der Abgrenzung von der traditionellen weiblichen Abhängigkeit. In den letzten Jahren scheinen sich die Normen der Subkulturen aber mehr und mehr denen der Allgemeinkultur anzugleichen. Für Schwule gilt es, weniger soziale Kontakte zu pflegen als die eigene Sexualität zu leben. „Ficken statt reden" setzt sich durch. Starke Lesben geraten in den Verdacht, zu „männlich" zu sein, und werden mit Unverständnis, wenn nicht mit Ablehnung betrachtet. Für beide Seiten gilt, daß die gängigen Schönheitsideale von Mann und Frau wichtiger werden, was sich zum Beispiel in der Zunahme von Diäten, Rasieren und Schminken auf Seiten der Lesben, vermehrten Diäten, schönheitschirurgischen Eingriffen und der Entwicklung eines muskulösen Körpers durch Bodybuilding/Krafttraining bei Schwulen zeigt.

Dieser Prozess der Annäherung an die traditionellen Normen verlief in mindestens zwei Schritten: Im ersten Schritt fand eine Auflösung der alten Subkulturnormen statt, was eine deutliche Befreiung und Chance zur individuellen Selbstfindung brachte. Da diese Chance aus verschiedenen Gründen nicht genügend genutzt werden konnte, kam es im zweiten Schritt zur Übernahme der Normen, die in der Gesamtgesellschaft bestehen. Dies birgt die Gefahr der Entsolidarisierung mit nicht so weiblichen Lesben und nicht so männlichen Schwulen.

In Kleingruppen werden folgende Erfahrungen und Fragen diskutiert:

- Welche KlientInnen habe ich erlebt, die Probleme aufgrund von verwechselbarer Androgynität berichteten?
- Welche KlientInnen äußerten das Problem, nicht Frau oder nicht Mann genug zu sein?

- Wo lagen die eigenen Schwierigkeiten im Umgang mit diesen KlientInnen?
- Welche Arbeits- und Lösungsansätze können gemeinsam entwickelt werden?

Nach einer regen Diskussion in den Gruppen werden folgende Anregungen/Ergebnisse zusammengetragen:

- Heteros probieren aus, Schwule verengen sich auf das traditionelle Männerbild.
- Zielkategorie ist immer, Anteil am Männlichen = Macht zu haben.
- Schwul werden = Krise, Lesbisch werden = Chance.
- Sich als Lesbe oder Schwuler mit eigenen Erfahrungen und Abwertungen in Bezug auf Männlichkeit und Weiblichkeit auseinandersetzen.
- Männlichkeits- und Weiblichkeitsbilder in der Szene beleuchten.
- kulturelle Unterschiede vor allem in der Arbeit mit MigrantInnen beachten.
- Kosten für Normen herausarbeiten, denen man nicht entspricht.
- Herausarbeiten, welche Ressource es ist, der Norm *nicht* zu entsprechen: spielerischer Umgang mit dem Thema „Genießen" ist wichtig.

Im Anschluß stellen wir unsere Arbeitshilfen und Lösungsvorschläge vor, die wir hier nur stichpunktartig wiedergeben können. Diese haben wir unter die folgenden Fragen gegliedert:

1. Wie kann in Beratung und Therapie mit den Themen Männlichkeit und Weiblichkeit umgegangen werden?
2. .Welche Diagnostik ergibt sich daraus?
3. Welche beraterischen und therapeutischen Ansätze folgen aus der Auseinandersetzung mit dem Thema?

Zur ersten Frage erscheint es uns von großer Bedeutung, das Thema als einen wesentlichen Aspekt zu benennen. Dabei ergeben sich unserer Einschätzung nach folgende Spannungsfelder: Zum einen die Analyse des Themas unter der Perspektive eines individuellen Problems der KlientIn versus der Perspektiven fehlender gesellschaftlicher Akzeptanz von Menschen, die von den gängigen Stereotypen abweichen. Zum anderen die Frage, welchen Anteil die internalisierte Homophobie der KlientIn bzw. mögliche bestehende Problemen mit der Übernahme der Geschlechterrolle zur Verschärfung der Problematik beitragen.

Für den Bereich der Diagnostik lassen sich die folgenden relevanten Fragen festhalten: Betrachte ich als BeraterIn das Thema Männlichkeit und Weiblichkeit bei Schwulen und Lesben überhaupt? Welchen fachlichen aber auch persönlichen Standpunkt nehme ich dazu ein? Anhand welcher Maßstäbe und Kriterien nehme ich eine Abgrenzung zu „normalem" Verhalten und Erleben vor?. Wie in vielen anderen Bereichen auch sollte hier die Einschätzung der Klientin erfragt und beachtet werden. Grundsätzlich zu beachten ist auch, welche Haltung ich als BeraterIn zur Frage der herrschenden Männlichkeits- und Weiblichkeitsbilder und dem Umgang damit habe. Dabei spielt natürlich auch die Frage eine Rolle, welche Erfahrungen ich privat und als TherapeutIn mit diesem Problem habe. Für den Umgang mit dem Thema in der Beratung kann es hilfreich sein, die Frage zu stellen, wieviel Härte und Weichheit in der KlientIn integriert ist. Dadurch kann auch eine zu starke Festschreibung bestimmter Eigenschaften und Verhaltensweisen als männlich oder weiblich vermieden werden.

Die dritte Frage nach den daraus folgenden therapeutischen Ansätzen läßt sich nur schwer allgemein beantworten, da immer die konkrete Beratungsanfrage und das Setting neben vielen anderen Faktoren mit einbezogen werden müssen. Unterstützend für die KlientIn und den Beratungsprozess kann es allerdings sein zu ergründen, welche negativen Aspekte mit der abgelehnten Geschlechterrolle verbunden werden. Diese Aspekte sollten von der Geschlechtszuschreibung gelöst und die von der KlientIn positiv bewerteten und/oder notwendigen Aspekte aufgewertet werden, nur so kann eine Annäherung und Integration stattfinden.

Literatur

Sielert, U. & Keil, S. (Hrsg.) (1993). Sexualpädagogische Materialien für die Jugendarbeit in Freizeit und Schule. Weinheim: Beltz.

Anhang: Fragebogen zu Geschlechtsrollenzuschreibungen (nach Sielert & Keil, 1993)

Was ist...	...eher weiblich?	...eher männlich?
schmusen		
auf etwas bestehen		
streiten		
jammern		
lange schlafen		
Motorrad fahren		
telefonieren		
Sport machen		
sich entschuldigen		
über Sex reden		
Auto fahren		
sich selbst befriedigen		
sich schön machen		
spazieren gehen		
hart arbeiten		
sich feministisch engagieren		
Angst haben		
Kinder mögen		
ordentlich sein		
gewalttätig sein		
zickig sein		
Essen kochen		
zufrieden sein		
Sachen reparieren		
romantisch sein		
am Computer spielen		
Reiten		
Kitsch bevorzugen		
Einkaufen		
Kontakte pflegen		
Alkohol trinken		
Kaffee trinken		
Weinen		
Anonymen Sex haben		
den Haushalt machen		
Rasen mähen		
Brüllen		
Bodybuilding		
Kranke pflegen		
hysterisch sein		
sich um Kinder kümmern		
Gefühle zeigen		

Hammelstein, Ph. (2003). Der weibliche Schwule und die männliche Lesbe – nur Klischees der „anderen"? In M. C. Steffens & M. Ise (Hrsg.), *Jahrbuch Lesben – Schwule – Psychologie.* Lengerich: Pabst.

Der weibliche Schwule und die männliche Lesbe – nur die Klischees der „anderen"?

Philipp Hammelstein

Seit Jahren beschäftigt sich die psychologische Forschung damit, wie Vorurteile gegenüber Homosexuellen entstehen, mit welchen Merkmalen sie in Zusammenhang stehen und wie sie gegebenenfalls zu modifizieren sind. Dabei werden die Befunde einmal mehr auf einer konkret-handlungsleitenden Ebene diskutiert und ein andermal eher in Zusammenhang mit sozialpsychologischen Theorien bzgl. Minoritäts-Majoritäts-Konzepten. Unter dem Stichwort „homosexuality-attitudes-towards" finden sich in der Datenbank PsycInfo über 1300 Einträge. Wenn man nun glaubt, dass sich unter dieser Menge an Artikeln und Buchbeiträgen auch Äußerungen dazu finden, wie Homosexuelle sich selbst sehen bzw. genauer, wie Schwule Lesben betrachten und vice versa, wird man enttäuscht. Unter diesen 1300 Beiträgen finden sich genau zwei Artikel, die sich teilweise mit dieser Problematik befassen (Bhugra, 1988; Simon, Glässner-Bayerl & Stratenwerth, 1991). Bei diesen Studien geht es unter anderem um die Frage, wie Schwule sich selbst sehen. Studien darüber, welche Stereotypen über Schwule von Lesben geteilt werden und vice versa, gibt es nicht.

Grundsätzlich wird angenommen, dass der Schlüsselfaktor der negativen Haltung gegenüber Homosexuellen und Homosexualität in der traditionellen Perspektive der männlichen und weiblichen Geschlechtsrolle liegt (Lance, 1987). Dabei widersprechen sich die Befunde dahin gehend, inwiefern es einen eindeutigen Geschlechtseffekt in der negativen Haltung gegenüber Homosexuellen gibt. Teilweise legen die Studien nahe, dass heterosexuelle Männer generell eine negativere Haltung gegenüber Homosexuellen haben als Frauen (Heaven & Oxman, 1999), teilweise zeigen die Studien auch, dass heterosexuelle Frauen gegenüber Lesben und heterosexuelle Männer gegenüber Schwulen eine negativere Haltung haben als ihre heterosexuelle Vergleichsgruppe. (vgl. Kite, 1984; LaMar & Kite, 1998; Überblick bei Weishut, 2000).

In der Studie von Bhugra (1988) wurden 54 Personen der Gay Medical Association und 177 Mitglieder verschiedenster homosexueller Organisationen mittels eines eigens konstruierten Fragebogens befragt. Die Hälfte aller Befragten nahm an, dass Homosexualität kein erworbenes Verhalten ist. Während sämtliche schwule Ärzte die Frage, ob sich Schwule zur Änderung ihres Verhaltens in Therapie begeben sollten, strikt verneinten, waren sich 15% der anderen schwulen Probanden unschlüssig („no opinion") und 5% stimmten dieser Aussage sogar zu. Die direkte Aussage, dass männliche Homosexuelle weibliche Persönlichkeitsmerkmale hätten, wurde zum überwiegenden Teil (gleichermaßen) abgelehnt, und zwar zu 83%. Ein anderes Stereotyp, dass nämlich schwule Männer promisk seien, wurde mehrheitlich aufrechterhalten (53% Zustimmung).

Die Studie von Simon et al. (1991) ist eine sehr aufwendig konstruierte und komplexe Studie, von der hier nur einige Details berichtet werden sollen. Fokus dieser Studie ist die Stereotypisierung und Selbst-Stereotypisierung in einem natürlichen Intergruppenkontext zwischen einer stigmatisierten Minorität (schwule Männer) und einer dominanten Majorität. Stereotype werden bei Simon – wie auch in der weiter in diesem Workshop interessierenden Studie von Hammelstein, Berger und Hermanns (2001) – definiert als „*shared* sets of beliefs about, or *shared* representations of, groups or social categories" (Simon et al., 1991, S. 252; Herv. i. Orig.).

Zum einen konnten Simon und Mitarbeiter zeigen, dass Schwule die gleichen Stereotype zur Beschreibung von Schwulen verwenden wie heterosexuelle Männer. Zum anderen zeigte sich, dass sich Schwule bei den Selbst-Beschreibungen mittels hetero- und homosexuell stereotyper Attribute nicht von heterosexuellen Männern unterscheiden, wenn die Attribute positiv besetzt sind. Bei negativen Attributen geben Schwule an, mehr negative schwulentypische Eigenschaften zu haben (Bsp.: „kompliziert", „labil") und heterosexuelle Männer mehr heterosexuell-typische Eigenschaften (Bsp.: „intolerant", „unsensibel"). Weiter zeigte sich, dass schwule Probanden eine größere Bewusstheit ihrer Gruppenzugehörigkeit als heterosexuelle Probanden haben. Sie fühlen sich ihrer Gruppe stärker verbunden und tendieren dazu, sich weniger glücklich mit ihrer Gruppenzugehörigkeit zu fühlen.

Die im Workshop vorgestellte Studie (Hammelstein et al., 2001) untersucht nun die Vorurteile, die Schwule von Lesben haben und vice versa. Hierzu wurden – ausgehend von der Annahme, dass Homosexualität eine Bedrohung der konventionellen Geschlechtsrolle darstellt – Fragebögen zur männlichen und weiblichen Geschlechtsrolle, „Bem Sex Role Inventory" (BSRI, Schneider-Düker & Kohler, 1988) eingesetzt. Eng verwandt mit derartigen Fragestellungen ist das psychodynamische Konzept der „internalisierten Homophobie", das in jüngerer Zeit auch von kognitiven Ansätzen übernommen wird. Das Wissen um die eigene Verletzung der normativen Geschlechtsrolle müsste sich also äußern in negativen Beschreibungen anderer Schwuler bzw. anderer Lesben im Hinblick auf deren Verletzung der normativen Geschlechtsrolle. Denkbar wären kognitive Abwärtsvergleiche nach dem Motto: „Ich weiß zwar, dass ich die männliche Geschlechtsrolle verletze, aber andere Schwule tun dies noch mehr" (bei Lesben vice versa).

Die Teilnehmerinnen und Teilnehmer des Workshops wurden nun konfrontiert mit den Ergebnissen dieser Studie (Hammelstein et al., 2001). Zuvor aber sollten die TeilnehmerInnen einen Fragebogen ausfüllen, der genau die Thesen als Aussagen beinhaltete, die vorgenannte Studie untersuchte. Die TeilnehmerInnen sollten zu diesen Thesen angeben, ob sie persönlich diese teilten oder nicht. Von den Teilnehmerinnen füllten 8 und von den Teilnehmern 7 den Fragebogen aus. Davon waren 7 Diplom-PsychologInnen.

Tabelle 1: Ergebnisse, die den Teilnehmerinnen des Workshops präsentiert wurden

In der untersuchten Stichprobe (n = 80)...
... unterscheiden sich Lesben in der Ausprägung ihrer Geschlechtsrollen (Männlichkeit/ Weiblichkeit) nicht signifikant von heterosexuellen Frauen;
... unterscheiden sich Schwule in der Ausprägung ihrer Geschlechtsrollen (Männlichkeit/ Weiblichkeit) nicht signifikant von heterosexuellen Männern;
... sehen sich Lesben bzgl. der Männlichkeit, nicht jedoch bzgl. der Weiblichkeit als eine „typische Lesbe" (die Weiblichkeit halten sie bei sich für ausgeprägter als bei der „typischen Lesbe");
... sehen sich Schwule bzgl. der Weiblichkeit, nicht jedoch bzgl. der Männlichkeit als einen „typischen Schwulen" (die Männlichkeit halten sie bei sich für ausgeprägter als bei dem „typischen Schwulen");
... unterscheiden sich die Stereotype, die Lesben von Schwulen haben, nicht signifikant von denen, die heterosexuelle Frauen von Schwulen haben;
... sind die Stereotype, die Schwule von Lesben haben, signifikant stärker ausgeprägt (stärkere Männlichkeit/geringere Weiblichkeit) als diejenigen, die heterosexuelle Männer von Lesben haben.

Die Ergebnisse der Studie, mit denen die TeilnehmerInnen anschließend konfrontiert wurden, sind in Tabelle 1 in stark verkürzter und vereinfachter Form wiedergegeben. Die Punkte 1 und 2 der Tabelle widersprechen den Voranahmen der TeilnehmerInnen völlig. 93% der Teilnehmerinnen nehmen an, dass sowohl Lesben als auch Schwule andere Geschlechtsrollen aufweisen als heterosexuelle Personen gleichen Geschlechts. Diese Unterschiede lassen sich unter Umständen darauf zurückführen, was die TeilnehmerInnen unter „Geschlechtsrolle" verstehen und was der eingesetzte Fragebogen (BSRI) abzubilden vermag.

Bei den Ergebnissen 3 und 4 der Tabelle 1 ergab sich ein anderes Bild als bei den vorgenannten Ergebnissen. Bzgl. der Selbsttypisierung von Lesben hatte die Mehrheit der TeilnehmerInnen des Workshops Vorannahmen, die sich auch mit den gefundenen Ergebnissen deckten: 6 der 8 lesbischen Teilnehmerinnen nahmen an, dass sich Lesben bzgl. der Männlichkeit als eine „typische Lesbe" einschätzen (also annehmen, dass ihre individuelle Männlichkeit genauso stark ausgeprägt ist wie die Männlichkeit der „typischen Lesbe"). Was die Annahmen über die Selbsttypisierung von Schwulen angeht, so unterschieden sich hier die Ansichten der Workshop-Teilnehmerinnen von den Workshop-Teilnehmern. Sämtliche Teilnehmer*innen* nahmen an, dass Schwule ihre individuelle Weiblichkeit als so ausgeprägt ansehen wie bei dem „typischen Schwulen", während 7 von 8 Teilnehmern annahmen, dass dem nicht so sei. In der Studie fanden

Hammelstein et al. (2001) allerdings keinen Unterschied in der Ausprägung der Weiblichkeit, wie sie Schwule bei sich selbst wahrnehmen und wie sie sie beim „typischen Schwulen“ einschätzen.

Auch wenn die Vorannahmen der TeilnehmerInnen sich hinsichtlich der Ergebnispunkte 5 und 6 größtenteils mit den gefundenen Ergebnissen der Studie deckten, löste dieser Teil doch zunächst Widerspruch und anschließend einige Fragen aus, die in engagierter Form diskutiert wurden. Zugespitzt lässt sich sagen, dass in der untersuchten Stichprobe Schwule stärkere Stereotype gegenüber Lesben haben als heterosexuelle Männer und dass diese Stereotype nicht den Selbstbeschreibungen von Lesben entsprechen. Da sich der umgekehrte Effekt bei Lesben nicht findet, können die Ergebnisse nicht einfach auf dem Hintergrund von Minoritätseffekten erklärt werden. Es reicht also nicht aus anzunehmen, dass eine stigmatisierte Minorität über Abwertungen anderer Gruppen sich selbst aufwertet. Mit dieser Annahme wäre nicht erklärt, warum dieser Effekt bei der lesbischen Gruppe nicht auftritt. Innerhalb der Diskussion schälten sich zwei mögliche Hypothesen heraus, welche die Ergebnisse verständlich machen könnten:

a) Schwule empfinden mehr oder minder bewussten Neid auf die Solidarität, die Lesben und heterosexuelle Frauen verbindet, und die sie selbst in bezug auf heterosexuelle Männer nicht aufweisen. Aufgrund dieser Neidtendenzen werden lesbische Frauen abgewertet und somit in stärker stereotyper Form wahrgenommen.

b) Lesben weisen eine stärkere Tendenz auf, sozial erwünscht zu antworten, als Schwule. Aufgrund dieser Orientierung an sozialer Erwünschtheit erlauben sich Lesben nicht, die Items der Fragebogen in sozial unerwünschter, aber einstellungskongruenter Weise auszufüllen.

Beide Thesen wurden innerhalb der Diskussion sowohl von lesbischen als auch von schwulen TeilnehmerInnen vertreten. Beide würden die gefundenen Unterschiede zum Teil erklären können. Es bedarf anderer Untersuchungsmethoden, um diese Hypothesen gegeneinander zu prüfen. Wenn man die Differenziertheit betrachtet, mir der heute die Bedingtheiten der Vorurteile gegenüber Lesben und Schwulen bekannt sind, mutet das Ausblenden in bezug auf intraminoritäre Prozesse zwischen Schwulen und Lesben doch auffällig an.

Literatur

Bhugra, D. (1988). Homosexuals' attitudes to male homosexuality: A survey. *Sexual and Marital Therapy, 3*, 197-204.

Hammelstein, Ph., Berger R. & Hermanns, U. (2001). *Sex role stereotypes within the "gay community"*. Manuscript in preparation.

Heaven, P. & Oxman, L.N. (1999). Human values, conservatism and stereotypes of homosexuals. *Personality and Individual Differences, 27*, 109-118.

LaMar, L. & Kite, M. (1998). Sex differences in attitudes toward gay men and lesbians: A multidimensional perspective. *Journal of Sex Research, 35,* 189-196.

Lance, L.M. (1987). The effects of interaction with gay persons on attitudes toward homosexuality. *Human Relations, 40,* 329-336.

Lippa, R.A. (2000). Gender-related traits in gay men, lesbian women, and heterosexual men and women: The virtual identity of homosexual-heterosexual diagnosticity and gender diagnosticity. *Journal of Personality, 68,* 899-926.

Schneider-Düker, M., & Kohler, A. (1988). Die Erfassung von Geschlechtsrollen – Ergebnisse zur deutschen Neukonstruktion des Bem Sex-Role-Inventory. *Diagnostica, 34,* 256-270.

Simon, B., Glässner-Bayerl, B., & Stratenwerth, I. (1991). Stereotyping and self-stereotyping in a natural intergroup context: The case of heterosexual and homosexual men. *Social Psychology Quarterly, 54,* 252-266.

Weishut, D.J.N. (2000). Attitudes toward homosexuality: An overview. *Israel Journal of Psychiatry and Related Sciences, 37,* 308-319.

Meyer, R. (2003). Sappho auf Homolulu. Erzählcafés zu lesbischen und schwulen Identitäten. In M. C. Steffens & M. Ise (Hrsg.), *Jahrbuch Lesben – Schwule – Psychologie*. Lengerich: Pabst.

Sappho auf Homolulu
Erzählcafés zu lesbischen und schwulen Identitäten

Regina Meyer

Den vorwurfsvollen Satz „Du guckst wie ein Mann!“ mußte die 1929 geborene Fabrikarbeiterin Lilli im rauhen Klima der Arbeitswelt öfter über sich ergehen lassen. Sie ist nicht unglücklich verheiratet und hat eine Tochter. Erst allmählich wird sie sich ihrer intensiven Gefühle zu anderen Frauen bewußt. Sie schafft es im homofeindlichen Milieu der 50er Jahre, in einer Fabrik „heimlich“ eine Frau kennen- und liebenzulernen – und muß dafür die Anfeindungen der lieben KollegInnen einstecken. Es braucht lange Jahre bis zu ihrem eigentlichen Coming-out – ihrer Befreiung von der Heteronorm. Um diese Geschichte im O-Ton zu hören, mußte ich lange suchen und fast durch die ganze Republik reisen. Denn Lebensgeschichten älterer lesbischer Frauen sind eine Rarität. Und was rar ist, ist kostbar. Aber wer interessiert sich für diese Kostbarkeiten?

„Homo-Geschichtsschreibung“ steht noch ganz am Anfang Die herkömmliche Geschichtsschreibung war vorwiegend nicht interessiert. Sie vergaß schlichtweg die Geschichte lesbischer Frauen und schwuler Männer. Überlieferte Historie ist nicht objektiv, sondern enthält Auslassungen und Verzerrungen. Wie Geschichte gemacht wird, unterliegt den herrschenden Normen, oder anders gesagt, der aktuellen Geschichtspolitik. Diese Politik war bis zum Aufkommen der Neuen Frauenbewegung sehr männlich und heterosexuell geprägt. Erst die Frauenforschung und die Geschlechterforschung deckten die Lücken auf, stellten grundsätzlich neue Fragen und läuteten den Paradigmenwechsel ein.

Ein weiterer Aspekt ist die Zurückhaltung vieler ZeitzeugInnen und ihre Scheu vor Öffentlichkeit. Selbstzeugnisse werden oft im „vorauseilenden Gehorsam“ oder von den Nachlassverwaltern vernichtet. Die Quellenlage ist deshalb extrem schwierig, weil bei dem Thema „Liebe und Leben“ Originalzeugnisse unentbehrlich sind.

Die Geschichte lesbischer Frauen und schwuler Männer bleibt im Verborgenen. Es ist eine größtenteils unbekannte und vor allem noch ungeschriebe Geschichte. Durch diese Unsichtbarkeit homosexuellen Lebens ist der meist abwertenden Mythenbildung Tür und Tor geöffnet, wie beispielsweise den Bildern von Mannweibern und Tunten. Die weißen Flecke in den Geschichtsbüchern sind in der gesellschaftlichen Wahrnehmung leider keine unbeschriebenen Blätter. Das Verborgene lockt zu Mystifizierungen und Vorurteilsbildung. So entstehen verzerrte gesellschaftliche Bilder von Menschen. Solange sich die offizielle Geschichtsschreibung nicht ändert, müssen die „Betroffenen“ die Verantwortung selber in die Hand nehmen und ihre Geschichte dokumentieren.

Erzählte Geschichte: lebendig und hautnah

Vor diesem Hintergrund gewinnen Erzählcafés mit den Lebensgeschichten von Lesben und Schwulen eine ganz neue Brisanz und Tragweite. In Erzählrunden kann oft zum ersten Mal (öffentlich) über die Lebensbedingungen Homosexueller vergangener Jahrzehnte gesprochen werden, ungeschönt, facettenreich, den soziopolitischen Kontext berücksichtigend, original und originell. Gesprochene Geschichten stehen für sich, bewegen und sind nicht zuletzt die Vorstufe zu geschriebener Geschichte. Die Verantwortung, vielleicht sogar Verpflichtung der jüngeren Generation ist es, die ältesten ZeitzeugInnen zu befragen. Denn die Alten und ihre Erfahrungen sind bald unwiderruflich verloren. Die Suche nach alten Lesben ist wie die Suche nach der Nadel im Heuhaufen. So sind jedenfalls meine Erfahrungen aus dem Göttinger Zeitzeugenprojekt.

Das Göttinger Zeitzeugenprojekt, angesiedelt im Verein Freie Altenarbeit Göttingen e.V., organisiert seit 1996 monatliche Erzählcafés mit einer breiten Themenpalette, die auch Tabuthemen nicht ausnimmt, und einem Publikum, das zu zwei Dritteln aus Älteren (über 60 Jahre) und einem Drittel aus Jüngeren besteht. Das Konzept des moderierten und nicht wertenden Rundgesprächs haben wir nach der Sichtung anderer Zeitzeugenarbeit im „learning-by-doing-Verfahren“ entwickelt.

Standards unserer Bildungsarbeit sind:

- Das biographische Prinzip: reflektierte persönliche Erinnerungen, erzählt in „Ich-Botschaften“
- Das generationsübergreifende Prinzip: Generationenspannung und Generationendialog sind das Salz in der Suppe
- Das dialogische Prinzip: die Spannung zwischen Ich und Du fördert die Erinnerungsfähigkeit

- Das geschlechterbewusste Prinzip: Geschlecht spielt in Methode und Inhalt eine zentrale Rolle. So haben wir gute Erfahrungen bei bestimmten Themen mit Frauen-Erzählcafés.
- Das interkulturelle Prinzip: Unser Motto lautet "Vielfalt ist Stärke", weshalb wir Menschen verschiedenen Alters, Geschlechts und unterschiedlicher Herkunft einladen.
- Das emanzipatorische Prinzip: Mehr Handlungsautonomie für den/die Einzelne/n

Lesbische Identitäten: Ganz normal und doch so anders

Erstmals bin ich in Hannover auf eine Veranstaltung aufmerksam geworden, die den Titel „Lesben-Erzählcafé" trug und aus allen Nähten platzte. Die guten Erfahrungen mit den laufenden Cafés in Göttingen, mein eigenes Interesse an lesbischer Geschichte und Anfragen von außen legten 1999 nahe, das „Erzählcafé zu lesbischen Identitäten" auf die Tagesordnung des Zeitzeugenprojektes zu setzen. Mittlerweile habe ich mehrere Erzählerinnen befragt und einige Erfahrungen mit der Moderation von Lesben-Erzählcafés in kleineren und größeren Frauenrunden gesammelt.

Am beeindruckendsten war ein Erzählcafé auf einer Tagung „Lesbische Frauen und ihre (Diskriminierungs-) Geschichte in Deutschland" 1999 im Waldschlößchen bei Göttingen. Drei Zeitzeuginnen der Jahrgänge 1929, 1931 und 1938 sprachen über ihre „Gefühle des Anderssein – zwischen Verdrängung und Befreiung" vor einer altersgemischten Gruppe von 80 Frauen.

Lesbisch-Schwules Erzählcafé: Premiere in Hannover

Nach wie vor sind homogene Frauen- und Männerräume zur Selbstverständigung über die eigene Geschichte und das Woher und Wohin notwendig – das gilt ganz besonders für die im Miteinander ungeübten Lesben- und Schwulen-Communities. Mich auf ein „Erzählcafé mixed" auf der Fachtagung „Abgrenzung – Zusammenarbeit: Wo geht es hin?" des VLSP einzulassen, war ein herausforderndes Experiment. Ich weiß um die unterschiedlichen Sozialisationen, unterschiedlichen Verfolgungsgeschichten vor allem im Nationalsozialismus, unterschiedlichen Erforschungsstand und unterschiedliche Wertigkeit von Frauen und Männern in dieser Gesellschaft. Ein Erzählcafé ist ein guter Anfang zum Kennenlernen, zur Verständigung und zur Fundierung einer möglichen Zusammenarbeit zwischen Lesben und Schwulen.

„*Sappho auf Homolulu*" ist der Titel des Erzählcafés über lesbische und schwule Identitäten, das in Hannover im 50er-Jahre-Ambiente des CONTI-Hochhauses stattfand. Etwa 50 interessierte Frauen und Männer lauschten dem zweistündigen Gespräch. Zwei ZeitzeugInnen gewährten uns spannende Einblicke in ihr „Leben unter Tage", das vor allem das versteckte Dasein von Homosexuellen in den 50er und 60er Jahren beschrieb – eine Zeit, als die Worte für die Gefühle noch fehlten. „Das Leben über Tage" meint den individuellen Prozess des Coming-Out, der bei beiden ErzählerInnen eng mit den Aufbrüchen der Homosexuellen in den 70er Jahren verbunden war:

Das Schlüsselerlebnis der 1932 geborene Bibliothekarin und späteren LAZ-Aktvistin (Lesben-Aktions-Zentrum Berlin) war der Film „Nicht der Homosexuelle ist pervers, sondern die Situation, in der er lebt" (1970 vonRosa von Praunheim; dieser Film löste einen großen Skandal aus und über 50 schwule Emanzipationsgruppen entstanden im Anschluss an die Filmvorführungen in ganz Deutschland). Sie erlebte zum ersten Mal Frauen, die sich in der Berliner Öffentlichkeit zu ihrem Lesbischsein bekannten. Musikalisch untermalt wurde diese Erinnerung mit dem Song „Wir sind die homosexuellen Frau'n". Die Lesbenbewegung war für sie von bahnbrechender Bedeutung. Sie verlor ihre Autoritätsgläubigkeit und verabschiedete sich von polaren Geschlechtervorstellungen.

Der 1938 geborene Sohn großbürgerlicher Eltern zeigte einen schwulen Werdegang, der äußerlich die Wünsche des Vaters berücksichtigt: Studium der Architektur und ein Leben in einer Studenten-Verbindung. Innerlich reift allerdings schon in der Jugendzeit das Gefühl des Andersseins, was damals mehr unbewusst als bewusst sich mit dem durch den §175 geschaffenen gesellschaftlichen Klima verband und als Bedrohung empfunden wurde: „Wir sind Verbrecher!" Das Coming-out in Familie und Öffentlichkeit hatte die Schwulenbewegung als Geburtshelfer. Mehr noch: „Wenn ich nicht schwul geworden wäre, wäre ich nie politisch bewusst geworden!"

Die spannend und intensiv erzählten Lebensgeschichten wurden von einigen Beiträgen beispielsweise älterer schwuler Männer aus dem Publikum ergänzt. Die Frage nach dem Verhältnis zwischen Schwulen und Lesben konnte nur angerissen werden. Der Trend geht weg von der langjährigen gegenseitigen Abgrenzung oder dem gegenseitigen Desinteresse. Wie allerdings ein Miteinander aussehen könnte, das ist ein eigenes Kapitel.

Die Visionen der beiden ZeitzeugInnen in Sachen homosexuelles Leben im 21. Jahrhundert lauteten: (a) mit Kindern leben zu können mit denselben Rechten und Pflichten wie andere auch und (b) auf einem homosexuellen Wiener Opernball den Eröffnungswalzer zu tanzen.

Übrigens: Sappho war natürlich nicht auf Homolulu! Homolulu war eines der größten Treffen schwuler Männer im Jahr 1979 in Frankfurt/Main.

Schramm, S. & Böttner, J. (2003). Anders weiblich. Anders männlich. Psychodrama-Selbsterfahrung. In M. C. Steffens & M. Ise (Hrsg.), *Jahrbuch Lesben – Schwule – Psychologie*. Lengerich: Pabst.

Anders weiblich. Anders männlich. Psychodrama-Selbsterfahrung

Sylvia Schramm & Jörg Böttner

Klar bin ich als lesbische Frau anders weiblich als eine heterosexuelle Frau. Und umgekehrt. Natürlich fühle ich mich als schwuler Mann anders männlich als ein heterosexueller Mann. Und umgekehrt. – Das war unsere Vorüberlegung zum Workshop, zu dem 27 TeilnehmerInnen erschienen.

Anhand von zwei psychodramatischen Spielszenen wollten wir zur Auseinandersetzung mit folgenden Fragestellungen anregen:Welche Unterschiede im Erleben homosexueller und heterosexueller Weiblichkeit oder Männlichkeit gibt es? Sind sie eher individuell oder kollektiv? Sind sie hilfreich im Leben oder schränken sie die Vielfältigkeit ein? Sind auch Ähnlichkeiten erlaubt oder bleiben sie ein Tabu?

Ablauf

Als Anwärmungsübung für die erste Spielszene forderten wir die TeilnehmerInnen auf, im Raum herumzugehen und sich mit Namen und der Aussage „ich liebe Männer bzw. Frauen" *entsprechend* der eigenen Präferenz gegenseitig vorzustellen.

Anschließend wurde für die erste Spielszene, die 20 Minuten dauerte, den TeilnehmernInnen die Anleitung gegeben, sich vorzustellen, eine Vernissage eines in der Szene bekannten Künstlers zu besuchen, bei der sich die „Community" trifft. Die TeilnehmerInnen sollten ungezwungen versuchen, mit den anderen AusstellungsbesucherInnen in Kontakt zu treten, und für die gesamte

Spieldauer in ihrer „Rolle" verbleiben. Um den Einstieg zu erleichtern, wurden Stühle als „Exponate" aufgestellt und die Szene mit Musik von Björk unterlegt.

Nach kurzer Unterbrechung wurde zur Einleitung der zweiten Spielszene die Anwärmungsübung vom Anfang modifiziert und zwar in der Weise, dass die TeilnehmerInnen aufgefordert wurden, erneut im Raum herumzugehen und sich erneut mit Namen und der Aussage „ich liebe Männer bzw. Frauen" *entgegen* der eigenen Präferenz gegenseitig vorzustellen.

Als Rahmen für die zweite Spielszene wurde den TeilnehmernInnen die Vorstellung des Besuches eines Opernballs vorgegeben. Auch hier war die Aufforderung, wieder miteinander in Kontakt zu gehen und für die gesamte Dauer der Szene in der „Rolle" eines Opernballbesuchers zu bleiben. Um den Einstieg zu erleichtern, wurde auch hier die Szene mit Walzermusik unterlegt.

Beobachtungen während beider Szenen aus Leitungsposition

Die erste Szene wirkte von außen im Vergleich mit der zweiten Szene verkrampft. Es dauerte eine ganze Zeit, bis die Stimmung etwas lockerer wurde. Insgesamt fand eher wenig Interaktion statt, es bildeten sich vielmehr feste Grüppchen, die dann im Verlauf auch zusammenblieben. Es gab wenig Mobilität, und Leitungsinterventionen schienen nötig. Die Lautstärke war gedämpft. In der zweiten Szene bildeten sich spontan gegengeschlechtliche Paare, die Stimmung wirkte gelockert, belustigt, teilweise auch überzogen. Es kam zu vielen Kontaktwechseln und es gab eine hohe Mobilität im Raum. Klischees wurden „gespielt", was auch sehr lustvoll wirkte, und der Ablauf schien den TeilnehmerInnen sehr vertraut. Leitungsinterventionen waren nicht nötig.

Nachbesprechung

Nach den Rollenspielen blieben 30 Minuten zum Austausch. Wir gaben folgende Fragen zur Anregung vor: Wie hast du dich in den beiden Szenen gefühlt? Was hast du neues ausprobiert oder altes wiederholt? Die aufgekratzte Stimmung wurde ruhiger und alle etwas nachdenklicher. Die Überraschung über die eigenen Verhaltensweisen in der Hetero-Szene dominierte in den Rückmeldungen. Einige Männer schilderten, dass sie sofort in die klassische Männerrolle gerutscht seien: die Frau an ihrer Seite beschützen, Getränke besorgen, beim Tanz gemeinsam einen guten Auftritt hinlegen, sich darüber stark und gebraucht fühlen, mit den anderen Männern kumpelhafte Kontakte pflegen, anderen Frauen – und heimlich Männern – nachschauen. Manche fanden die Verantwortung für die Partnerin anstrengend und einengend. Einige Frauen beschreiben ähnliche Erfahrungen aus der klassischen Frauenrolle: der eigene Mann erhöht den eigenen Status, wird gut festgehalten und von Konkurrentinnen möglichst ferngehalten, die unbemannte Frau bemitleidet, der Mann soll die Kontakte zu anderen Paaren herstellen, soll in die richtige Richtung manipuliert werden. Eine unbemannte Frau schildert ein peinliches Mauerblümchengefühl und die unterschwellige Eifersucht der anderen Frauen; nur eine Frau nahm zu ihr direkt Kontakt auf. Einzelne Männer setzten zum Flirten oder zur Anmache an. Dieses Rollenverhalten wurde von den meisten als sehr vertraut und sicher erlebt, nicht unbedingt als angenehm. Neues Verhalten und neue Rollen wurden kaum ausprobiert. Ein Männerpaar nahm zwischendurch das Tanzen auf und wurde beäugt. Ein Mann und eine Frau sprachen das Homo-Über-Ich an, das den Spaß an solchen Veranstaltungen wie dem realen Wiener Opernball eher verbietet. Die Lust am Klischee wurde in dieser Szene ausgespielt und auch von vielen genossen. Weiblichkeit und Männlichkeit waren deutlich wahrnehmbar und wurden in Stereotypen inszeniert.

In der ersten Szene, der Ausstellungseröffnung im Sub, kamen ganz andere Verhaltensweisen zum Tragen. Es wurden keine frauen- oder männertypischen Unterschiede beschrieben, sondern das individuelle Erleben: Einzelne genossen den lockeren, wechselnden Kontakt mit unterschiedlichen GesprächspartnerInnen, andere blieben in der Beobachtungsposition. Eine Frau beschrieb ihr Einsamkeitsgefühl am Rande der In-Groups um sie herum, was sie auch gelegentlich in der realen Szene erlebt. Paarbildung kam gar nicht vor. Männer und Frauen hatten miteinander wechselnden unverbindlichen Kontakt, Männer untereinander und Frauen untereinander wenig. Weiblichkeit und Männlichkeit war kein Thema und wurde auch kaum inszeniert.

Weiterführende Überlegungen

Uns hat in der Beobachtung des Gruppenspiels und auch im Nachhinein die hohe Wirksamkeit der vermeintlich abtrainierten Sozialisationseinflüsse beeindruckt. Die Stereotype von weiblichem und männlichem Fühlen und Verhalten sitzen – unabhängig von der Distanz zur aktuellen Lebensführung. Und neben all dem Ärgerlichen, Verletzenden und Begrenzenden geben sie Sicherheit in der Gestaltung von Weiblichkeit und Männlichkeit, von Frausein und Mannsein.

Im psychodramatischen Rollenspiel dienen Klischees oft zur Distanzierung von der eigenen Person oder dem inneren Kern und erlauben so den abgewehrten Seiten, für Momente aufzutauchen. So haben wir die Nachbesprechung erlebt: Die Sehnsucht nach dem Vertrauten und Sicheren war kurzzeitig spürbar; der Verlust der gängigen Normen und seine Bedeutung für die besondere Lebensgestaltung einer Minderheit wahrnehmbar. Gut so. Denn das vom Homo-Über-Ich begrenzte Spektrum der gestatteten Weiblichkeit von Frauen und Männlichkeit von Männern deckt nicht annähernd alle menschlichen Sehnsüchte und Entwicklungswünsche ab. Das „Anders sein müssen" nimmt dem Frausein und Mannsein einige Facetten. Wir diagnostizieren *internalisierte Heterophobie.*

Sie führt zu einem Verzicht im Sinne des Gleichgeschlechtlichen-Kodex. Und last, but not least: Sie reduziert die Lust am Leben.

Torelli, M. & Berger, W. (2003). „Let's talk about sex..." In M. C. Steffens & M. Ise (Hrsg.), *Jahrbuch Lesben – Schwule – Psychologie*. Lengerich: Pabst.

„Let's talk about sex..."

Manuela Torelli & Walter Berger

Die Idee für diese Arbeitsgruppe, oder besser gesagt für dieses Experiment, entstand aus der direkten persönlichen Erfahrung unserer mehrjährigen Freundschaft. Beide beschäftigen wir uns seit längerer Zeit in qualitativen Forschungsarbeiten mit der lesbischen bzw. schwulen Sexualität, wir beide sind furchtbar neugierig und reden „eigentlich" über alles miteinander, und dennoch stellten wir irgendwann fest, dass wir bei direkten und persönlichen Fragen zur Sexualität aneinander („Wie ist das eigentlich bei Euch...") eher vorsichtig sind. So beschlossen wir, in Form einer Arbeitsgruppe einen Rahmen zu schaffen, um zusammen mit anderen Lesben und Schwulen ins Gespräch zu kommen und endlich die Fragen zu stellen oder zumindest gemeinsam herauszufinden, was uns hindert oder wo die Grenzen liegen.

In der Arbeitsgruppe war nicht zu übersehen, dass die Neugierde und die Lust über Sex zu reden unter einer offensichtlich eher dünnen Oberfläche von Tabu und Scham zu liegen schien und sehr groß war, denn nach einer anfänglichen Irritation sprudelten die Fragen, und der Austausch wurde schnell lebendig. Zum Einstieg baten wir die TeilnehmerInnen, alle Fragen, die sie an das andere Geschlecht haben, aber sonst nicht zu fragen wagen, auf Karten aufzuschreiben und abzugeben.

Fragen an Schwule:

- Warum rasieren sich Schwule am Schwanz und piercen sich?
- Wie viele Orgasmen schafft man?
- Was könnt ihr sexuell erregendes machen, wenn ihr euch Auge-in-Auge im Arm haltet?
- Warum gibt es Rollenverteilungen wie aktiv/passiv? Sind die Grenzen nicht fließend?
- Welche Bedeutung hat anonymer Sex?

- Gibt es schwule Partnerschaften/Beziehungen, die wegen der Sexualität (Schwierigkeiten) auseinander gehen?
- Ist es wirklich so, dass ältere Schwule in der Szene keinen Lover mehr finden?
- Wer geht in einen Darkroom und was ist daran so toll?
- Gibt es bei den Schwulen immer die „Nehmenden" oder die „Gebenden"?

Vielleicht geht es zusammengefasst und provokativ formuliert also um folgende Kernfragen:

- Wie integriert ihr die „nehmende Rolle" oder „das Weibliche"?
- Könnt ihr wirklich Bindungen eingehen und lieben?

Fragen an Lesben:

- Welchen Stellenwert hat Sex für euch?
- Spielt fisten eine wichtige Rolle?
- Warum haben Lesben keinen anonymen Sex?
- Wie halten die Lesben es mit den Dildos?
- Benutzen Lesben auch Toys wie die Schwulen zur Steigerung der Lust?
- Gehören Toys beim lesbischen Sex dazu?
- Verachten Lesben anonymen Sex? Wenn ja, warum?
- Sind Lesben in langen Beziehungen treu? Treuer als Schwule?
- Warum ist der eigentliche Akt nicht so wichtig für Lesben?
- Was ist dran an: „Lesben legen sich in ihrem Begehren nicht so eindeutig fest wie Schwule, das heißt schlafen leichter auch mal mit einem Mann"?
- Was mögt ihr an Pornos (wenn ihr sie überhaupt mögt)?
- Wie ficken sich Lesben?
- Wie ist es mit/ohne Dildo? Wie oft?
- Wie oft hat ein lesbisches Paar Sex?
- Warum leben Lesben ihren Sex oft monogam und selten promisk?
- Gibt es bei Lesben analen Sex?
- Welche Rolle spielen Dildos beim lesbischen Sex?
- Was kaufen Lesben im Sex-Shop?
- Was macht Lesben denn so richtig Spaß beim Sex?

Vielleicht geht es auch hier zusammengefasst um folgende Kernfragen:

- Wie integriert ihr die „gebende Rolle" oder „das Männliche"?
- Könnt ihr auch einfach nur Lust haben ohne Bindung und Liebe?

Als LeiterIn begannen wir lediglich die ersten Fragen, die uns selbst am meisten interessieren, gegenseitig so frei wie möglich zu beantworten und schon kam ein offener und großteils humorvoller Austausch zustande. Es schien so, als dürfte endlich geredet, gekichert und gefragt werden, als hätte es nur eines Rahmens oder einer Erlaubnis bedurft. „Ach so...?!“, „Nein, wirklich...?!?!“ und „Nö, so nicht, sondern so und so...“ war zu hören, und am Ende war die Zeit zu kurz, miteinander zu reden. Und damit einige gesetzte Vorurteile über den jeweils „anderen“ Sex auszuräumen. Das Gespräch gab vielleicht die Grundlage für die einzelnen, noch weiter zu reflektieren, Vorurteile abzubauen, sich zu öffnen und möglicherweise eigene, zuvor unbewusste Wünsche zu erkennen und zu verstehen. Der Wunsch nach Fortsetzung wurde laut.

Biechele, U. (2003). Arbeitskreis zu Forschungsarbeiten über lesbische und schwule Themen. In M. C. Steffens & M. Ise (Hrsg.), *Jahrbuch Lesben – Schwule – Psychologie*. Lengerich: Pabst.

Arbeitskreis zu Forschungsarbeiten über lesbische und schwule Themen

Ulli Biechele

Der Forschungsworkshop ist ein fester Bestandteil jedes VLSP-Kongresses und bietet immer wieder ein Forum zum Austausch und zu kollegialer Unterstützung und Vernetzung. Mit diesmal drei TeilnehmerInnen war es möglich, eingehend auf die Bedürfnisse der Einzelnen einzugehen. Dabei ging es um eine Diplom- und eine Doktorarbeit auf dem Hintergrund der *queer theory*. Wir diskutierten z. B. darüber, was es methodisch bedeutet, wenn als Bedingung für den Forschungsprozess auf Identitätszuschreibungen verzichtet wird. Kann frau dann überhaupt lesbische Frauen als Zielgruppe definieren?

Es gilt, sich von diesen Widersprüchen nicht entmutigen zu lassen. Als ForscherInnen sind wir motiviert, zu Emanzipationsprozessen beizutragen. Wenn wir in unserer Lebensrealität merken, dass die Psychologie uns nicht angemessene „seelische Kleider" anbietet, stehen wir bereits im Widerspruch. So ist es kein Zufall, dass alle Arbeiten nicht in offiziell universitären Zusammenhängen fachlich unterstützt werden, sondern in mehr oder weniger außeruniversitären Kontexten wie der autonomen Forschungsgruppe *Queer Theory* in Bremen bzw. im *Queer*-Gesprächskreis in Frankfurt am Main. Die dritte Arbeit, die inhaltlich von der Deutschen AIDS-Hilfe unterstützt wurde, befasste sich mit der Veränderung des öffentlichen Diskurses über (männliche) Homosexualität im Zusammenhang mit AIDS am Beispiel der Berichterstattung von taz und Spiegel. Ein überraschendes Ergebnis der Diplomarbeit, die zur Drucklegung des Kongressbandes bereits fertig gestellt sein wird, ist ein neues Klischee vom finanziell, sozial und sexuell erfolgreichen Schwulen. Offenbar hat das DAH-Konzept der strukturellen Prävention, der Bildung schwulen Selbstbewusstseins, voll durchgeschlagen. Die Kehrseite dieses Erfolgs scheint aber zu sein, dass je erfolgreicher sich die einen fühlen und gebärden, desto weniger die anderen Schwulen – die, die diesem Klischee nicht entsprechen – noch schwule Solidarität erleben.

Wilde, Th. (2003). DAH-Workshops. In M. C. Steffens & M. Ise (Hrsg.), *Jahrbuch Lesben – Schwule – Psychologie*. Lengerich: Pabst.

DAH-Workshops

Thomas Wilde

Das Schwule Forum Niedersachsen führte in Zusammenarbeit mit der Beratungsstelle für Homosexuelle Hannover, der Niedersächsischen AIDS-Hilfe und der Hannöverschen AIDS-Hilfe im Rahmen des VLSP-Kongresses im Frühjahr 2001 fünf Workss hops durch. Zielsetzung des Vorhabens war, Perspektiven für Beratungsarbeit schwuler Männer sowohl bezüglich der Inhalte als auch der Strukturen zu gewinnen. Die Workshops „Wie leben schwule Männer in Niedersachsen", „Spezifische Umgangsformen schwuler Männer aus *einfachen Verhältnissen*" und „*Queer theory* verständlich" stellten dabei Grundlagen für die Einschätzung des Stellenwerts von Beratung zur Verfügung. Darauf aufbauend boten zwei weitere Workshops den TeilnehmerInnen Einblicke in unterschiedliche Möglichkeiten der Umsetzung von Beratungsarbeit in Nordrhein-Westfalen und den Niederlanden sowie im Vergleich mit der Beratung heterosexueller Menschen im Kontext von Arbeit mit Paaren.

Die Durchführung der Workshops wurde ermöglicht durch eine Förderung des Vorhabens aus Mitteln der „Stiftung Leben & Umwelt" und dem Land Niedersachsen sowie durch die Unterstützung seitens des VLSP, der den Veranstaltungsrahmen organisierte.

Workshop-Bericht: „Wie leben schwule Männer in Niedersachsen"

Aufgabenstellung des Workshops war, die Situation schwuler Männer im ländlichen Raum und in kleineren Städten zu verdeutlichen. Grundlage und Einstieg für die Arbeit war ein Vortrag von Dr. Michael Bochow, der Aspekte seiner Studie „Schwules Leben in der Provinz – zum Beispiel Niedersachsen" vorstellte. Ergänzt wurden diese Ausführungen durch Statements von zwei Männern aus dem ländlichen Raum Niedersachsens, Klaus-Dieter Walther aus dem Emsland und

Jörg Lühmann aus Göttingen. Beide haben als Mitarbeiter örtlicher AIDS-Hilfen langjährige Erfahrung mit der Situation schwuler Männer in ihrer Landschaft.

Hintergrund für die Erstellung der Studie von Michael Bochow ist das grundsätzliche Anliegen der Niedersächsischen Landesregierung, die Diskriminierungen homosexueller Menschen abzubauen. Um wissenschaftliche Grundlagen für die Umsetzung dieses Vorhabens zu erhalten und Problemstellungen aufzuzeigen, hat das Niedersächsische Ministerium für Frauen, Arbeit und Soziales in den letzten 10 Jahren verschiedene Studien zur Lebenssituation schwuler Männer und teilweise auch lesbischer Frauen in Auftrag gegeben. Eine besondere Untersuchung der Lebenssituation schwuler Männer im ländlichen Raum und in kleineren Städten war dabei insofern notwendig, als die vorhandenen sozialwissenschaftlichen Daten vorrangig die Lebenssituation schwuler Männer in großstädtischen Ballungsräumen widerspiegeln. Auf die Verhältnisse im zweitgrößten Flächenland der Bundesrepublik sind die Ergebnisse dieser Untersuchungen daher nur teilweise zu übertragen.

Ausgangsbasis für die Studie von Michael Bochow waren 40 Interviews, die er im Herbst 1995 mit schwulen Männern in Niedersachsen führte. Die Auswahl der Interviewpartner wurde dabei über das Netzwerk schwuler Selbsthilfegruppen in Niedersachsen organisiert. Die zeitliche Begrenzung der Untersuchung führte dabei dazu, daß für die Hälfte der Interviews Männer gewählt wurden, die in schwulen Selbsthilfezusammenhängen oder AIDS-Hilfen aktiv sind. Männer aus dem Umfeld schwuler Selbsthilfe waren somit überrepräsentiert. Ansonsten konnte für die Studie jedoch eine relative breite Streuung soziodemographischer Variablen erreicht werden: Es wurden sowohl sieben Männer unter 23 Jahren als auch neun Männer über 45 Jahren interviewt. Vermieden werden konnte auch eine Dominanz von Akademikern: In der Spannbreite der Extreme stehen neun Männern mit Haupt- oder Volksschulabschluß neun Männer mit einem Hochschul- oder Fachhochschulabschluß gegenüber. Zwölf Männer wurden als Paare interviewt, da während der Auswahl der Interviewpartner von mehreren Kontaktpersonen darauf hingewiesen wurde, welche Bedeutung das Leben in einer Paargemeinschaft im ländlichen Raum hat. Insgesamt lebten von 40 interviewten Männern zum Zeitpunkt der Befragung 23 Männer in einer Partnerschaft. Dies entspricht ungefähr der Verteilung anderer Erhebungen.

Zu den Lebensstilen der befragten Männern lassen sich folgende Schlußfolgerungen ziehen: Der Umgang mit der Homosexualität ist nicht abhängig von der Größe des Wohnorts, sondern steht vielmehr in Verbindung mit dem Grad der inneren Annahme der Homosexualität, der erworbenen Selbstsicherheit und der Art der Einbettung in soziale Netzwerke. Lebt ein schwuler Mann in einem Dorf, folgt daraus nicht, daß er seine Homosexualität verheimlicht Die Mehrheit der Interviewpartner wählt für sich eine Strategie, bei der die Homosexualität weder demonstrativ gezeigt noch vollständig ausgeklammert wird. Am zurückhaltendsten wird dabei mit der Homosexualität am Arbeitsplatz umgegangen.

Die Nicht-Thematisierung von Homosexualität in Schule und Jugendarbeit sowie die mehrheitlich fehlende Unterstützung der Eltern beim Coming-out bewirken nach wie vor, daß für die Mehrheit der befragten Männer zwischen der ersten Erkenntnis über die sexuelle Orientierung und der Kommunikation mit anderen Menschen darüber ein langer Zeitraum lag. (Die Hälfte der Interviewpartner trat erst nach dem 24. Lebensjahr in eine Kommunikationsprozess mit vertrauten Personen ein.) Die weitgehend auf Heterosexualität ausgerichtete Sozialisation und Erziehung führt daher nach wie vor bei homosexuellen Männer zu hohen psychischen Belastungen. In der Untersuchung wird dies unter anderem daran deutlich, daß ein Viertel der Männer psychotherapeutische oder psychosoziale Hilfe in Anspruch nahm. Dabei wurde deutlich, daß gerade bei den gängigen Anlaufstellen, ÄrztInnen und kirchlichen SeelsorgerInnen, ein deutlicher Fortbildungsbedarf besteht.

Die große Mehrheit der Befragten hat sich bewusst für das Leben im ländlichen Raum oder Kleinstädten entschieden. Der besseren Infrastruktur für schwule Männer in den Großstädten ziehen sie die größere soziale Nähe und Verbindlichkeit ihres Umfeldes vor. Dies gilt auch für Gestaltung der Sexualität, die vorwiegend in der Nähe der Wohnorte realisiert wird.

Vermisst wird von den Befragten die Möglichkeit, homosexuelles Verhalten als Bestandteil der Alltagskultur zu erleben. So wird ein erheblicher Druck erlebt, die Möglichkeiten des eigenen sozialen Verhaltens zu beschneiden, um sozialen Verhaltensregeln zu genügen oder das aus der Rolle fallen zu vermeiden. Besonders deutlich wird dieser Verlust im Vergleich mit den Möglichkeiten heterosexueller Männer, ihren Gefühlen in der Öffentlichkeit Ausdruck zu verleihen.

Geprägt ist die Biographie der meisten Männer weiterhin durch große Isolation in der Phase des Coming-out. Weder die Eltern boten im Regelfall Hilfe, noch konnten die Jugendlichen auf ein Beratungsangebot oder Selbsthilfeangebot mit schwulem Kontext zurückgreifen.

Schmidtpeter, Chr. (2003). Integrationsansätze der Schwulenberatung in die allgemeine Beratungslandschaft – Können Heteros Schwule beraten? In M. C. Steffens & M. Ise (Hrsg.), *Jahrbuch Lesben – Schwule – Psychologie*. Lengerich: Pabst.

Integrationsansätze der Schwulenberatung in die allgemeine Beratungslandschaft – Können Heteros Schwule beraten?

Christoph Schmidtpeter

Es gibt in jüngster Zeit verschiedene Ansätze zur Integration der Schwulenberatung in die allgemeine Beratungslandschaft. Der Workshop befasste sich mit zwei Modellen. Dr. Pascal Belling, Schwulenreferent des Landes NRW, stellte das Modellprojekt des Landes Nordrhein-Westfalen vor (ausführlich dargestellt von Mayerle, in diesem Band). Stefan Zacharias, Mitarbeiter der Schorerstichting in Amsterdam, berichtete über die aus deutscher Perspektive sehr überraschende Entwicklung in den Niederlanden.

Die Situation in den Niederlanden

Stefan Zacharias begann sein Referat damit, dass er erklärte, das eben von Pascal Belling vorgestellte Modell aus NRW sei lange auch in den Niederlanden (NL) gebräuchlich gewesen, jetzt aber abgeschafft worden und dem allgemeinen Gesundheitsdienst in NL angepasst worden. Dieses System sieht so aus, dass es zwei Linien gibt: Erste Linie: hier findet Soforthilfe statt und die Abklärung, ob mehr Hilfe notwendig ist. Geleistet wird diese Arbeit durch Hausärzte, Notfallaufnahmen und Notfallpsychologen. Zweite Linie: Spezialisten, Krankenhäuser und Psychotherapie. Hier sollen nur diejenigen Zugang erhalten, die es wirklich nötig haben.

Das System wurde von der WHO begutachtet und für tauglich befunden; bei halben Kosten gegenüber Deutschland bringt es keineswegs schlechtere Leistungen, gemessen in „harten“ Daten wie Krankenstand, Dauer der Klinikaufenthalte, Säuglingssterblichkeit und durchschnittliche

Lebenserwartung. Gleichwohl wird der Gesundheitsmarkt über das (begrenzte) Angebot gesteuert, was monatelange Wartezeiten auf notwendige Behandlung bedeutet.

Für die psychologische Beratung heißt das: Es gibt keine spezialisierte Beratung mehr – für Lesben und Schwule ebensowenig wie für andere Bevölkerungsgruppen. Es wird davon ausgegangen, dass alle ausgebildeten Therapeuten auch alle Probleme behandeln können. Therapeuten arbeiten in Beratungszentren mit 80 bis 200 PsychotherapeutInnen und als Ausnahme in freier Praxis (dann muss von KlientInnen aber zugezahlt werden).

Die Wartezeiten in der ersten Linie betragen zwei bis drei Monate; jedoch gibt es Krisendienste bei den Gesundheitsämtern in Kooperation mit der Psychiatrie. Normalerweise gibt es eine Zuordnung zu Wohnbezirken, nur in Ausnahmefällen eine kategoriale Zuordnung (z.B. für Flüchtlinge). Insgesamt funktioniert die Sozialarbeit eher als pragmatische Hilfe; tiefergehende Beratung wird kaum angeboten.

Die Schorerstichting hatte bis Oktober 2000 noch zehn PsychologInnen für Beratung; seitdem wurde sie jedoch umgewandelt in ein Wissenszentrum für lesbische und schwule Gesundheit. Die Aufgabe des Wissenszentrums ist im wesentlichen die Fort- und Weiterbildung/Qualitätssicherung der externen Beratung und die Weitervermittlung an geeignete BeraterInnen. Die hauptamtlichen BeraterInnen sollen auch nur sehr begrenzte Zeit (etwa zwei Jahre) in einem Wissenszentrum arbeiten und dann wieder an die „Front“ wechseln; dafür kommen erfahrene BeraterInnen in die Wissenszentren.

Die Schorerstichting selbst arbeitet vor allem mit massenmedialer Kommunikation (Broschüren, Kampagnen) an den Themen Coming-out, coming in, hiv-Prävention. Daneben gibt es kleine, vor allem ehrenamtliche Projekte, die hier auch personalkommunikativ arbeiten.

Die Schorerstichting bietet also:

- Acht Consultants mit ganzer Stelle (Themen: Lesben und Schwulenberatung, HIV, AIDS-Beratung)
  Die Kunden sind die Gesundheitsämter und die PsychologInnen der ersten und zweiten Linie.
- Helpdesk: Profis rufen an, wenn sie Unterstützung benötigen; außerdem Lesben und Schwule auf der Suche nach Fachpersonal
- Publikationen in Büchern und Fachzeitschriften.

Insgesamt sind die Consultants eher Unternehmensberater als Psychologen. Jeder ist für eine Region zuständig und hat theoretisch zu allen BeraterInnen Kontakt. Die Aufgabe ist, dabei zu helfen, dass Defizite in der Beratungsarbeit erkannt und beseitigt werden. Das geschieht ausschließlich auf freiwilliger Grundlage. Allerdings werden Fortbildungen zu lesbisch-schwulen

Themen oft durch die Initiative lesbischer oder schwuler KollegInnen initiiert. Zu bedenken ist, dass die Arbeit in den Beratungsstellen soweit durchrationalisiert ist, dass wenig Zeit für Innovationen bleibt (KlientInnen im Stundentakt – acht KlientInnen am Tag, und das fünf Tage pro Woche ...).

Den Vorteil eines solchen integrierten Beratungsansatzes sieht Stefan Zacharias darin, dass zumindest theoretisch bei viel mehr beratungssuchenden Lesben und Schwulen ein homosexualitätsspezifischer Hintergrund der individuellen Problematik erkannt werden kann als bei einer spezifischen Lesben- und Schwulenberatung, zu der nur solche Ratsuchenden kommen, die selbst eine Verbindung zwischen ihren Problemen und ihrer Homosexualität sehen. Allerdings sei es fraglich, ob dieses theoretische Konzept, dass alle BeraterInnen alle Problematiken adäquat behandeln können, jemals praktisch funktionieren wird.

Auf Rückfrage erläutert Stefan Zacharias, dass nicht geplant sei, verdeckte Homo-Abteilungen zu gründen; allerdings ist sein Eindruck nach sechs Monaten, dass es absurd ist zu glauben, dass es egal ist, ob ein Homo von einem Homo beraten wird oder von einem Hetero.

Insgesamt sei auffällig, dass Homos eine sieben- bis achtfach höhere Beratungsinzidenz haben als Heteros.

Sindelar, C. (2003). Das Menschenbild der DAH – Wen spricht die Prävention an? In M. C. Steffens & M. Ise (Hrsg.), *Jahrbuch Lesben – Schwule – Psychologie*. Lengerich: Pabst.

Das Menschenbild der DAH – Wen spricht die Prävention an?

Clemens Sindelar

Folgende Überlegungen sind Deduktionen vorhandener Texte, Plakate und Broschüren; sozusagen die Theorie hinter den Plakaten. Obwohl die DAH seit 15 Jahren Prävention in schwulen Szenen macht, hat sie es bislang sorgsam vermieden, ihre Positionen zu einem Konzept von Sexualität, auch gerade schwuler Sexualität, festzuschreiben. Wiewohl sie von Anfang an dezidierte Standpunkte vertrat. Diese Standpunkte liegen jedoch zwischen den Zeilen ihrer Printmedien und müsse aus den Produkten herausgelesen werden. Ob man dies als eine raffinierte Taktik der Konfliktvermeidung oder als ein theoretisches Versäumnis interpretiert, läßt sich hier nicht entscheiden. Meines Erachtens befindet sie sich jedoch zum aktuellen Zeitpunkt in einer Situation, die sie zwingt, Position zu beziehen und sich der Frage öffentlich und innerverbandlich stellen.

Nun könnte das ein Gremium schwuler und lesbischer PsychologInnen nicht unbedingt bewegen. Die Theorieprobleme der Deutschen AIDS-Hilfe hinsichtlich ihrer Präventionsstrategien sind nicht ihr täglich Geschäft. Ich glaube jedoch, daß die DAH zur Zeit vor einem Problem steht, das auch anderen KollegInnen, die im psychosozialen Bereich tätig sind, vertraut ist.

Wem zuerst geholfen werden musste, war das beschädigte Selbst. In einer Heterogesellschaft ohnehin nicht gerade stabil und selbst-vertrauend, schienen die durch AIDS hervorgerufenen Verletzungen schwuler Selbstverwirklichung und Selbst-Verständlichkeiten bis hin zur völligen Auflösung gefährdet. Der scharfe politische Wind, der zu Beginn der AIDS-Krise uns um die Nasen wehte, konnte abgemindert werden, jedoch das kollektive Bild der Lustseuche, die durch den mann-männlichen Arschfick verbreitet wurde, schien das ohnehin fragile Selbstbild des homosexuellen Mannes völlig zu zertrümmern. Zumal diese Neuauflage gesellschaftlicher Repression auch noch im Mantel scheinbarer wissenschaftlicher Objektivität einherkam.

Die alte Selbstentwertung wurde re-aktiviert. Scham wurde das vorherrschende Gefühl. Orte der Lust wurden zu Orten der Seuchenverbreitung. Promiskuität zum „Motor der Seuche". Promiskuität als Gegenentwurf zum abgeschlossenen System des hetereosexuellen Paarentwurfes, der gleichsam als natürliche Gegebenheit propagiert wurde und aus dieser „natürlichen" Position heraus den Schwulen schon immer den Vorwurf der „Beziehungslosigkeit" einbrachte.

Die Ottawa Charta von 1989 zur Gesundheitsförderung bedeutete, daß Gesundheitsförderung sich nicht nur auf Aufklärung und Information beschränke, sondern auch Vergrößerung der Handlungskompetenz zur Voraussetzung habe. Für den Erwerb einer ausreichenden Handlungskompetenz sind ohne Zweifel Identität und Selbstwertgefühl unabdingbar. Es war daher stets einsichtig, daß mit einem Erinnern an Safer Sex auch eine Valorisierung des sexuellen Lebensstiles und der vielfältigen sexuellen Begegnungsstätten der schwulen Männer einhergehen mußte.

Die DAH positionierte sich. Nahm Stellung zum schwulen Lebensgefühl. Martin Dannecker schreibt in „Der homosexuelle Mann im Zeichen von AIDS": „AIDS evoziert die früheren Empfindungen von Ablehnung, Beschämung und Minderwertigkeit und wird als Strafe für das Anderssein und das verbotene, sich auf den Vater richtende Begehren erlebt. Anders als eine Valorisierung der Homosexualität durch andere, also einer „Aufwertung" des als verwerflich Erlebten, ist eine solche Krise nicht zu bewältigen."

Die Überlegungen, wie man mit der Krankheit fertig werden kann, waren vielfältig und gerade zu Beginn der Epidemie von Hysterie und kaum verhohlener Moralisierung geprägt. Treue als bestes Verhütungsmittel. „Treue ist der beste Schutz". Wer erinnert sich noch daran? Zwar wurde hier auf ein Verhalten rekurriert, das den Heteros auch nicht mehr so leicht fällt, jedoch war es auch ein Angriff auf schwule Beziehungsformen, die der Promiskuität, wie immer sie man auch definiert, zumindest in ihren Paarkonstruktionen einen wesentlich anderen Stellen- und Verhandlungswert einräumte.

AIDS war ein Totalangriff: Er erzeugte Angst vor sexueller Verschmelzung, er demütigte, er brachte Krankheit, Leid und Tod und stellte schwule Lebensformen in Frage, entwertete sie. Prävention mußte sich daher nach dem Selbstverständnis der deutschen AIDS-Hilfe immer auf kollektive und individuelle Defizite richten und ihre dialektische Verschränkung mitdenken. Der Begriff der strukturellen Prävention wurde geboren.

Für mich zeigt sich der Spaghat der DAG darin, daß sie kognitiv orientierte Aufklärungs- und Informationsimpulse zwar kontextuell und situativ aufweichte und sich so nie einer platten behavioristischen Einflussnahme verschrieb, jedoch sich auch nie entscheiden konnte, ob der Adressat triebgesteuert ist oder eine freie Bestimmung über seine sexuellen Handlungen besitzt. Freuds Diktum, wir seien nicht Herren im eigenen Haus, taucht nirgendwo in einem Papier auf, jedoch war der Deutschen AIDS-Hilfe von Anfang an klar, daß Safer Sex einen Eingriff in eine in nuce spontane und nie reststeuerbare Sexualität bedeutet. Daher wurden Imperative vermieden. Es hieß „Kondome schützen“ und nie „ Nimm Kondome“. Man erinnerte an Safer Sex, man befahl ihn nicht. Man versuchte immer den Spaghat zwischen einer Intervention und dem In-Ruhe-Lassen einer frei sich entwickelnden Sexualität. Im Gegensatz zu den Vereinigten Staaten oder auch den Niederlanden hatte die DAH in den Achtzigern völlig darauf verzichtet, Oralsex zu kondomisieren. Es war klar, daran wird sich nie jemand halten. Für die meisten Männer ist dies eine derart wichtige sexuelle Stimulanz, daß die Einschränkung nie hingenommen werden würde. Zudem war klar, hier handelt es sich um eine zu vernachlässigende Risikosituation hinsichtlich einer HIV-Infektion. Der Königsweg ist die Penetration ohne Gummi. Diese zu beschränken, darauf konzentrierte man sich.

Im Zweifelsfall wich die DAH einer Positionierung aus und vermied so auch die Pathologisierung von ungeschütztem Sex. Diese Vermeidung war sowohl eine kluge politische Entscheidung, denn schließlich bekam man Geld für die Vermeidung von Neuinfektionen, als auch eine kluge verbandliche Entscheidung, denn eine stillschweigende Akzeptanz von Unsafem Sex stieß nicht überall auf Gegenliebe. Und Widerstand von KollegInnen aus regionalen AIDS-Hilfe gab es immer. Schon immer meldeten sich einzelne Stimmen, die aus der Gegenbewegung heraus, das mit AIDS beschmutzte homosexuelle Selbst zu reinigen, AIDS-Hilfen zu moralischen Agenturen werden lassen wollten, deren MitarbeiterInnen die Community anhielten, immer und überall das Kondom zu verwenden. Alle sollten geschlossen und stramm Safer Sex praktizieren. Die strukturelle Verletzung durch AIDS wurde nicht gesehen, Verantwortung den Einzelnen zugeschoben und Sanktionierungen gefordert, wenn ungeschütztes Verhalten festgestellt oder gar zugegeben wurde. Unsafe Sex wurde zum Tabuthema. 1996 veranstaltete ich ein Seminar mit dem Titel „Tabu: Unsafe Sex“. Wiewohl sehr viele Kollegen in Vorgesprächen versicherten, dies sei ein spannendes Thema, gelang es mir nur mit Mühe, das bundesweit ausgeschriebene Seminar mit 12 Personen zu füllen.

Für die Deutsche AIDS-Hilfe galt immer, dem Individuum in seinem Verhütungsdilemma zu helfen. Das Dilemma besteht darin, in der Situation abzuwägen zwischen Gesundheit und den Sexualtrieben, zwischen der bewußten Steuerung des Geschlechtsaktes und dem mit Sexualität verknüpften Selbstbild, zwischen dem Risiko der Ansteckung und der Einsamkeit. In einem Vorstandspapier von 1990 heißt es: „Die individuelle Handlungskompetenz ist das erklärte Ziel der Präventionsarbeit der AIDS-Hilfen.“ Dem einzelnen wird die Freiheit und Fähigkeit zugesprochen, selbstverantwortlich zu entscheiden, wie er seine Infektionsrisiken einschätzt, welche Vorbeugungsmaßnahmen er für sich selbst trifft, ob er sein Sexualverhalten ändert oder nicht. Kurz, wie er sein Leben, sein Sexualität gestaltet. Die deutlichste Positionierung der DAH zur freien Entscheidung fand statt mit einer Plakatserie, die leider nicht so recht begriffen und zum Teil auch wegen der sehr provokanten Situation auf einem der Plakate in ihrer Intention verkannt wurde.

Der Siegeszug der Kombinationstherapien veränderte die Wahrnehmung der Krankheit. Zum einen hatte die Medizin endlich wieder etwas zu melden, zum anderen sind Krankheiten, die medizinisch behandelbar sind, nicht mehr die dramatisch tödlichen. AIDS verlor seinen Schrecken. Darüber hätte man sich freuen dürfen. Schließlich freut man sich doch immer, wenn die KlientInnen nicht mehr von ihren Ängsten gepeinigt werden.Es kamen jedoch Ängste der AIDS-Hilfe-MitarbeiterInnen auf: Was passiert, wenn jetzt weder alle Unsafe Sex machen?

Es rumort in den AIDS-Hilfen. Sie sind mit einem Normalisierungsprozess der Krankheit konfrontiert. AIDS hat seine tödlich-dramatische Aura verloren und wird zur langweiligen chronischen Krankheit. Man stirbt zwar immer noch, aber das dauert. Seit etwa einem Jahr – alles Gute kommt aus Amerika – drängt sich eine Internetgemeinde, zwar erst einmal virtuell, jedoch lautstark provozierend in das Rampenlicht der Öffentlichkeit: die Barebacker. Hier wird programmatisch aufs Kondom verzichtet. Die Entscheidung zur freien Lust, zum ungeschützten Verkehr wird für das Individuum eingefordert, ja in Amerika geht man so weit, AIDS-Hilfen als Kondomfaschisten anzugreifen. Mittlerweilen gibt es Barebackparties in allen großen deutschen Städten und die Barebackcommunity im Internet diskutiert schon gar nicht mehr, warum sie das macht. Sie macht es halt. Die sinkende Angst des homosexuellen Mannes vor AIDS steht in einem indirekt proportionalen Verhältnis zu der der AIDS-Hilfe-MitarbeiterInnen. „Tod wo ist Dein Stachel?“ möchte so mancher in Anlehnung an das Brahmsrequiem ausrufen. Und insgeheim gibt man zu, dass wohl die Prävention seit Jahren auch deshalb so erfolgreich war, weil der Tod implizit immer noch ein Wörtchen mitzureden hatte. Die triebrealistische Position, die immer das stillschweigende Postulat der unkontrollierten sexuellen Handlung enthielt, steht nun zur öffentlichen Überprüfung an. Die Aporie der AIDS-Hilfe, dem Individuum die freie Entscheidung zu überlassen und dabei auf die Entscheidung zu Safer Sex zu hoffen, wird jetzt zum öffentlichen Konflikt. Ganz gleich, welche pathologischen Konstruktionen man für eine Entscheidung zu Unsafen Sex herbeiruft, die AIDS-Hilfen werden jetzt mit einer Reihe von Fragen konfrontiert, die allen pychosozialen HelferInnen, von der TherapeutIn bis hin zur klassischen SozialarbeiterIn vertraut sind, wenngleich nicht leichter fallen: Wie halte ich es aus, daß KlientInnen oft etwas tun, was ihrer Gesundheit schadet, ihnen zum Schaden gerät, sie krank macht, sie gelegentlich möglicherweise zu Tode bringt?

Die Hilflosigkeit ist deshalb so prekär, weil es um Sexualität geht, um eine der letzten Sphären privater Reproduktion. Diese Hilflosigkeit fordert fachlich heraus. Welche Konzepte von Sexualität vertrete ich? Wie beeinflussen sie meine Wahrnehmung von Personen und meine Arbeit? Sie fordert aber auch auf der persönliche Ebene heraus. Sex geht uns alle an wie kein zweites Thema. Die AIDS-Hilfe sieht in dieser Fragen eine spannende Herausforderung sowohl für sie selbst als auch für den VLSP. (Anmerkung: Daraus resultierte im Jahr 2002 ein gemeinsamer Kongress „ Sexualität wohin?“.) Das Verhütungsdilemma bringt uns auch an eine philosophische Grenze: Wieviel Freiheit vertragen wir und wieviel Freiheit gestehen wir unseren KlientInnen zu? Es ist auch der Kampf der „Logik des richtigen Handelns“ gegen das Unvorhersehbare. Wie auch immer. Wir müssen uns dem stellen.

Eggers, S. & Klaum, U. (2003). Lesbisch-schwule Zusammenarbeit – Ein Modell für die Zukunft!? In M. C. Steffens & M. Ise (Hrsg.), *Jahrbuch Lesben – Schwule – Psychologie.* Lengerich: Pabst.

Lesbisch-schwule Zusammenarbeit – Ein Modell für die Zukunft!?

Silke Eggers & Ulli Klaum

Die Workshop-Ankündigung: Wir möchten euch in diesem Workshop den Rahmen bieten für eine Bestandsaufnahme eurer Erfahrungen in bzw. mit lesbisch-schwuler Zusammenarbeit. Um von dort aus Wünsche, Ziele und Utopien an eine gemeinsame Zukunft zu formulieren. Im zweiten Schritt wollen wir diese Ergebnisse „herunterbrechen" auf realistische Erwartungen und diese für die konkreten Arbeitsbereiche zukunftsfähig machen. Wir wünschen uns Teilnehmende aus den unterschiedlichsten gemischten Projekten, von der CSD-Vorbereitung bis zur lesbisch- schwulen BeraterInnengruppe. Moderation bietet kein endgültiges Praxis-Konzept für die lesbisch-schwule Zusammenarbeit, vielmehr möchten wir diese Methode nutzen, um mit den Anwesenden und ihren Erfahrungen gemeinsam Denkanstöße und Empfehlungen für ihre konkreten Projekte zu entwickeln – mit dem Ziel: mehr Transparenz und gegenseitige Wertschätzung zu erreichen.

Vorbereitung

Zum Angebot des Workshops kam es aus zwei Gründen: Zum einen fanden in der Akademie Waldschlösschen bereits zwei Wochenendseminare zur lesbisch-schwulen Zusammenarbeit statt, und wir wollten Erfahrungen aus der Seminararbeit beim VLSP-Kongress einfließen lassen. Zum anderen haben die beiden ModeratorInnen ihre eigenen Erfahrungen in konkreter Zusammenarbeit (zu den LesBiSchwulen Kulturtagen in Göttingen) sowie in gemeinsamer Moderationsausbildung gemacht. Der Workshop sollte diese Erfahrungen – gemeinsam mit den Teilnehmenden – aufgreifen und gleichzeitig zu weiteren Erfahrungen und Ergebnissen führen: Letztlich wurde der Workshop zu einer neuen Form der Zusammenarbeit der Moderatoren und für eine Weiterentwicklung der gemachten Erfahrungen konzipiert.

Ausgangspunkt und Problemstellungen

Bereits in der Planungsphase hat uns das Thema „Verbesserung der Kommunikation und Zusammenarbeit zwischen den Geschlechtern" besonders interessiert und sollte im Workshop maßgeblich zum Tragen kommen: mit dem Ziel der Erstellung eines „Empfehlungskataloges" zur Zusammenarbeit von Lesben und Schwulen. Der Workshop sollte von den Erfahrungen der Teilnehmenden und deren Ideen sowie Zielen gespeist werden. Ausgangspunkt wurde somit die Erarbeitung eines Moderationskonzeptes. Zum Gelingen einer Moderation braucht es inhaltliche Anhaltspunkte, konkrete Zielsetzungen und einen Auftrag.

Letzteres klärten wir durch Beteiligung an der inhaltlichen und organisatorischen Vorbereitung des Kongresses: was will der Kongresses und was soll diese Veranstaltung darin? Als Zielgruppe stellten wir uns vor: VLSP-Mitglieder, MitarbeiterInnen aus AIDS-Hilfen, Lesben-Schwulen-Bündnissen, Lesben-Schwulenvereinen. Letztlich sahen wir es als Voraussetzung zur Teilnahme an, dass Erfahrungen in Zusammenarbeit von Lesben und Schwule gemacht wurden. Die Gruppe sollte nicht zu groß sein, es würde kein Referat gehalten werden. Vielmehr lenkten wir unser Augenmerk auf mögliche Beiträge und Fragen der interessierten TeilnehmerInnen.

Fragestellungen zum Workshopthema:

- Warum und wozu machen wir schwul-lesbische Zusammenarbeit? Was brauchen wir? Was bringt uns das?
- Bündnispolitik und Grenzen der Gemeinsamkeiten: „Bündnis- vs. Identitätspolitik"
- Utopien und (gemeinsame) Zukunftsperspektiven: Was wollen wir/erwarten wir? Voneinander sowie in Zukunft? Welche konkreten Bezugspunkte stellen sich daraus für eine Zusammenarbeit von Lesben und Schwulen?

Als Ergebnis unserer Überlegungen zu möglichen Fragestellungen kamen wir zur Überzeugung, dass wir keine Vergangenheitsbewältigung gemachter Enttäuschungen oder Verletzungen zu leisten bereit waren. Uns interessieren Zukunftsperspektiven – Utopien, Wünsche und Ziele – und die Frage, wie diese trotz Fremdheit und Vorurteilen gemeinsam besser erreicht werden können.

Durchführung des Workshops

Es waren zehn (sechs weibliche, vier männliche) TeilnehmerInnen anwesend. Wir konnten uns auf folgende Arbeitsvereinbarungen einigen:

- Alles, was mit dem Thema zu tun hat, auch persönliche Erfahrungen und Eindrücke, ist *wichtig*.

- Alle machen mit.
- Alle hören allen zu.
- Alle dürfen ausreden.
- Alle reden bei Wertungen, Erfahrungen und Kritik von sich und nicht von „man".
- Alles, was hier besprochen wird, bleibt unter uns, es sei denn, wir beschließen etwas anderes.

Anschließend wurde eine Frage gestellt: Was fällt mir ein, wenn ich an lesbisch/schwule Zusammenarbeit denke?

Ergebnisse

Cluster 1:

- Es gibt viele gegenseitige Vorurteile
- Wahrnehmung des/der „Anderen" von stereotypen Vorannahmen
- Auflösung von Identitätskategorien
- Ich bin ein schwuler Mann
- Kategorisierung als Lesbe: ich sollte wissen, tun,...
- Wenn Klischees als solche entlarvt werden
- Wenn plötzlich Klischees im Weg stehen und kreative Prozesse lahm legen

Cluster 2:

- Endlose Dskussionen
- Unterschiedliche Prioritäten
- Aufgrund unterschiedlicher Sichtweisen/Erfahrungen werden mehr Aspekte beleuchtet (ähnlich bei Ost-West oder verschiedenen Generationen)
- Unglaublich produktive Ergebnisse
- Vielfältige Lernerfahrungen in den Auseinandersetzungen
- Fruchtbare Spinnereien in alle Richtungen
- Unterschiedliche Wahrnehmungen und unterschiedliche Prägungen bereichern – öffnen neue Perspektiven

Cluster 3:

- Knackpunkte wie Pädosexualität, Tunten, Sexismus, öffentlicher Sex, Strafrecht etc. sind hinderlich bis sie bearbeitet werden
- Unterschiedliche Stellung zu Pädosexualität
- Unterschiedliche Stellung zu Gewalt/sexueller Gewalt
- Abwehr gegen Feministinnen (was ist das?)

Cluster 4:

- Ich bin ein Mann

- Männer reden zuviel und setzen sich durch. Frauen reden zuwenig und geben schnell nach
- Männer machen sich/nehmen sich wichtiger/interessanter
- Frauen machen sich/nehmen sich uninteressanter/unwichtiger
- Schwule sind „eben doch nur" Männer
- Frauen sind zurückhaltend
- Dominantes Gesprächsverhalten vieler Männer

Cluster 5:
- Die Sexualität der „Anderen" ist mir fremd
- Ich weiß wenig von Lesben
- Fremdheit zwischen Lesben und Schwulen – Sozialisation, Sexualität

Cluster 6:
- Gemeinsamer Minderheitenstatus
- Gemeinsam können wir stärker sein
- Gemeinsame lesbisch-schwule Geschlechtsrolleninkonformität kann Gesellschaft verändern
- Entwicklung eines übergreifenden theoretischen und politischen Ansatzes
- Sensibilität für geschlechtsspezifische Sozialisation existiert bei vielen Schwulen und Lesben

Cluster 7:
- Hausbackene Ausgrenzung
- Wir Lesben und Schwulen können einen gleichberechtigten Umgang miteinander zeigen bzw. lernen

Cluster 8:
- Sexuelle Attraktivität ist weniger zentral als in reinen Schwulengruppen
- Ich bin unverkrampfter, wenn auch Frauen da sind, weil weniger direktes Konkurrenzgefühl

Cluster 9:
- Ich bin pragmatisch – Lesben sind visionär
- Lesben sind weniger organisiert
- Schwule bringen schnell und tatkräftig etwas in Bewegung und gehen nach außen

Cluster 10:
- Spaß
- Freundschaft

Abbildung 1. *Mind Maps* .zu den Themen „Spass und Freundschaft" und „Klischees aufbrechen"

Nach der Zusammenfassung der Ergebnisse in Cluster erfolgte eine Bewertung der „Dringlichkeit“: In welchen der 10 Bereichen müssen wir vorrangig arbeiten, damit die Zusammenarbeit besser wird? Ergebnis: In den Bereichen „Schwule – Lesben – Klischees“, „Freundschaft und Spaß“ und „Männer und Frauen – Rollen und Kommunikation“ soll nach Ansicht der TeilnehmerInnen zu einer Verbesserung der Zusammenarbeit von Lesben und Schwulen vorrangig gearbeitet werden. Zur Vertiefung dieses Ergebnisses wurden von allen TeilnehmerInnen *Mind Maps* zu den drei Themen angefertigt (Abb. 1). Als nächster Schritt der Ergebnissicherung sollten die Ideen (und Visionen) der Teilnehmenden als konkrete Empfehlungen formuliert werden:

- Öfter und überhaupt Themen der Zusammenarbeit ansprechen – bevor es zum Konflikt kommt
- Arbeitsregeln verschriftlichen
- Termine zum Austausch setzen (Diskussion, Ausflüge)
- Strukturiert an Klischees arbeiten und thematisieren: „Klischee-Tag im schwul-lesbischen Projekt“
- Interesse und Zeit am informellen Austausch finden und pflegen
- Realistische Planung von Notwendigkeit und Ressourcen und Zeit
- Präsenz herstellen: „Aus sich herausgehen“
- Wirkliches Interesse aneinander zeigen und möglich machen

Als letzter Schritt der Ergebnissicherung sollten die Empfehlungen sich in Vereinbarungen, das heißt Tätigkeiten innerhalb der kommenden drei Monate, konkretisieren – mit der Frage: Was können wir tun? Wer, mit wem, bis wann, und welcher Art soll das Ergebnis sein? Aus Zeitmangel kam es hier nur noch zur Planung einer Aktion: Entwicklung eines „Klischee-Tages im schwul-lesbischen Projekt“. Ergebnisart: Workshopangebot.

Abschlußrunde

Alle TeilnehmerInnen äußerten sich sehr erfreut über die Arbeitsatmosphäre in der Gruppe. Hier konnte vorgelebt werden, das lesbisch-schwule Zusammenarbeit gelingen kann, ohne die alten Klischees und Vorurteile wieder auszugraben. Viele Vorbehalte einzelner TeilnehmerInnen gegen eine Zusammenarbeit trafen im Workshop einfach nicht zu. Mut für weitere Versuche wurde geschöpft. Viele Anregungen und Ideen zum Weiterentwickeln wurden mitgenommen. Als LeiterInnen erlebten wir die Zeit sehr gedrängt. Um noch in die konkrete Planung gehen zu können, wird mehr Zeit als drei Stunden benötigt, zumindest bei dieser Methode.

Die Autorinnen und Autoren

Walter Berger, Jg. 1971, arbeitet in München in einem psychiatrischen Krisenzentrum sowie in eigener Praxis. Veröffentlichungen zu: Funktionelle Sexualstörungen bei schwulen Männern, homosexuelle Elternschaft, ambulante Basisdokumentation und zur Schizophrenieforschung. Kontakt: berger-walter@t-online.de

Ulli Biechele, Jg. 1964, Dipl.-Psych., Mitbegründer von PLUS, Psychologische Lesben- und Schwulenberatung Rhein-Neckar e.V.

Silke Eggers, Jg. 1967. Studium der Sozialarbeit/Sozialpädagogik in Hildesheim. Seit 1989 erst ehren- und später hauptamtliche Arbeit in der AIDS-Hilfe, seit 1995 in der Göttinger AIDS-Hilfe. Nebenher Trainerin und Referentin in verschiedenen Bereichen im Waldschlösschen, Mitorganisatorin eines lesbisch-schwulen Tanzkreises in Göttingen und Engagement bei den Lesbischwulen Kulturtagen. Zusatzausbildung in NLP und in Moderation.

Thomas Grossmann, Jg. 1951, Dipl.-Psych. Dipl.Kfm. Dr.Phil., Psychologischer Psychotherapeut, arbeitet in einer Erziehungsberatungsstelle. Er ist Autor des in 12. Auflage erschienenen Buches „Schwul - na und?" (Rowohlt Taschenbuch Verlag, Reinbek 1999) sowie weiterer psychologischer Ratgeber. Kontakt: www.ThomasGrossmann.de

Philipp Hammelstein, Dr. phil., Psychologischer Psychotherapeut, Universität Düsseldorf, Abt. Klin. Psychologie, Tel. +49-211-8113482 Email: philipp.hammelstein@uni-duesseldorf.de. Arbeitsschwerpunkte: Psychotherapieforschung (soziale Phobien); Sensation Seeking.

Ulrike Hänsch, Dr. phil., Dipl. Soz.Wiss.; Arbeitsschwerpunkte: Queer und Homosexualitätsforschung, Biographie- und Geschlechterforschung. Neuere Veröffentlichungen: Hänsch, Ulrike (2003). Heteronormativität und Individualisierung in Biographien lesbischer Frauen. Empirische Fallanalysen und theoretische Diskussionen. Opladen. Ulrike Hänsch/Hanne Horn (2002): Lebenswege lesbischer Frauen. Hrsg. vom Ministerium für Frauen, Jugend, Familie und Gesundheit des Landes NRW. Düsseldorf. Kontaktadresse: Ulrikehaensch@t-online.de.

Juliane Hartmann, Westfälische Wilhelms- Universität Münster, Psychologisches Institut IV, Fliednerstr. 21, 48149 Münster, Tel.: 0251- 83 39493, E-Mail: jhartman@psy.uni-muenster.de

Thomas Heinrich, Jg. 1964, Dipl.-Psych., Bioenergetischer Analytiker (IIBA), Mitbegründer von/ Mitarbeiter bei PLUS, Psychologische Lesben- und Schwulenberatung Rhein-Neckar e.V.

Hans Hengelein, Jg. 1955, Dipl.-Psych., Studium an der Friedrich-Alexander-Universität Erlangen-Nürnberg, 1984-1987 Mitarbeiter der GRÜNEN im Bundestag in Bonn, 1988-1991 Referatsleiter Deutsche AIDS Hilfe in Berlin, seit 1992 Schwulenreferent im Niedersächsischen Ministerium für Soziales, Frauen, Familie und Gesundheit in Hannover. Kontakt: Tel. 0511/120 4010 oder Hans.Hengelein@ms.niedersachsen.de.

Rachel Herweg, Dr. phil., MA/Jüdische Studien, Jg. 1960, praktiziert als Systemische Therapeutin und Gendertrainerin in Berlin. Fachfrau für Jüdischen Feminismus und interreligiösen Dialog und Dozentin an der EFB in Sozialpädagogik. Kontakt: rachelherweg@gmx.net

Michaela Ise, Jg. 1969, Diplom-Psychologin, Mediatorin, Supervisorin, arbeitet als Psychologiedozentin an einer Fachschule für Sozialpädagogik. 1999-2001 Vorstandsmitglied und Pressesprecherin im VLSP, Mitorganisatorin des VLSP-Kongresses 2001.

Karoline Jacobs-Howe, Dipl. Sozialarbeiterin, Systemische Therapeutin und Beraterin (SG), Beraterin in einer Lebens- und Familienberatungsstelle bei Karlsruhe, u.a. Lesbenberatung, E-Mail: jacobs-howe@01019freenet.de

Michael Mayerle, Jg. 1967, Dipl.-Sozialarbeiter und Dipl.-Pädagoge, berufliche Tätigkeiten in den Feldern Jugend-/ Erwachsenenbildung, psychosoziale Beratung und Qualitätsmanagement in der Sozialen Rehabilitation, 2000 und 2001 Mitarbeiter im Rahmen des Modellprojekts Psychosoziale Beratung für Lesben, Schwule und deren Angehörige des Ministeriums für Frauen, Jugend, Familie und Gesundheit des Landes NRW, seit 2002 Mitarbeiter in der wissenschaftlichen Koordination und im Praxisreferat des Integrierten Studiengangs Sozialpädagogik und Sozialarbeit an der Universität-GH Siegen. E-Mail: michael.mayerle@nexgo.de

Regina Meyer, Jg. 1962, Dipl. Soz.-Wiss., Mitarbeiterin im Frauenbüro der Stadt Göttingen, Leiterin des Göttinger Zeitzeugenprojektes. Kontakt: Freie Altenarbeit – Zeitzeugenprojekt, Am Goldgraben 14, 37073 Göttingen, Tel: 0551-43606, Fax: 0551-541914, E-Mail: FreieAltenarbeitGoettingen@t-online.de, Homepage: www.FreieAltenarbeitGoettingen.de

Ina Philipp, Diplom-Pädagogin, E-Mail: i_philipp73@hotmail.com

Margret Reipen, Dipl.-Psych., psych. Psychotherapeutin, Mitarbeiterin bei PLUS, Psychologische Lesben- und Schwulenberatung Rhein-Neckar.

Christina Schenk, Jg. 1952, Dipl.-Phys., Mitglied des Deutschen Bundestages von 1990-2002, Tätigkeit: Politikberatung, Diversity Management. Arbeitsschwerpunkte: Politics of Diversity, queer politics, LGBT-politics. www.christina-schenk.de, Kontakt: mail@christina-schenk.de

Christoph Schmidtpeter, Diplom-Psychologe, Jahrgang 1958, wohnt und arbeitet in Hannover als selbständiger Personal- und Organisationsentwickler und Berater. Sammelte Berufserfahrungen als Angestellter in Wissenschaft, öffentlicher Verwaltung und als Geschäftsführer in einem Landesverband der AIDS-Hilfen.

Sylvia Schramm, Jg. 1968, Psychologische Psychotherapeutin in eigener Praxis in Kassel,Lehrbeauftragte der Polizei-FH, Vorstandsfrau im Zentrum für Psychotraumatologie e.V. Kassel.

Safet Seferoviç, Dipl.-Psych., Institut Braunschweig der Christoph-Dornier-Stiftung für Klinische Psychologie, Konstantin-Uhde-Str. 4, 38106 Braunschweig, Tel: (0531) 391-2863, Fax: (0531) 391-8195, Email: SafetSeferovic@web.de. Seit März 2001 Stipendiat in der Christoph-Dornier-Stiftung, in Weiterbildung zum psychologischen Psychotherapeuten (VT) und seit März 2001 ambulant verhaltenstherapeutisch tätig (Einzel- und Paartherapie).

Melanie Caroline Steffens, Jg. 1969, Dipl.-Psych., Dr. rer.nat. Wissenschaftliche Assistentin an der Universität Trier. Forschungsinteressen unter anderem im Bereich der *Social Cognition* (Einstellungen und Stereotype). Vorsitzende der Association of Lesbian, Gay, and Bisexual Psychologies (ALGBP) Europe. Forschungsaufenthalt an der Yale University im Sommersemester 2001. Wichtigste relevante Publikationen: Steffens, M. C. & Buchner, A. (2003). Implicit Association Test: Separating transsituationally stable and variable components of attitudes toward gay men. *Experimental Psychology, 50*, 33-48. Steffens, M.

C. (in Druck). Implicit and explicit attitudes towards lesbians and gay men. *Journal of Homosexuality*. E-mail: steffens@uni-trier.de.

Erin Marie Thompson, Jg. 1977, Studentin der Pädagogik an der Universität Trier, seit 1999 studentische Hilfskraft der Abteilung für Kognitive Psychologie, studentisches Mitglied der Senatskommision für Frauenfragen und ehrenamtliche Mitarbeiterin der AIDS-Hilfe Trier, seit 2001 ehrenamtliche Mitarbeiterin der SCHMIT-Z e.V.

Lüder Tietz, Jg. 1966, Studium der Ethnologie, Psychologie und Anglistik (Magister 1996) und Kulturwissenschaftlichen Geschlechterforschung (Zertifikat 2001), derzeit Promotion über Two-Spirits (schwule, lesbische, bisexuelle und transgeschlechtliche UreinwohnerInnen Nordamerikas). Fortbildungen in den Bereichen Neurolinguistisches Programmieren (Master), klientenzentrierter Gesprächsführung und Öffentlichkeitsarbeit. Gründer und früherer Leiter der AG LesBiSchwule Studien an der Universität Hamburg; früher fester, heute freier Mitarbeiter der Akademie Waldschlösschen; derzeit selbstständig tätig in den Bereichen Public Relations, Coaching und Training. Kontakt: Rethemer Str. 15, 28329 Bremen, 0421 / 46 33 22, lueder.tietz@t-online.de.

Stefan Zacharias war bis 1999 bei diversen Organisationen in der Schwulen(gesundheids) arbeit in Deutschland tätig und arbeitet heute bei der Schorerstichting als Koordinator der schwul-lesbischen Gesundheitsförderung in Amsterdam. Kontakt: Schorerstichting, t.a.v. Stefan Zacharias, Postbus 15830, NL 1001, NH Amsterdam, e-mail: s.zacharias@schorernet.nl.